français.com

Méthode
de français professionnel
et des affaires

Jean-Luc Penfornis

CLE
INTERNATIONAL
www.cle-inter.com

Crédit photos :
p. 10 h et m : Lucas Schifres ; p. 10 b : Photodisc ; p. 12, 16, 17 : Lucas Schifres ; p. 27 :
Ph. Jeanbor © Archives Larbor ; p. 20 : © Hachette Livre ; p. 35, 36, 38 : Lucas Schifres ;
p. 40 : Pix/Lawrence Migdale ; p. 44 : Les Bidochons – Tome 6 © Binet/Fluide Glacial ;
p. 45 : Jean-Luc Penfornis ; p. 46 : Photo X./D.R. ; p. 47 : Urba Images/Pierre Achdou ; p.
50 : Lucas Schifres ; p. 57 : Jerrican/De Hogues ; p. 59, 60, 61 : Lucas Schifres ; p. 62 h :
Photononstop/Infra ; p. 62 b : Photononstop/Sylva Villerot ; p. 63 : La photothèque culi-
naire ; p. 69 : REA-VK/Khali ; p. 70 : Stylo Bic - Atlantis, © Bic ; p. 72 : Vélos Sunn, Saint-
Gaudens ; p. 74 : Lucas Schifres ; p. 75 : Le Bon Marché Rive Gauche ; p. 76 h : © CFES ;
p. 76 b : Photo X/D.R. ; p. 77 : Avec l'aimable autorisation des entreprises concernées ;
p. 84, 85 : Lucas Schifres ; p. 86, 87 : Photodisc ; p. 87 : Photodisc ; p. 89, 94 : Lucas Schifres ; p. 93 : Jerrican/Aurel ; p. 98, 99 : Photodisc ; p. 100 : Lucas Schifres ; p. 105 :
Getty/TIB/Chabruken ; p. 111, 119 : Lucas Schifres ; p. 120 : Photononstop/Russel Kord ;
p. 122 : AFP/STF/Patrick Kovarik ; p. 123 h : Hoa-Qui/J.-L. Manaud ; p. 123 m : D.R. ;
p. 123 b : Photodisc ; p. 135 : Pix/ Lawrence Migdale ; p. 9, 21, 33, 81, 117, 129 : F. Cirou.
Couverture : Corbis/Damara.

Édition : Marie-Christine Couet-Lannes
Couverture et conception graphique : Ivan Margot, Gérard Le Guellec
Iconographie : Nadine Gudimard
Illustrations : Claude-Henri Saunier
Cartes p. 34, p. 37, p. 41 : Grafito

© CLE International/VUEF - Paris 2002
ISBN : 209-033171-4

Avant-propos

Lettre à l'étudiant(e) et à son professeur

Chère (cher) étudiant(e), chère (cher) collègue,

Vous avez terminé un cours de français de niveau 1. Vous recherchez un cours de niveau intermédiaire, voire préintermédiaire. Vous avez un objectif : apprendre ou enseigner un français pratique et utilitaire.

Français. com essaye de répondre à vos attentes. C'est une méthode de français :
– faisant suite à toute méthode de niveau 1,
– tournée vers le voyage et le monde du travail,
– couvrant une centaine d'heures d'apprentissage.

Français. com prépare par ailleurs au CFP (Certificat de français professionnel) de la CCIP (Chambre de Commerce et d'Industrie de Paris). L'ensemble des activités et ressources proposées peut également servir à la préparation du DFA 1 (Diplôme de français des affaires, niveau 1) ainsi qu'au DELF, 1er degré (Diplôme élémentaire de langue française).

Français. com propose un apprentissage du français fondé sur des tâches.

• **Des tâches précises.** Vous serez guidé(e) vers un objectif communicatif et linguistique bien identifié.

• **Des tâches réalistes.** Au lieu d'exercices scolaires, éloignés des situations réelles, qui démotivent, *Français. com* propose des activités aussi authentiques que possible.

• **Des tâches variées.** Vous voulez éviter toute monotonie pour ne pas vous ennuyer. C'est pourquoi, dans chaque leçon de *Français. com*, vous retrouverez des types d'activités connus, sans pour autant suivre un schéma répétitif.

• **Des tâches stimulantes** qui privilégient le sens, enjeu de la communication. Étudier des cas, réfléchir sur le sens des documents, résoudre des problèmes, prendre des décisions, voilà le type d'activités qui favorise de réels échanges au sein de la classe.

Français. com attache également une grande importance à la **grammaire**. Les points de grammaire sont abordés de manière progressive, au moment où ils sont les plus utiles pour effectuer la tâche demandée. La partie grammaticale, située à la fin de l'ouvrage, fait corps avec les leçons et propose une explication de la règle ; face à cette explication, des exercices pratiques sont proposés.

Quant au **lexique**, plutôt que de dresser de simples listes de mots, ce que vous ne trouvez pas très utile, *Français. com* reprend les termes nouveaux de chaque leçon dans des phrases situées à la fin de l'ouvrage. Chaque terme est employé dans le sens où il apparaît dans la leçon, mais dans une phrase différente.

Les **aspects culturels**, enfin, sont présents tout au long de l'ouvrage. De plus, chacune des dix unités de ce livre se termine par une page consacrée à une **question interculturelle**.

Pour chacune des leçons de ce livre, vous trouverez des exercices complémentaires dans le **cahier d'exercices**. Ces exercices vous permettent de renforcer les acquis, il est important de les faire.

Bon travail !

L'auteur

Tableau des contenus

		Savoir-faire	Grammaire
6. Entreprises *p. 69*	**1. Découvrir l'entreprise**	identifier une entreprise, lire/expliquer/dessiner un graphique	adverbes, nombres (2), expression de la variation
	2. Comparer des performances	analyser/comparer des résultats et des tendances	expression de la comparaison, de la répartition
	3. Réussir dans les affaires	analyser des techniques de vente, lancer un produit	plus-que-parfait
	4. Chercher des opportunités	analyser un secteur économique, une entreprise	condition et hypothèse : les phrases avec « si »
	À la croisée des cultures	distance hiérarchique et qualité du travail : à chacun ses responsabilités	
7. Travail *p. 81*	**1. Répartir les tâches**	identifier différents services de l'entreprise, les tâches du secrétariat	subjonctif : formation, principaux emplois
	2. Aménager l'espace de travail	examiner différentes façons d'aménager un lieu de travail, rédiger un rapport (1)	condition et hypothèse avec gérondif, *à condition que*, etc.
	3. Résoudre les conflits du travail	analyser les relations du travail, rédiger un rapport (2)	passé simple
	4. Travailler à l'étranger	comparer les conditions de travail d'un pays à l'autre, rédiger un e-mail	discours rapporté (au passé)
	À la croisée des cultures	séjour à l'étranger et nostalgie du pays : à chacun ses regrets	
8. Recherche d'emploi *p. 93*	**1. Consulter les offres d'emploi**	consulter/analyser/rédiger une petite annonce	subjonctif : emploi après un pronom relatif
	2. Expliquer ses motivations	s'interroger sur ses motivations, rédiger une lettre de motivation	expression du but, accord du participe passé
	3. Rédiger un curriculum vitae	examiner/sélectionner/rédiger un curriculum vitae	*je conseille* de + inf, il *vaut mieux que* + subj, *mieux vaut* + inf.
	4. Passer un entretien d'embauche	préparer/analyser/passer/faire passer un entretien d'embauche	conditionnel passé (avec des verbes modaux)
	À la croisée des cultures	recherche d'emploi d'un pays à l'autre : à chacun ses méthodes	
9. Prise de parole *p. 105*	**1. Pratiquer l'écoute active**	analyser/comparer des types de conversation, reformuler, questionner	ind. *ou* subj. dans la proposition subordonnée complétive
	2. Présenter des objections	interrompre, répliquer avec tact	ind. *et* subj. dans la proposition subordonnée complétive
	3. Faire une présentation	établir une grille d'évaluation, faire/évaluer un exposé, prendre des notes	articulateurs logiques et discursifs à l'oral
	4. Poser les bonnes questions	maîtriser les techniques d'interview, collecter des informations	modalisation
	À la croisée des cultures	art de la conversation : à chacun son style	
10. Points de vue *p. 117*	**1. Lutter contre le chômage**	rechercher/analyser les causes et les solutions du chômage	expression de la cause
	2. Faire face à la mondialisation	s'interroger sur les conséquences de la mondialisation, participer à un forum Internet	expression de la conséquence
	3. Comparer les modèles éducatifs	examiner/comparer différents systèmes et méthodes éducatifs	expression de l'opposition
	4. Faire un tour de la presse	réagir à la lecture de la presse, débattre, écrire au courrier des lecteurs	expression de la concession
	À la croisée des cultures	voyage anthropologique : à chacun ses croyances	

Mode d'emploi

Une leçon

est présentée sur une double-page.

*Chaque page est différente,
mais l'idée est toujours la même :
apprendre en situation
avec des objectifs précis
et réalistes.*

Parlez et posez-vous
les bonnes questions
avant de voyager.

Lisez pour rechercher
des informations
utiles.

Écrivez
avec un objectif
précis.

---

2 **Se déplacer en ville**

A • S'informer sur les conditions de transport

1 • **Vous partez pour une grande ville que vous ne connaissez pas.**
Qu'aimeriez-vous savoir sur les moyens de transport de cette ville ?

2 • **Les affirmations suivantes concernent le métro parisien.**
Croyez-vous qu'elles sont vraies ou fausses ?

	VRAI	FAUX
1. À Paris, le métro est très cher.	☐	☐
2. Le métro circule toute la nuit.	☐	☐
3. Le métro dessert seulement le centre de Paris.	☐	☐
4. Le tarif est toujours unique, quelle que soit la distance parcourue.	☐	☐
5. Les jeunes de moins de 18 ans bénéficient d'une réduction de 25 %.	☐	☐
6. Avec un ticket de bus, on peut prendre le métro.	☐	☐

3 • **Lisez le texte suivant, extrait d'un guide touristique, et vérifiez vos réponses.**

GUIDE

LE MÉTRO PARISIEN

*Le métro parisien
est pratique et relativement
bon marché. Il dessert Paris ainsi que la proche banlieue.
Les tickets sont en vente au guichet
de toutes les stations de métro. Le ticket est valable
pour un trajet unique (avec correspondance) dans
les zones 1 et 2. Pour vous rendre en banlieue
(zones 3 à 8), vous devez acheter un ticket dont le prix
dépend de votre destination (aéroport, par exemple).
On peut acheter des tickets de métro à l'unité ou
par carnets de dix. Il revient moins cher d'acheter
dix tickets à la fois. Il existe des forfaits pour voyager
de manière illimitée pendant une journée,
une semaine ou un mois. Les enfants de moins
de dix ans paient demi-tarif et les moins de 4 ans
voyagent gratuitement. Le ticket de métro est
valable dans les bus.
Le premier métro part à 5 h 30 et le dernier vers minuit.
Après minuit, il reste les rares bus de nuit, ou les taxis, plus chers.
Plus de 10 000 taxis circulent à Paris, et pourtant il n'est pas facile d'en trouver un,
particulièrement la nuit.*

4 • **Pour un guide touristique destiné aux francophones, rédigez un texte
sur les transports dans votre ville ou dans votre région.**

À l'aide des tableaux
« COMMENT DIRE »
ou « COMMENT FAIRE »
retenez les termes
et expressions utiles
à la réalisation
de la tâche.

B • Consulter le plan du métro

1 • Vous êtes à la station de métro **Concorde. Vous demandez à un voyageur comment vous rendre Gare de l'Est.**

Cherchez ces deux stations sur le plan et lisez les explications ci-contre du voyageur. Ces renseignements sont-ils exacts ? Pourriez-vous prendre un autre itinéraire ? Lequel ?

COMMENT DIRE
pour expliquer un itinéraire

Gare de l'Est ? Ce n'est pas **direct**. **Vous prenez** la ligne 1, **direction** Château de Vincennes jusqu'à Châtelet. Puis à Châtelet, **prenez la correspondance direction** Porte de Clignancourt et **descendez à** Gare de l'Est.

Consultez
toutes sortes
de documents
dans un but précis.

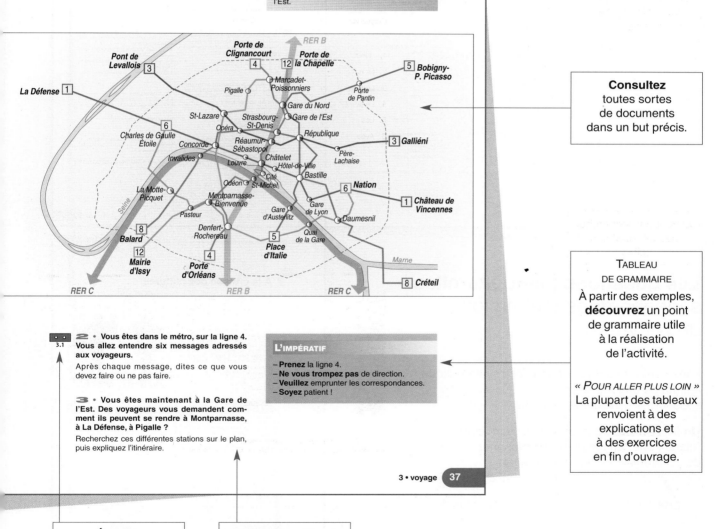

2 • Vous êtes dans le métro, sur la ligne 4. Vous allez entendre six messages adressés aux voyageurs.

Après chaque message, dites ce que vous devez faire ou ne pas faire.

3 • Vous êtes maintenant à la Gare de l'Est. Des voyageurs vous demandent comment ils peuvent se rendre à Montparnasse, à La Défense, à Pigalle ?

Recherchez ces différentes stations sur le plan, puis expliquez l'itinéraire.

L'IMPÉRATIF

– **Prenez** la ligne 4.
– **Ne vous trompez pas** de direction.
– **Veuillez** emprunter les correspondances.
– **Soyez** patient !

TABLEAU
DE GRAMMAIRE
À partir des exemples,
découvrez un point
de grammaire utile
à la réalisation
de l'activité.

« *POUR ALLER PLUS LOIN* »
La plupart des tableaux
renvoient à des
explications et
à des exercices
en fin d'ouvrage.

3 • voyage **37**

Écoutez
et apprenez à réagir
à des situations
imprévues.

Parlez : en utilisant
les connaissances
que vous avez
acquises,
rendez-vous utile.

Et pour renforcer votre maîtrise
de la langue, n'hésitez pas à faire,
dans le CAHIER D'EXERCICES,
les activités correspondantes.

Les tests de contrôle
sont présentés sous forme de QCM, à la fin de chaque unité.

Évaluez
vos connaissances grammaticales.

Résolvez
des mini-cas.

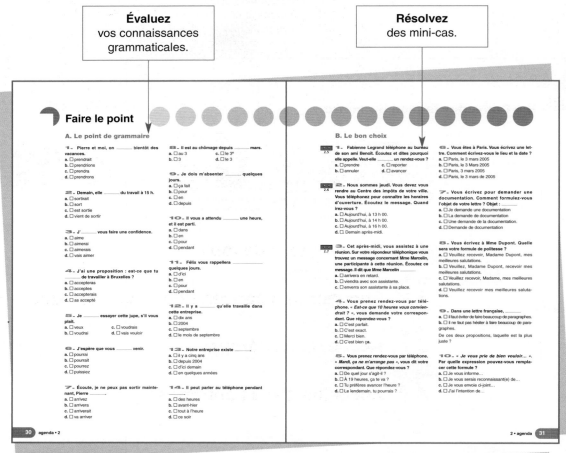

Les questions interculturelles
sont abordées tout au long de l'ouvrage.

Elles sont présentées de manière systématique,
à la fin de chaque unité,
sous forme d'incidents critiques.

Un incident critique est une histoire courte
relatant une rencontre entre personnes
de cultures différentes. La situation
est présentée à un moment de crise.

Un **problème** se pose ou s'est posé. À vous de
trouver les solutions.

Les **documents fournis** apportent des éléments
de réponse aux questions posées.

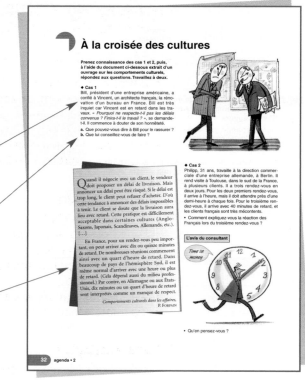

prise de contact

1 Faire un tour de table

2 Engager une conversation téléphonique

3 Accueillir à l'aéroport

4 Accueillir dans l'entreprise

Mes objectifs d'apprentissage

● **Communicatif**
- entrer en contact dans différentes situations de communication
- se présenter (nom, profession, nationalité, domicile, numéro de téléphone, etc.)
- interroger l'autre, expliquer pourquoi et comment on apprend le français
- engager une conversation téléphonique, faire face à des complications
- lire et rédiger un e-mail
- accueillir un visiteur, le faire patienter, lui faire la conversation

● **Linguistique**
- le présent de l'indicatif (révision)
- les prépositions de lieu : *à, de, en, chez, dans*, etc.
- l'interrogation directe
- les pronoms personnels compléments
- le futur simple
- le passé composé, le passé récent
- les nombres

● **Interculturel**
- salutations : à chacun ses manières

1 Faire un tour de table

A • Premières impressions

Les six personnes ci-dessous veulent assister au cours de *Français.com*.
À votre avis, de quel pays viennent-elles ? De quelle nationalité sont-elles ?
Quel âge ont-elles ? Que pouvez-vous encore dire sur chacune d'elles ?

Michael

Michiko

Gabriela

Emma

Tom

Omar

B • Premières présentations

1 • Imaginez que les personnes de la page 10 participent au cours de Français.com.

Pour en savoir plus sur elles, complétez les phrases suivantes.

1. Michael vit _____ Allemagne, près de Francfort.
2. Michiko vient _____ Japon. Elle vit _____ Tokyo et travaille _____ une librairie.
3. Gabriela habite _____ Espagne et travaille _____ un hôtel.
4. Emma vit _____ Pays-Bas. Elle est serveuse _____ un restaurant.
5. Tom habite _____ Canada.
6. Omar travaille _____ Lafarge, une entreprise française. Il travaille _____ la filiale turque, _____ Istanbul.

2 • Les six participants se présentent.

a. Écoutez-les et prenez des notes. Qu'apprenez-vous sur chacun d'eux ?

b. À votre avis, qui a besoin du français pour :

1. lire des romans en français ?
2. parler à certains collègues ?
3. faire des voyages d'affaires ?
4. vivre au quotidien ?
5. réussir ses études ?
6. parler aux clients ?

c. Les participants continuent à se présenter. Écoutez et vérifiez vos réponses au **b.** Pour quelles autres raisons ont-ils besoin du français ?

3 • Pendant le tour de table, le professeur pose des questions aux participants de Français.com.

Voici les réponses. Pour chacune de ces réponses, retrouvez la question dans le tableau ci-contre sur « L'interrogation directe ».

1. J'apprends le français.
2. Je me débrouille.
3. Avec un livre.
4. Français. com.
5. Excellent.

4 • Observez le personnage ci-contre. C'est Alexandre Kicétou, le consultant de Français.com.

Il intervient souvent pendant le cours pour donner son avis. Lisez ce qu'il dit.

LES PRÉPOSITIONS DE LIEU

– Je travaille comme ingénieur **dans** une entreprise italienne.
– Où ça ? **En** Italie ?
– Oui, **chez** Fiat, **à** Milan.
– Vous êtes italien ?
– Non, je viens **du** Portugal. Je suis portugais.

Pour aller plus loin
Point de grammaire n°1, page 130, exercice A.

LE PRÉSENT DE L'INDICATIF

Pour aller plus loin
Tableau des conjugaisons, exercice page 143.

L'INTERROGATION DIRECTE

a. Avec quoi apprenez-vous ?
b. Vous parlez bien ?
c. Comment s'appelle-t-il ?
d. C'est un bon livre ?
e. Vous faites quoi en ce moment ?

Pour aller plus loin
Point de grammaire nᵒˢ 1 à 6, page 131, exercices A, B, C.

L'avis du consultant

> Aujourd'hui, grâce à l'ordinateur, on peut apprendre une langue sans effort.

• Qu'en pensez-vous ?

2 Engager une conversation téléphonique

A • Des chiffres et des lettres

1 • **Pour téléphoner, vous devez connaître le nom et le numéro de votre correspondant.**

a. Dictez les noms suivants et épelez-les.
– François Thinières
– Philippe de Grandprix
– Jean-Charles Villeroy
– Yann Hamilton
– Geneviève Quijol
– Françoise Laguêpe

comme

b. Prononcez, puis écrivez en lettres les numéros de téléphone suivants :
– 02 21 62 89 72
– 05 72 91 01 18
– 05 77 62 14 84
– 01 88 55 43 76
– 04 61 71 81 91

1.3

2 • **Vous allez entendre deux entretiens téléphoniques.**

a. Écoutez en prenant des notes et après chacun d'eux, dites :
– qui appelle,
– quel est le problème.

b. Examinez le tableau ci-dessous. Puis écoutez de nouveau les entretiens et soulignez dans le tableau les expressions utilisées.

3 • **Jouez à deux.**
Préparez, puis jouez ces entretiens.

COMMENT DIRE
pour épeler au téléphone

B comme Bernard	é = E accent aigu
D… Daniel	è = E accent grave
E… Élodie	ê = E accent circonflexe
G… Georges	ll = deux L
J… Jacques	ç = C cédille
T… Théo	– = tiret
Z… Zoé	' = apostrophe

Les nombres

Dans certains pays, comme en France, les numéros de téléphone se disent deux par deux. Mon numéro, c'est le 02 61 62 89 72.

Pour aller plus loin
Point de grammaire n° 1, page 132, exercices A, B.

COMMENT DIRE
au téléphone

• J'appelle
– C'est Sarah à l'appareil.
– Pourrais-je parler à Félix ?
– Je voudrais parler à Félix.
– Je ne suis pas au 10 48 ?
– Je ne suis pas chez Félix ?
– Excusez-moi, je me suis trompé, j'ai fait un mauvais numéro.

• Je réponds
– C'est de la part de qui ? Pouvez-vous épeler votre nom ?
– Je crois que vous faites erreur. Il n'y a personne de ce nom ici.
– C'est de la part de qui ?
– C'est à quel sujet ?
– Vous êtes au 10 88.
– Ici, c'est le 10 88.
– Je vous passe Félix.
– Je vous le / la passe.

B • Standard téléphonique

1 • **Pierre Morel essaie de joindre Claire Dulac, de la société KM3.**

Il a trois différents entretiens avec la standardiste.

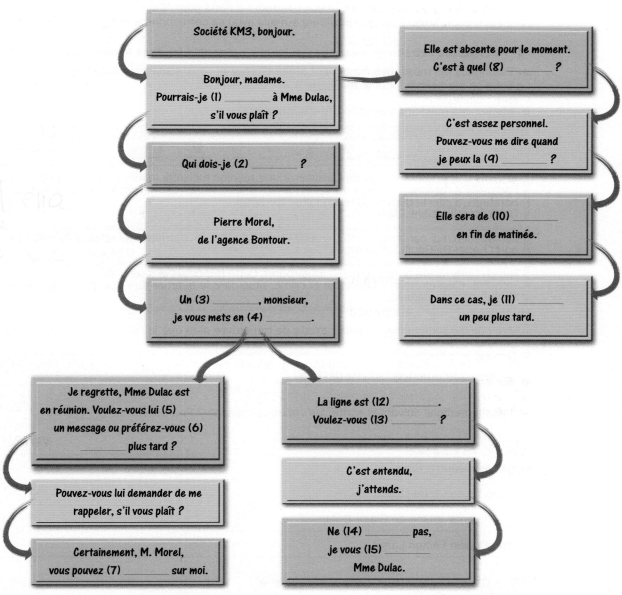

a. Écoutez ces trois entretiens et, après chacun d'eux, expliquez ce qui s'est passé.

b. Puis complétez les phrases ci-dessous.

> Société KM3, bonjour.

> Bonjour, madame.
> Pourrais-je (1) _____ à Mme Dulac,
> s'il vous plaît ?

> Qui dois-je (2) _____ ?

> Pierre Morel,
> de l'agence Bontour.

> Un (3) _____, monsieur,
> je vous mets en (4) _____.

> Elle est absente pour le moment.
> C'est à quel (8) _____ ?

> C'est assez personnel.
> Pouvez-vous me dire quand
> je peux la (9) _____ ?

> Elle sera de (10) _____
> en fin de matinée.

> Dans ce cas, je (11) _____
> un peu plus tard.

> Je regrette, Mme Dulac est
> en réunion. Voulez-vous lui (5) _____
> un message ou préférez-vous (6)
> _____ plus tard ?

> Pouvez-vous lui demander de me
> rappeler, s'il vous plaît ?

> Certainement, M. Morel,
> vous pouvez (7) _____ sur moi.

> La ligne est (12) _____.
> Voulez-vous (13) _____ ?

> C'est entendu,
> j'attends.

> Ne (14) _____ pas,
> je vous (15) _____
> Mme Dulac.

2 • **Jouez à deux.**

Personne A : Vous téléphonez à Claire Dulac pour une affaire urgente. C'est son assistant(e) qui répond, une personne que vous connaissez bien.

Personne B : Consultez les informations section 7, page 159.

LES PRONOMS COMPLÉMENTS

– Pouvez-vous **lui** demander de **me** rappeler ?
– Je **vous la** passe.

Pour aller plus loin
*Points de grammaire n*os *1, 2, 3, page 134, exercice A.*

3 Accueillir à l'aéroport

A • Préparatifs

Lorena Gomez habite à Mexico. Elle doit se rendre à Paris pour affaires.
Avant son départ, elle échange plusieurs e-mails avec sa correspondante à Paris, Claire Dulac.

1 • Lisez les extraits de messages suivants, présentés ici dans le désordre.

a. Distinguez les messages écrits par Lorena Gomez et ceux écrits par Claire Dulac.
La solution est donnée pour le message A.

b. Mettez ces messages dans l'ordre chronologique.

Retirer msg Nouveau msg Répondre Transférer Classer Suivant Imprimer Séourité Supprimer Arrêter	N

Je viens d'apprendre que je dois assister à une réunion mercredi matin. Je ne pourrai donc pas t'accueillir à l'aéroport, comme convenu. J'ai demandé à Fabien Lamy, l'un de nos nouveaux collaborateurs, d'aller te chercher. Il te conduira à ton hôtel. Cordiales salutations. Claire	A
J'arrive mercredi par le vol AF 453, en provenance de Mexico. L'arrivée est prévue à 07 h 40 (aéroport Charles-De-Gaulle). À bientôt.	B
Fabien Lamy insiste pour t'accueillir à l'aéroport. Cette fois-ci, je t'ai réservé une chambre à l'hôtel Tronchet. C'est un hôtel confortable et calme, situé dans le quartier de l'Opéra. Je t'appellerai à l'hôtel en fin de matinée.	C
Bonjour, Merci de me communiquer l'heure exacte de ton arrivée ainsi que le numéro de ton vol. J'irai te chercher à l'aéroport.	D
Ce n'est pas la peine de demander à M. Lamy de venir me chercher, je prendrai un taxi. Peux-tu me communiquer le nom et l'adresse de l'hôtel ?	E

c. Les affirmations suivantes sont-elles vraies ou fausses ? Pourquoi ?

Lorena Gomez	VRAI	FAUX
– est déjà venue à Paris.	☐	☑
– connaît bien Claire Dulac.	☑	☐
– est une amie intime de Claire Dulac.	☑	☐
– connaît bien Fabien Lamy.	☐	☑

2 • Claire Dulac arrive dans votre pays le 3 mars au matin. Vous ne la connaissez pas encore. Écrivez-lui un e-mail.

– Expliquez-lui que vous ne pourrez pas l'accueillir. Donnez une raison. Proposez une solution.
– Demandez-lui l'heure précise de son arrivée et le numéro du vol.
– Donnez quelques détails sur l'hôtel.
– Dites-lui que vous la rencontrerez plus tard. Expliquez comment.

LE FUTUR SIMPLE

Pour former le futur, on ajoute à l'infinitif les terminaisons suivantes :

Je voyager**ai**	Nous voyager**ons**
Tu voyager**as**	Vous voyager**ez**
Il voyager**a**	Ils voyager**ont**

Mais attention aux verbes irréguliers !

Pour aller plus loin
Tableau des conjugaisons, exercice page 144.

B • Arrivée

1 • Fabien Lamy accueille Lorena Gomez à l'aéroport de Paris.

a. Lisez les affirmations suivantes. Écoutez le dialogue. Puis choisissez la bonne réponse.

1. Lorena Gomez se présente/ne se présente pas.
2. L'avion est en retard/à l'heure/en avance.
3. Lorena Gomez a peu/beaucoup de bagages.
4. La voiture est garée près/loin de l'aéroport.
5. Lorena Gomez vient rarement/souvent à Paris.
6. À Paris, il fait très beau/le ciel est nuageux.

b. Qui pose les questions ? Fabien Lamy ou Lorena Gomez ? Vous rappelez-vous ces questions ?

2 • Quand Fabien Lamy accueille un visiteur qu'il ne connaît pas, il pose toujours les mêmes questions.

a. Voici les réponses. Retrouvez les questions à l'aide du tableau ci-contre.

1. Quelques jours.
2. Ça dépend laquelle.
3. Non, je suis venu l'an dernier.
4. Très bien, merci.

b. Y a-t-il des questions que, par politesse, il ne doit pas poser ? Par exemple ?

3 • *Être* ou *avoir* ? Complétez.

1. La semaine dernière, Mme Gomez _____ pris l'avion pour Paris. • 2. Elle _____ partie lundi soir. • 3. Elle _____ fait bon voyage. • 4. L'avion _____ arrivé à l'heure. • 5. Elle _____ déjà venue à Paris. • 6. Elle n'_____ jamais vécu en France. • 7. Elle _____ appris le français au Mexique. • 8. M. Lamy _____ allé la chercher à l'aéroport. • 9. Il l'_____ conduite à son hôtel. • 10. Elle s'_____ reposée une heure. • 11. Elle _____ sortie dans la soirée.

4 • Imaginez une histoire différente.

Lorena Gomez est arrivée à l'aéroport, mais Fabien Lamy n'est pas venu l'accueillir. Elle a rencontré beaucoup de problèmes pour arriver à l'hôtel. Une fois installée, elle envoie un e-mail à Claire Dulac pour confirmer son arrivée. Elle explique ce qui s'est passé.
Mettez-vous à sa place et rédigez ce message en imaginant les détails.

COMMENT DIRE
pour questionner le visiteur

– Est-ce que vous connaissez la France ?
– C'est la première fois que vous venez ?
– Vous venez de quelle région ?
– Combien de temps restez-vous ?
– Comment s'est passé votre voyage ?
– Vous aimez la musique ?
– Quel temps fait-il ?
– Etc.

LE PASSÉ COMPOSÉ

– Elle **a voyagé** en avion.
– Elle **est allée** à Paris.
– Elle **s'est rendue** à l'hôtel.

Pour aller plus loin
Point de grammaire n° 1, page 135,
exercice D, page 131.

L'avis du consultant

L'avion est rapide, sûr et confortable.

• Qu'en pensez-vous ?

4 Accueillir dans l'entreprise

A • Un accueil professionnel

Fanny travaille à l'accueil-standard de la société KM3. Un visiteur se présente.

1 • Écoutez le dialogue.
1.6

a. Que dit Fanny pour :
– saluer le visiteur ?
– lui proposer ses services ?
– l'inviter à s'asseoir ?
– lui proposer une boisson ?
– lui faire la conversation ?

b. Que dit le visiteur pour :
– saluer ?
– se présenter ?
– expliquer la raison de sa visite ?
– accepter l'offre de Fanny ?

2 • À votre avis, Fanny a-t-elle raison :
– d'appeler le visiteur par son nom ?
– de lui faire la conversation ?

3 • Jouez à deux.
Préparez, puis jouez cette conversation entre Fanny et le visiteur.

COMMENT DIRE
pour accueillir un visiteur

– Que puis-je faire pour vous ?
– Puis-je vous demander à quelle heure vous êtes attendu ?
– Voulez-vous vous asseoir un instant, M. Morel, je préviens Mme Dulac de votre arrivée.
– Pouvez-vous me rappeler votre nom ?
– Puis-je vous offrir quelque chose à boire ?
– Si vous voulez bien me suivre, je vous conduis au bureau de Mme Dulac.
– Mme Dulac arrive tout de suite.

LE PASSÉ RÉCENT (VENIR + DE + infinitif)

– M. Morel **vient d'**arriver chez KM3.
– Mme Dulac **vient de** sortir d'une réunion

L'INTERROGATION DIRECTE

Pour aller plus loin
Point de grammaire, page 131.

B • Un accueil (très) maladroit

Fanny est absente. L'hôtesse qui la remplace manque d'expérience et commet de nombreuses maladresses.

1 • **Regardez la photographie.** Que pensez-vous de l'attitude de la nouvelle hôtesse ?

2 • **Écoutez et / ou lisez ci-dessous le dialogue entre cette hôtesse et un visiteur.**

Relevez les maladresses que commet la nouvelle hôtesse.

> VISITEUR : Bonjour, madame.
> HÔTESSE : Bonjour.
> VISITEUR : Je suis M. Lefort, des Établissements Jasmin. J'ai rendez-vous avec Mme Dulac.
> HÔTESSE : Vous êtes sûr ?
> VISITEUR : Pardon ?
> HÔTESSE : Oui, vous êtes sûr d'avoir rendez-vous ?
> VISITEUR : Oui, bien sûr, à 11 heures.
> HÔTESSE : Lefort… Lefort… Vous n'êtes pas sur ma liste. *(Le téléphone sonne)* Allô ? … Qui ça ?... C'est pourquoi ? … Ouais, ouais, une minute, je vous passe le service… *(Elle raccroche)* Quel idiot, ce client ! … *(Au visiteur)* C'est comment votre nom déjà ?
> VISITEUR : M. Lefort.
> HÔTESSE : Attendez… *(Au téléphone)* Mme Dulac, il y a un M. Fort à l'accueil…
> VISITEUR : Lefort, Pierre Lefort.
> HÔTESSE : Lefort… Il dit qu'il a rendez-vous avec vous… oui… oui… c'est ce qu'il dit… D'accord… *(Au visiteur)* C'est ça, elle a encore oublié, elle est toujours dans la lune. Bon, ben vous pouvez y aller.
> VISITEUR : Où est-ce que je dois aller ?
> HÔTESSE : Deuxième étage, bureau 220.

3 • **Jouez à deux.**

Reconstituez le dialogue de façon à rendre l'accueil plus professionnel. Puis jouez la scène.

L'avis du consultant

> *Accueillir, ça ne s'apprend pas, c'est une question de personnalité*

• Qu'en pensez-vous ?

Faire le point

A. Le point de grammaire

1. L'année dernière, je suis allée en Italie. Cette année, je vais au Caire, _____.
a. ☐ au Maroc
b. ☐ en Égypte
c. ☐ dans les Caraïbes
d. ☐ à Hong-Kong

2. Tony parle bien portugais. C'est normal, il a passé un an _____ Brésil.
a. ☐ en
b. ☐ à
c. ☐ au
d. ☐ dans le

3. Je ne comprends pas très bien, _____ vous voulez dire ?
a. ☐ qu'est-ce que
b. ☐ qui est-ce que
c. ☐ qu'est-ce qui
d. ☐ qui est-ce qui

4. Avec _____ jouez-vous au tennis ? Avec votre femme ?
a. ☐ quelle
b. ☐ lequel
c. ☐ qui
d. ☐ quoi

5. En ____ consiste votre travail au juste ?
a. ☐ qui   c. ☐ quoi
b. ☐ que   d. ☐ lequel

6. Il est _____ nationalité ?
a. ☐ quelle
b. ☐ laquelle
c. ☐ de quelle
d. ☐ de laquelle

7. _____ sont vos projets pour l'année prochaine ?
a. ☐ Lesquels
b. ☐ Quels
c. ☐ Quoi
d. ☐ Que

8. Vous vous rendez _____ à votre travail ? En métro ?
a. ☐ où
b. ☐ combien
c. ☐ comment
d. ☐ quand

9. Elle est où ? Je _____ ai téléphoné une dizaine de fois, mais je n'ai pas réussi à la joindre.
a. ☐ l'   c. ☐ le
b. ☐ la   d. ☐ lui

10. Il a besoin de son bouquin, tu peux _____ lui rendre ?
a. ☐ le
b. ☐ la
c. ☐ me
d. ☐ se

11. Je vous ____ demain, dans la soirée.
a. ☐ appellerai
b. ☐ appellerais
c. ☐ ai appelé
d. ☐ viens d'appeler

12. Ils _____ rencontrés aux Pays-Bas, à Amsterdam.
a. ☐ sont
b. ☐ se sont
c. ☐ ont
d. ☐ ont eu

13. Pour une fois, personne _____ disputé à la réunion.
a. ☐ n'est
b. ☐ n'a
c. ☐ ne s'est
d. ☐ n'ont

14. Il ne _____ jamais dit la vérité.
a. ☐ l'est
b. ☐ lui a
c. ☐ l'a
d. ☐ lui est

B. Le bon choix

1. Vous allez entendre le début de quatre entretiens. Indiquez d'une flèche où se tient chacun d'eux. *La solution est donnée pour le premier.*

Entretien 1   **a.** Dans un magasin
Entretien 2   **b.** Dans une gare
Entretien 3   **c.** À la banque
Entretien 4   **d.** Dans un café

2. La standardiste de la société KM3 reçoit un appel téléphonique. Écoutez. Le nom du correspondant s'écrit _____ .
a. ☐ Mallau
b. ☐ Maleau
c. ☐ Malleau
d. ☐ Malau

3. La standardiste de la société KM3 reçoit un deuxième appel téléphonique. Écoutez. Le numéro de téléphone de KM3 est _____ .
a. ☐ 01 45 45 36 38
b. ☐ 01 45 45 38 36
c. ☐ 01 45 45 36 37
d. ☐ 01 45 45 37 36

4. Le téléphone sonne. Vous décrochez et vous entendez : « *Je voudrais parler à Mme Picard, s'il vous plaît.* ». Que répondez-vous ?
a. ☐ Vous êtes qui ?
b. ☐ De la part de qui ?
c. ☐ C'est qui à l'appareil ?
d. ☐ Comment vous vous appelez ?

5. Vous êtes à la maison, dans un pays francophone. Vous décrochez le téléphone. Que dites-vous ?
a. ☐ Allô, j'écoute.
b. ☐ Allô, je suis disponible.
c. ☐ Vous êtes bien au 02 54 67 98 09, bonjour.
d. ☐ Allô, à votre disposition.

6. Au téléphone, la standardiste vous dit : « *Je vous passe Mme Leduc* ». Que dites-vous ?
a. ☐ Comme vous voulez.
b. ☐ Merci.
c. ☐ Vous êtes une personne gentille.
d. ☐ Vous avez raison.

7. Vous êtes à l'accueil d'une entreprise. Une visiteuse se présente : « *Bonjour, j'ai rendez-vous avec Mme Picard* ». Que dites-vous ?
a. ☐ Puis-je lui transmettre un message ?
b. ☐ Voulez-vous boire quelque chose ?
c. ☐ Vous êtes madame ?
d. ☐ Oui, vous êtes en retard.

8. À l'aéroport, vous accueillez un visiteur que vous ne connaissez pas. Au cours de votre première conversation, quelle question lui posez-vous ?
a. ☐ Comment va votre femme ?
b. ☐ Vous êtes arrivé à quelle heure ?
c. ☐ Vous n'êtes pas trop fatigué ?
d. ☐ Vous avez quel âge ?

9. Au cours d'une soirée, une personne s'adresse à vous : « *Permettez-moi de me présenter, Marc Javelot* ». Que répondez-vous ?
a. ☐ Félicitations.
b. ☐ Comment allez-vous ?
c. ☐ Enchanté(e).
d. ☐ Maintenant, je vous connais.

10. Marc Javelot vous demande si vous voulez un verre de champagne. Que répondez-vous ?
a. ☐ Bien sûr que non.
b. ☐ Volontiers.
c. ☐ Ce n'est rien.
d. ☐ Vous permettez ?

À la croisée des cultures

Les premières présentations peuvent donner lieu à certains malentendus, surtout quand les personnes qui se rencontrent proviennent de cultures différentes et ne parlent pas la même langue.

• **Lisez l'extrait de la bande dessinée et, à l'aide des documents ci-contre, répondez aux questions suivantes :**

a. De quelle nationalité est Jolitorax ?

b. Obélix pense que Jolitorax est germain. Pourquoi ?

c. Obélix serre la main de Jolitorax avec une énergie excessive. Pourquoi ?

BRETON, ONNE. *adj.* et *n.* • 1° De Bretagne (province française). 2° Qui appartient aux peuples celtiques de Grande-Bretagne et de Bretagne, à leurs traditions et leur civilisation.

COUSIN, INE. *n.* Se dit des enfants et des descendants de personnes qui sont frères et sœurs. *Cousins germains :* ayant un grand-père (ou une grand-mère) commun.

GERMAIN. *adj.* et *n.* • 1° *Adj.* Qui appartient à la Germanie, nom de la région correspondant à peu près à l'Allemagne, à l'époque du Bas-Empire et du haut Moyen Âge. • 2° *N.* Habitant de la Germanie. *Les Germains.*

SECOUER. *v. tr.* Remuer avec force, dans un sens puis dans l'autre (et généralement à plusieurs reprises). V. **Agiter.** *Secouer la salade.* Loc. *Secouer comme un prunier.*

LE PETIT ROBERT

shake, v. Secouer ; agiter (un liquide, etc.). **To shake the bottle,** secouer le flacon. **To shake hands with s.o.,** serrer la main à qqn.

piece, s. 1. Morceau m (de pain). 2. *(a)* **A piece of advice,** un conseil. *(b)* **A piece of luck,** une chance *(c)* **A piece of furniture,** un meuble

DICTIONNAIRE ANGLAIS-FRANÇAIS

Astérix chez les Bretons, Uderzo-Goscinny, Édit. Dargaud.

2

agenda

1 Prendre rendez-vous

2 Changer de rendez-vous

3 Organiser son temps de travail

4 Communiquer un emploi du temps

Mes objectifs d'apprentissage

● **Communicatif**
 – tenir à jour un agenda
 – prendre/reporter/avancer/annuler un rendez-vous
 – faire des propositions/expliquer un contretemps
 – expliquer une journée de travail, des conditions de travail (horaires, pauses)
 – rédiger un e-mail
 – vérifier une information
 – lire/disposer/rédiger une lettre « à la française »

● **Linguistique**
 – le conditionnel présent : formation et emploi (politesse)
 – l'expression du futur (présent, futur simple, futur proche)
 – l'indication d'une date, d'un moment précis
 – les expressions de temps : *il y a, depuis, pendant, pour, dans, d'ici*, etc.
 – les expressions de la correspondance commerciale

● **Interculturel**
 – délais et rendez-vous : à chacun son heure (les différentes perceptions du temps)

1 Prendre rendez-vous

A • Au travail

1 • **Nous sommes dans la société KM3. Amélie, l'assistante de Mme Legrand, est au téléphone avec un certain M. Joxe.**

a. Complétez l'extrait du dialogue à l'aide des mots suivants : *possible, m'arrange, parfait, prendre, dites, disons, avec, proposer, libre, convient.*

M. Joxe : Je souhaite (1) prendre rendez-vous (2) avec Mme Legrand, s'il vous plaît.

Amélie : Quel jour vous (3) convient ?

M. Joxe : Demain, c'est (4) _____ ?

Amélie : Vous préférez le matin ou l'après-midi ?

M. Joxe : Ça (5) _____ plutôt le matin.

Amélie : Je peux vous (6) _____ 9 heures.

M. Joxe : Malheureusement, je ne serai pas (7) _____ avant 10 heures.

Amélie : Que (8) _____ -vous de 11 heures ?

M. Joxe : C'est (9) _____ .

Amélie : Nous (10) _____ donc demain à 11 heures.

b. Pour être plus poli, on peut utiliser le conditionnel présent au lieu du présent de l'indicatif. Mettez au conditionnel :
– les phrases du tableau « COMMENT DIRE » ;
– puis, quand c'est possible, les verbes du dialogue entre Amélie et M. Joxe.

2 • **Amélie reçoit un autre appel téléphonique. Le correspondant souhaite prendre rendez-vous avec Mme Legrand.**

2.1 **a.** Consultez à la page suivante l'agenda de Mme Legrand. Puis écoutez l'entretien téléphonique et notez les nouvelles indications dans l'agenda. Précisez l'objet du rendez-vous.

b. Voici des extraits de cet entretien. Complétez les mentions manquantes. Si besoin, écoutez une nouvelle fois.
Amélie : Je (1) regrette mais Mme Legrand est (2) occupée toute la (3) matinée. [...] Est-ce que 15 heures vous (4) irait _____ ? [...] Pouvez-vous me (5) rappeler votre nom ? [...] Très bien, c'est (6) n_____ .

Un coup de téléphone = déjà

OCTOBRE
Mercredi 13

8 _____
9 _____
10 _____
11 Fanny Maçon (plan de formation) *training*
12 _____
13 _____
14 M. Guilloux
15 _____
16 Guy Namur
17 M. Guillon
18 _____
19 _____
20 Dîner chez Judith
21 _____

OCTOBRE
Jeudi 14

8 _____
9 _____
10 _____
11 Visite BCX
12 _____
13 Déjeuner avec Christophe (La Casserole)
14 _____
15 _____
16 Mme Lemarc (calendrier des congés)
17 _____
18 Rendez-vous avec Benoît café du Commerce pour parler à sujet de Mario
19 _____
20 _____
21 _____

B. À domicile

2.2 **1** • **Fabienne Legrand est à son domicile. Elle reçoit un coup de téléphone d'un ami, Benoît.** Écoutez la conversation et notez les nouvelles indications dans l'agenda de Fabienne Legrand.

2 • **Au cours de leur conversation, Fabienne et Benoît utilisent des expressions moins formelles que dans un entretien professionnel.**

a. Pour chaque phrase de la colonne A, trouvez une phrase équivalente dans la colonne B. La solution est donnée pour la première.

A		B
1. On pourrait se voir ?	f	a. Quelle date vous conviendrait ?
2. Qu'est-ce qui t'amène ?	c.	b. Je préfèrerais jeudi.
3. Quand ça ?	a.	c. C'est à quel sujet ?
4. T'es libre mercredi ?	e.	d. Excusez-moi de vous importuner.
5. J'aime autant jeudi.	b.	e. Seriez-vous disponible mercredi ?
6. Ça marche.	g.	f. Pourrions-nous nous rencontrer ?
7. Je ne te dérange pas, au moins ?	d	g. C'est entendu.

at least

2.2 **b.** Écoutez de nouveau la conversation et ajoutez dans la colonne A de nouvelles expressions du dialogue.

3 • **Jouez à deux.**

Reconstituez par écrit la conversation en utilisant un maximum d'expressions de la colonne A. Puis jouez la conversation à deux.

2 Changer de rendez-vous

A • Annuler un rendez-vous

Dans l'entretien suivant, Amélie, l'assistante de Fabienne Legrand, reçoit un appel téléphonique d'un client.

1 • **Cet entretien est incomplet.** Lisez-le et essayez de compléter quelques mentions manquantes. Aidez-vous du tableau « COMMENT FAIRE ».

Amélie : Société KM3, bonjour.

Client : Bonjour. Ici M. (1) *Gieux*. Je suis un (2) *client*. Pourrais-je parler à Mme Legrand, s'il vous plaît ?

Amélie : Mme Legrand est (3) *absente* pour la journée. C'est à quel (4) *sujet* ?

Client : Voilà. J'ai un problème de rendez-vous pour la semaine prochaine.

Amélie : De quel jour (5) *Ça gétille* ?

Client : (6) *Mercredi* prochain. J'ai un rendez-vous avec Mme Legrand.

Amélie : Le (7) *13* octobre ?

Client : C'est ça. J'ai un (8) *empêchement* En fait, je serai en (9) *déplacement* toute la semaine.

Amélie : Excusez-moi, vous êtes M. (10) *Dieu* ou M. (11) *Giernoux* ?

Client : M. (12) *Giernaux* G comme Georges -U-I-(13) _____.

Amélie : Vous avez rendez-vous à (14) *heures*, n'est-ce pas ? *Is it right?*

Client : C'est exact.

Amélie : Si je comprends bien, (15) *M.* _____ vous souhaitez (16) *annuler* votre rendez-vous. Voulez-vous (17) *prendre* un autre rendez-vous (18) *tout* ? *de suit*

Client : Malheureusement, je n'ai pas mon (19) *agenda* sur moi. Je (20) *rappellerai* la semaine prochaine.

Amélie : C'est (21) *entendu*

Client : Merci. Au revoir.

Amélie : (22) *Au revoir*, monsieur.

2 • **Écoutez cet entretien pour contrôler et compléter vos réponses.**

2.3

3 • **Apportez les modifications dans l'agenda de Fabienne Legrand (page 23).**

(page 23)

COMMENT FAIRE pour changer un rendez-vous

• **Expliquer le problème**
– Je vous appelle au sujet de mon rendez-vous du 3 mars avec Félix.
– J'ai un empêchement ce jour-là/à cette date-là/à cette heure-là.
– Je suis pris(e)/ absent(e)/occupé(e)/en déplacement/en réunion.
– Je n'ai pas mon agenda sur moi.

• **Faire une proposition**
– Je souhaiterais/J'aimerais prendre/avancer/ reporter/annuler/déplacer le rendez-vous.
– Serait-il possible de.../Pourrait-on reporter le rendez-vous d'une heure/au lendemain/à la semaine prochaine ?
– Je rappellerai plus tard.

L'EXPRESSION DU FUTUR

– Demain, j'**ai** une réunion à 14 heures.
– Demain, la réunion **commencera** à 14 heures pile, j'espère que tu **arriveras** à l'heure.
– Dépêche-toi, la réunion **va commencer**.

• *À l'oral, on utilise plus souvent le présent ou le futur proche* (ALLER + INFINITIF) *que le futur simple.*

L'avis du consultant

Il faut toujours annuler ses rendez-vous avec au moins une semaine d'avance.

• Qu'en pensez-vous ?

B • Déplacer un rendez-vous

1 • Les phrases de l'entretien suivant entre Amélie et l'un de ses correspondants ont été mises dans le désordre.

a. Remettez-les dans l'ordre. La solution est donnée pour la première.

a. *3* Oui, c'est ça. Voilà. J'ai une réunion importante ce jour-là. Est-ce qu'on pourrait reporter le rendez-vous au lendemain ?

b. *7* Oui, vers 16 heures également.

c. *6* Malheureusement, Mme Legrand est prise à cette heure-là. Est-ce que 17 heures vous conviendrait ?

d. *8* Je note donc jeudi 14, à 17 heures.

e. *1* Bonjour. C'est Guy Namur à l'appareil. J'ai un rendez-vous avec Mme Legrand le mercredi 13 octobre à 16 heures.

f. *5* D'accord.

g. *2* Un instant, s'il vous plaît, je consulte son agenda… Vous dites « M. Namur », n'est-ce pas ?

h. *4* Au jeudi 14 ?

b. Apportez les modifications dans l'agenda de Mme Legrand (page 23).

nous - pour trouver un autre date

2 • Voici ci-dessous un entretien entre Amélie et un autre correspondant.

2.4 Complétez les mentions manquantes, puis écoutez l'entretien pour vérifier vos réponses.

document

Correspondant : Bonjour. (1) I**ci** Fanny Maçon. Je vous (2) a**ppelle** au (3) s**ujet** de mon rendez-vous du mercredi 13 octobre avec Mme Legrand.

Amélie : Je vous (4) é**coute**, Mme Maçon.

Correspondant : (5) S**erait**-il (6) possible d'(7) a**vancer** l'heure ? *Est-ce possible ?*

Amélie : Attendez, je (8) c**onsulte** son agenda… Vous devez vous (9) v**oir** à 11 heures, n'est-ce pas ?

Correspondant : C'est exact. Je (10) s**ouhait** (11) a**vancer** le rendez-vous d'une heure.

Amélie : À 10 heures, alors.

Correspondant : C'est ça, 10 heures, est-ce que c'est possible ? Ça m'(12) a**rrang**e beaucoup.

Amélie : Pas de (13) p**roblème**, Mme Maçon, c'est (14) n**oté**.

Correspondant : Formidable, je vous (15) r**emercie**.

Amélie : Je vous en (16) p**rie**.

je consulte mon agenda

3 • Jouez à deux.

Personne A : Consultez les informations section 4, page 158.
Personne B : Consultez les informations section 12, page 160.

3 Organiser son temps de travail

A • Journée balzacienne

Lisez le texte de la page suivante. Puis remplissez le document ci-contre en distinguant les moments :
– de pause,
– de travail,
– de sommeil de Balzac.

Jeudi 14 mars 1837

8 h - 9 h :

9 h - 12 h :

12 heures :   pause déjeuner

12 h - 17 h :

17 h - 20 h :

20 h - 24 h :

24 h - 8 h :

B • Temps modernes

1 • Complétez le texte suivant à l'aide des expressions de temps du tableau.

1. Les bureaux ferment _____ 1er _____ 20 août. Le reste de l'année, ils sont ouverts sans interruption _____ 9 heures _____ 18 heures.

2. Le soir, _____ une heure, il étudie le français.

3. Je commencerai mon stage _____ deux jours.

4. En général, je déjeune _____ 20 minutes.

5. Je suis tombé dans l'escalier _____ deux jours.

6. Il est en vacances _____ lundi dernier.

2 • Jouez à deux. Au téléphone.

Personne A : Consultez les informations, section 2, page 158.
Personne B : Consultez les informations, section 10, page 159.

3 • Un collègue français vient travailler dans votre entreprise. Envoyez-lui un courrier électronique présentant les conditions de travail de votre entreprise. Donnez des détails (Que fait-on pendant les pauses ? Fait-on des heures supplémentaires ? Y a-t-il des réunions ? Etc.).

LES EXPRESSIONS DE TEMPS

à, de, depuis, pendant, dans, en, il y a

Pour aller plus loin
Point de grammaire n° 1,
exercices A, B, C, D page 136.

Commencez ainsi →

Terminez ainsi →

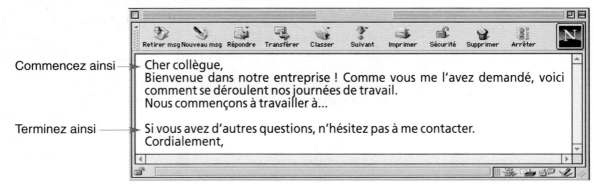

Cher collègue,
Bienvenue dans notre entreprise ! Comme vous me l'avez demandé, voici comment se déroulent nos journées de travail.
Nous commençons à travailler à...

Si vous avez d'autres questions, n'hésitez pas à me contacter.
Cordialement,

Retirer msg Nouveau msg Répondre Transférer Classer Suivant Imprimer Sécurité Supprimer Arrêter

24 heures dans la vie de Balzac

Une journée pareille à mille autres journées

Huit heures du soir ; les autres ont terminé leur travail depuis longtemps, ils ont quitté leurs bureaux, leurs magasins, leurs usines, ils ont dîné. Maintenant ils se promènent sur les boulevards, sont assis dans des cafés ; lui, lui seul, Balzac, dort dans sa chambre.

Neuf heures du soir, les spectacles ont commencé, dans les salles de bal les couples dansent ; Balzac dort toujours. Dix heures du soir ; les gens âgés vont dormir ; Balzac dort toujours. Onze heures ; les spectacles prennent fin, les restaurants ferment, les promeneurs disparaissent ; Balzac dort toujours.

Enfin, minuit ! Le serviteur entre, allume sur la table les six bougies. Balzac se lève, s'habille et s'assied à sa table. Puis il écrit, écrit et écrit sans arrêt. Au bout de quatre, de six heures d'écriture ininterrompue, il se lève et allume sa cafetière. Sans café, pas de travail.

Huit heures du matin ; un léger coup frappé à la porte. Auguste, le serviteur, entre et apporte sur un plateau un modeste déjeuner. Il ouvre les rideaux, Balzac va à la fenêtre et regarde Paris. Maintenant les boutiques s'ouvrent, maintenant les enfants vont à l'école. Les voitures se mettent à rouler ; des employés et des commerçants s'installent à leurs comptoirs. Pour se détendre, Balzac prend un bain chaud. D'habitude il reste une heure dans sa baignoire.

Neuf heures : la pause prend fin. Et maintenant au travail ! Trois heures, quatre heures durant, Balzac corrige ses épreuves. C'est seulement à midi que Balzac interrompt son travail pour faire un léger repas ; un œuf, une tartine beurrée ou un peu de pâté. Il le sait, manger fatigue, et il n'a pas de temps à donner à la fatigue. Déjà il se remet à sa table de travail.

Enfin, vers cinq heures il jette sa plume. C'est assez ! Parfois vient, pour une demi-heure ou pour une heure, un éditeur ou un ami. La plupart du temps il reste seul réfléchissant à ce qu'il va créer demain. Le domestique sert le repas du soir. À huit heures, quand les autres commencent à sortir, il se couche et dort aussitôt. Il dort jusqu'à minuit où le serviteur entre, allume les bougies, et où son travail recommence.

D'après Balzac, Le Roman d'une vie,
Stephan ZWEIG.

2

Pour faciliter la rédaction et la lecture d'une lettre, il est recommandé de suivre certaines règles de présentation, qui varient d'un pays à l'autre.
Dans la lettre suivante, la société *Formatex* applique les règles de présentation en usage en France.

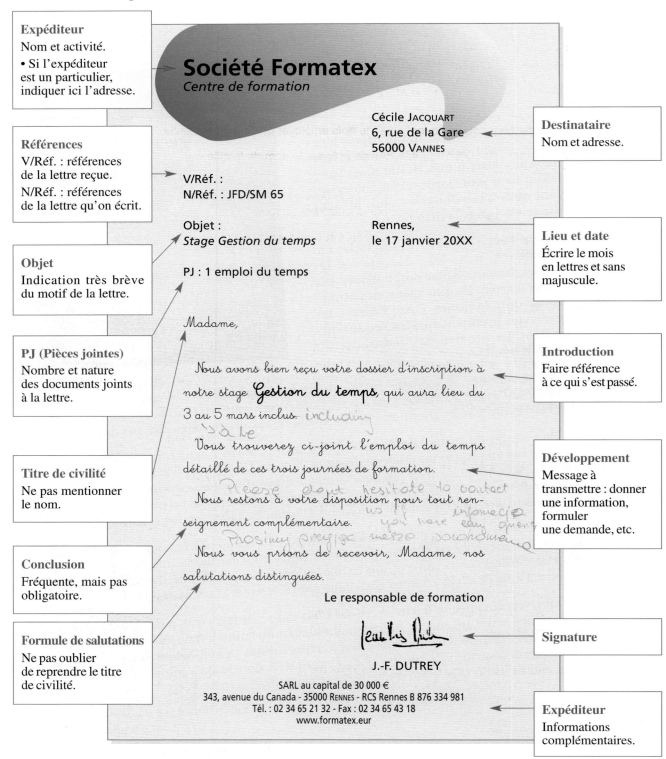

Expéditeur
Nom et activité.
• Si l'expéditeur est un particulier, indiquer ici l'adresse.

Références
V/Réf. : références de la lettre reçue.
N/Réf. : références de la lettre qu'on écrit.

Objet
Indication très brève du motif de la lettre.

PJ (Pièces jointes)
Nombre et nature des documents joints à la lettre.

Titre de civilité
Ne pas mentionner le nom.

Conclusion
Fréquente, mais pas obligatoire.

Formule de salutations
Ne pas oublier de reprendre le titre de civilité.

Société Formatex
Centre de formation

Cécile JACQUART
6, rue de la Gare
56000 VANNES

V/Réf. :
N/Réf. : JFD/SM 65

Objet :
Stage Gestion du temps

Rennes,
le 17 janvier 20XX

PJ : 1 emploi du temps

Madame,

Nous avons bien reçu votre dossier d'inscription à notre stage **Gestion du temps**, qui aura lieu du 3 au 5 mars inclus.

Vous trouverez ci-joint l'emploi du temps détaillé de ces trois journées de formation.

Nous restons à votre disposition pour tout renseignement complémentaire.

Nous vous prions de recevoir, Madame, nos salutations distinguées.

Le responsable de formation

J.-F. DUTREY

SARL au capital de 30 000 €
343, avenue du Canada - 35000 RENNES - RCS Rennes B 876 334 981
Tél. : 02 34 65 21 32 - Fax : 02 34 65 43 18
www.formatex.eur

Destinataire
Nom et adresse.

Lieu et date
Écrire le mois en lettres et sans majuscule.

Introduction
Faire référence à ce qui s'est passé.

Développement
Message à transmettre : donner une information, formuler une demande, etc.

Signature

Expéditeur
Informations complémentaires.

stage – staz

Homann?

A • Présentation

Un collègue de travail vous donne des conseils sur la présentation d'une lettre.
A-t-il raison ? A-t-il tort ?

	IL A RAISON	IL A TORT
Pour rédiger une lettre à la française, c'est facile :		
1. Il suffit de prendre une feuille de papier blanc, de format A4 (21 × 29,7 cm).	☐	☐
2. Le nom et l'adresse du destinataire s'inscrivent en haut, à gauche, comme pour la correspondance anglaise.	☐	☐
3. Dans l'adresse, le nom de la ville doit de préférence être écrit entièrement en majuscules.	☐	☐
4. Fais attention, pour indiquer l'objet, tu dois employer un nom sans article.	☐	☐
5. Dans le titre de civilité, n'oublie pas de préciser le nom de famille de ton correspondant.	☐	☐
6. Comme le titre de civilité est suivi d'une virgule, tu dois logiquement commencer le premier paragraphe par une lettre minuscule.	☐	☐
7. Pense à laisser des marges sur les côtés et à faire beaucoup de paragraphes !	☐	☐

B • Rédaction

Vannes, le 18 février. Cécile Jacquart écrit à Formatex pour annuler sa participation au stage Gestion du temps prévu en mars. Sa lettre contient les cinq paragraphes ci-dessous, donnés ici dans le désordre.

1 • Mettez ces paragraphes dans l'ordre.

a. ☐ En conséquence, je vous prie de bien vouloir m'inscrire au stage du mois d'avril.
b. ☐ Veuillez recevoir, Madame, Monsieur, mes meilleures salutations.
c. ☐ Je suis inscrite au stage Gestion du temps qui aura lieu du 3 au 5 mars prochain.
d. ☐ Je vous en remercie par avance.
e. ☐ Malheureusement, en raison d'un changement dans mon emploi du temps, je ne pourrai pas assister à cette formation.

2 • Rédigez la lettre sur une feuille de papier blanc de format A4, en respectant les règles de présentation en usage en France.

COMMENT FAIRE
pour rédiger une lettre

Tableaux des expressions de la correspondance commerciale, pages 146 et 147, exercices A à E.

L'avis du consultant

C'est plus simple de téléphoner que d'écrire.

• Qu'en pensez-vous ?

Faire le point

A. Le point de grammaire

1. Pierre et moi, on _____ bientôt des vacances.
a. ☐ prendrait
b. ☐ prendrions
c. ☐ prendra
d. ☐ prendrons

2. Demain, elle _____ du travail à 15 h.
a. ☐ sortirait
b. ☐ sort
c. ☐ est sortie
d. ☐ vient de sortir

3. J'_____ vous faire une confidence.
a. ☐ aime
b. ☐ aimerai
c. ☐ aimerais
d. ☐ vais aimer

4. J'ai une proposition : est-ce que tu _____ de travailler à Bruxelles ?
a. ☐ accepteras
b. ☐ acceptes
c. ☐ accepterais
d. ☐ as accepté

5. Je _____ essayer cette jupe, s'il vous plaît.
a. ☐ veux   c. ☐ voudrais
b. ☐ voudrai   d. ☐ vais vouloir

6. J'espère que vous _____ venir.
a. ☐ pourrai
b. ☐ pourrait
c. ☐ pourrez
d. ☐ puissiez

7. Écoute, je ne peux pas sortir maintenant, Pierre _____.
a. ☐ arrivez
b. ☐ arrivera
c. ☐ arriverait
d. ☐ va arriver

8. Il est au chômage depuis _____ mars.
a. ☐ au 3   c. ☐ le 3ᵉ
b. ☐ 3   d. ☐ le 3

9. Je dois m'absenter _____ quelques jours.
a. ☐ ça fait
b. ☐ pour
c. ☐ en
d. ☐ depuis

10. Il vous a attendu _____ une heure, et il est parti.
a. ☐ dans
b. ☐ en
c. ☐ pour
d. ☐ pendant

11. Félix vous rappellera _____ quelques jours.
a. ☐ d'ici
b. ☐ en
c. ☐ pour
d. ☐ pendant

12. Il y a _____ qu'elle travaille dans cette entreprise.
a. ☐ dix ans
b. ☐ 2004
c. ☐ septembre
d. ☐ le mois de septembre

13. Notre entreprise existe _____.
a. ☐ il y a cinq ans
b. ☐ depuis 2004
c. ☐ d'ici demain
d. ☐ en quelques années

14. Il peut parler au téléphone pendant _____.
a. ☐ des heures
b. ☐ avant-hier
c. ☐ tout à l'heure
d. ☐ ce soir

B. Le bon choix

1. (2.5) Fabienne Legrand téléphone au bureau de son ami Benoît. Écoutez et dites pourquoi elle appelle. Veut-elle _____ un rendez-vous ?
a. ☐ prendre   c. ☐ reporter
b. ☐ annuler   d. ☐ avancer

2. (2.6) Nous sommes jeudi. Vous devez vous rendre au Centre des impôts de votre ville. Vous téléphonez pour connaître les horaires d'ouverture. Écoutez le message. Quand irez-vous ?
a. ☐ Aujourd'hui, à 13 h 00.
b. ☐ Aujourd'hui, à 14 h 00.
c. ☐ Aujourd'hui, à 16 h 00.
d. ☐ Demain après-midi.

3. (2.7) Cet après-midi, vous assistez à une réunion. Sur votre répondeur téléphonique vous trouvez un message concernant Mme Marcelin, une participante à cette réunion. Écoutez ce message. Il dit que Mme Marcelin _____
a. ☐ arrivera en retard.
b. ☐ viendra avec son assistante.
c. ☐ enverra son assistante à sa place.

4. Vous prenez rendez-vous par téléphone. « *Est-ce que 10 heures vous conviendrait ?* », vous demande votre correspondant. Que répondez-vous ?
a. ☐ C'est parfait.
b. ☐ C'est exact.
c. ☐ Merci bien.
d. ☐ C'est bien ça.

5. Vous prenez rendez-vous par téléphone. « *Mardi, ça ne m'arrange pas* », vous dit votre correspondant. Que répondez-vous ?
a. ☐ De quel jour s'agit-il ?
b. ☐ À 19 heures, ça te va ?
c. ☐ Tu préfères avancer l'heure ?
d. ☐ Le lendemain, tu pourrais ?

6. Vous êtes à Paris. Vous écrivez une lettre. Comment écrivez-vous le lieu et la date ?
a. ☐ Paris, le 3 mars 2005
b. ☐ Paris, le 3 Mars 2005
c. ☐ Paris, 3 mars 2005
d. ☐ Paris, le 3 mars de 2005

7. Vous écrivez pour demander une documentation. Comment formulez-vous l'objet de votre lettre ? Objet : _____
a. ☐ Je demande une documentation
b. ☐ La demande de documentation
c. ☐ Une demande de la documentation.
d. ☐ Demande de documentation

8. Vous écrivez à Mme Dupont. Quelle sera votre formule de politesse ?
a. ☐ Veuillez recevoir, Madame Dupont, mes meilleures salutations.
b. ☐ Veuillez, Madame Dupont, recevoir mes meilleures salutations.
c. ☐ Veuillez recevoir, Madame, mes meilleures salutations.
d. ☐ Veuillez recevoir mes meilleures salutations.

9. Dans une lettre française, _____
a. ☐ il faut éviter de faire beaucoup de paragraphes.
b. ☐ il ne faut pas hésiter à faire beaucoup de paragraphes.

De ces deux propositions, laquelle est la plus juste ?

10. « *Je vous prie de bien vouloir...* ». Par quelle expression pouvez-vous remplacer cette formule ?
a. ☐ Je vous informe...
b. ☐ Je vous serais reconnaissant(e) de...
c. ☐ Je vous envoie ci-joint...
d. ☐ J'ai l'intention de...

À la croisée des cultures

Prenez connaissance des cas 1 et 2, puis, à l'aide du document ci-dessous extrait d'un ouvrage sur les comportements culturels, répondez aux questions. Travaillez à deux.

◆ Cas 1
Bill, président d'une entreprise américaine, a confié à Vincent, un architecte français, la rénovation d'un bureau en France. Bill est très inquiet car Vincent est en retard dans les travaux. « *Pourquoi ne respecte-t-il pas les délais convenus ? Finira-t-il le travail ?* », se demande-t-il. Il commence à douter de son honnêteté.

a. Que pouvez-vous dire à Bill pour le rassurer ?

b. Que lui conseillez-vous de faire ?

Quand il négocie avec un client, le vendeur doit proposer un délai de livraison. Mais annoncer un délai peut être risqué. Si le délai est trop long, le client peut refuser d'acheter. D'où cette tendance à annoncer des délais impossibles à tenir. Le client se doute que la livraison aura lieu avec retard. Cette pratique est difficilement acceptable dans certaines cultures (Anglo-Saxons, Japonais, Scandinaves, Allemands, etc.). [...]

En France, pour un rendez-vous peu important, on peut arriver avec dix ou quinze minutes de retard. De nombreuses réunions commencent ainsi avec un quart d'heure de retard. Dans beaucoup de pays de l'hémisphère Sud, il est même normal d'arriver avec une heure ou plus de retard. (Cela dépend aussi du milieu professionnel.) Par contre, en Allemagne ou aux États-Unis, dix minutes ou un quart d'heure de retard sont interprétés comme un manque de respect.

Comportements culturels dans les affaires,
P. FORPAIN

◆ Cas 2
Philipp, 31 ans, travaille à la direction commerciale d'une entreprise allemande, à Berlin. Il rend visite à Toulouse, dans le sud de la France, à plusieurs clients. Il a trois rendez-vous en deux jours. Pour les deux premiers rendez-vous, il arrive à l'heure, mais il doit attendre près d'une demi-heure à chaque fois. Pour le troisième rendez-vous, il arrive avec 40 minutes de retard, et les clients français sont très mécontents.

• Comment expliquez-vous la réaction des Français lors du troisième rendez-vous ?

L'avis du consultant

Le temps c'est de l'argent

• Qu'en pensez-vous ?

voyage

1 S'informer sur le lieu de destination

2 Se déplacer en ville

3 Trouver le bon chemin

4 Faire du tourisme

Mes objectifs d'apprentissage

● **Communicatif**
- collecter/présenter des informations sur le lieu de destination (histoire, géographie, climat, population, etc.)
- rechercher/présenter des informations sur les conditions de transport urbain
- consulter un plan du métro (parisien), une carte (de la ville)
- se déplacer en métro, dans la rue
- demander/comprendre/expliquer un itinéraire
- visiter/présenter un quartier, un site touristique

● **Linguistique**
- le discours indirect (au présent)
- l'impératif
- l'imparfait et le passé composé
- les expressions de lieu : *sur, sous, devant, en face de, à droite de, tout droit,* etc.
- la forme passive

● **Interculturel**
- voyage : à chacun ses intérêts

S'informer sur le lieu de destination

Avant de voyager, vous réunissez quelques informations sur le lieu de destination.
Imaginez que vous partiez pour la France.

A • Le pays

1 • Un peu de géographie…

Mettez dans les bonnes cases :

a. les chiffres correspondant aux pays qui entourent la France :
- l'Allemagne   3
- la Suisse   ☐
- la Belgique   ☐
- le Luxembourg   ☐
- l'Italie   ☐
- l'Espagne   ☐

b. les lettres correspondant aux villes :
- Paris   c
- Chartres   ☐
- Strasbourg   ☐
- Marseille   ☐
- Lyon   ☐
- Bordeaux   ☐
- Cannes   ☐
- Lille   ☐

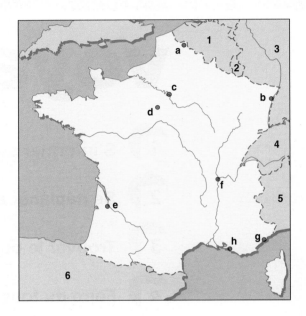

2 • Un peu d'histoire…

Quelle est l'origine des Français ?

À l'aide des définitions ci-contre, dites à quelle époque sont arrivés en France les peuples suivants. Placez-les dans le tableau ci-dessous.

Portugais et Maghrébins	Belges et Italiens
Celtes Romains	Barbares Vikings

....	*Grecs*	....
IXe s. av. J.-C.	VIIe s. av. J.-C.	Ier s. av. J.-C.

....	*Arabes*	....
Ve s.	VIIIe s.	Xe s.

....	*Espagnols et Polonais*	....
1850-1914	1818-1939	1945-1974

BARBARE. *Adj* Étranger, pour les Grecs et les Romains et, plus tard, pour la chrétienté. *Les invasions barbares du Ve siècle.* Subst. « *Rome, devenue la proie des barbares* » (BOSSUET).

CELTE. *Adj.* Qui a rapport aux Celtes, groupe de peuples de langue indo-européenne, dont la civilisation s'étendit sur l'Europe occidentale (X^e au IIIe s. av. J.-C.). Subst. *Le Celte.*

MAGHREB. *n.m.* Nom donné à l'ensemble des pays du N.-O. de l'Afrique (Algérie, Maroc, Tunisie).

MAGHRÉBIN. *adj.* et *n.* Originaire du Maghreb.

VIKING. *n. m.* et *adj.* Hist. Nom donné aux Scandinaves qui prirent part à l'expansion maritime, du VIIIe au XIe siècle.

Le Petit Robert

B • La capitale

1 • **Connaissez-vous Paris ?**

a. Complétez le texte suivant, extrait du guide touristique *Paris sans peine*.

PARIS
GUIDE TOURISTIQUE

■ **Population**

Sur les (1) _____ millions d'habitants que compte la France, (2) _____ millions vivent dans l'agglomération parisienne (Paris et sa banlieue). Paris est de loin la ville la plus peuplée de France. Après Paris, les deux villes de France les plus importantes, (3) _____ et (4) _____, ne comptent chacune que (5) _____ million d'habitants.

■ **Climat**

À Paris, la température varie de 0 degré à (6) _____ degrés selon les saisons. Juillet et (7) _____ sont les mois les plus chauds, décembre et (8) _____ les mois les plus froids. Il neige rarement, mais il pleut souvent.

■ **Horaires**

Les Parisiens travaillent généralement de (9) _____ à 18 heures. Entre midi et (10) _____ heures, ils font une pause d'une heure pour le déjeuner. Les magasins sont ouverts du lundi au samedi, de 9 heures à (11) _____ heures. Les postes sont fermées le (12) _____ après-midi et le (13) _____. Beaucoup de musées sont fermés le (14) _____.

b. Vérifiez vos réponses en complétant ce texte à l'aide des chiffres et mots suivants : *1,5 ; 9 ; 10 ; 14 ; 19 ; 28 ; 60 ; Lyon, Marseille ; mardi, samedi, dimanche ; janvier, août.*

2 • **Imaginez qu'un ami vous invite à Paris.**

a. Complétez le texte suivant à l'aide du tableau ci-contre.

1. Il me demande _____ lui rendre visite à Paris.

2. Je me demande _____ je dois faire.

3. On dit _____ la ville est très belle.

4. Je voudrais savoir _____ coûte le billet d'avion, _____ les Parisiens sont sympathiques, _____ se trouvent les meilleurs musées.

b. Quoi d'autre aimeriez-vous savoir ?

3 • **Pour un guide touristique, écrivez un texte présentant une ville que vous connaissez bien.**

LE DISCOURS INDIRECT

– Elle me dit **que** le train pour Paris part dans une heure.
– Elle me demande **si** je suis prêt.
– Je veux savoir **ce qu'**on va faire à Paris et **quand** on revient.
– Elle me demande **de** me dépêcher.

Pour aller plus loin
*Points de grammaire n*os *1, 2, 3, page 137, exercice A.*

2) Se déplacer en ville

A • S'informer sur les conditions de transport

1 • **Vous partez pour une grande ville que vous ne connaissez pas.**
Qu'aimeriez-vous savoir sur les moyens de transport de cette ville ?

2 • **Les affirmations suivantes concernent le métro parisien.**
Croyez-vous qu'elles sont vraies ou fausses ?

	VRAI	FAUX
1. À Paris, le métro est très cher.	☐	☐
2. Le métro circule toute la nuit.	☐	☐
3. Le métro dessert seulement le centre de Paris.	☐	☐
4. Le tarif est toujours unique, quelle que soit la distance parcourue.	☐	☐
5. Les jeunes de moins de 18 ans bénéficient d'une réduction de 25 %.	☐	☐
6. Avec un ticket de bus, on peut prendre le métro.	☐	☐

3 • **Lisez le texte suivant, extrait d'un guide touristique, et vérifiez vos réponses.**

GUIDE

LE MÉTRO PARISIEN

Le métro parisien est pratique et relativement bon marché.
Il dessert Paris ainsi que la proche banlieue. Les tickets sont en vente aux guichets et distributeurs automatiques de toutes les stations de métro. Le ticket est valable pour tout trajet sur l'ensemble du réseau dans Paris ou la banlieue proche. Attention, si vous prenez le RER (Réseau Express Régional), la tarification est différente. On peut acheter des tickets de métro à l'unité ou par carnets de dix. Il revient moins cher d'acheter dix tickets à la fois. Il existe des forfaits pour voyager de manière illimitée pendant une journée, une semaine, un mois ou même une année. Les enfants de moins de dix ans paient demi-tarif et les moins de 4 ans voyagent gratuitement. Le ticket de métro est valable dans les bus.
Le premier métro part à 5 h 30 et le dernier vers 0 h 45. Après, vous pouvez emprunter les bus Noctiliens, réseau de bus qui dessert Paris et sa banlieue de 0 h 30 à 5 h 30. Vous pouvez aussi vous déplacer en taxi mais cette option est beaucoup plus chère. Et puis, si plus de 10 000 d'entre eux circulent à Paris, il n'est pourtant pas facile d'en trouver un, particulièrement la nuit.

4 • **Pour un guide touristique destiné aux francophones, rédigez un texte sur les transports dans votre ville ou dans votre région.**

B • Consulter le plan du métro

1 • **Vous êtes à la station de métro Concorde. Vous demandez à un voyageur comment vous rendre Gare de l'Est.**

Cherchez ces deux stations sur le plan et lisez les explications ci-contre du voyageur. Ces renseignements sont-ils exacts ? Pourriez-vous prendre un autre itinéraire ? Lequel ?

COMMENT DIRE
pour expliquer un itinéraire

Gare de l'Est ? Ce n'est pas **direct**. **Vous prenez** la ligne 1, **direction** Château de Vincennes jusqu'à Châtelet. Puis à Châtelet, **prenez la correspondance direction** Porte de Clignancourt et **descendez à** Gare de l'Est.

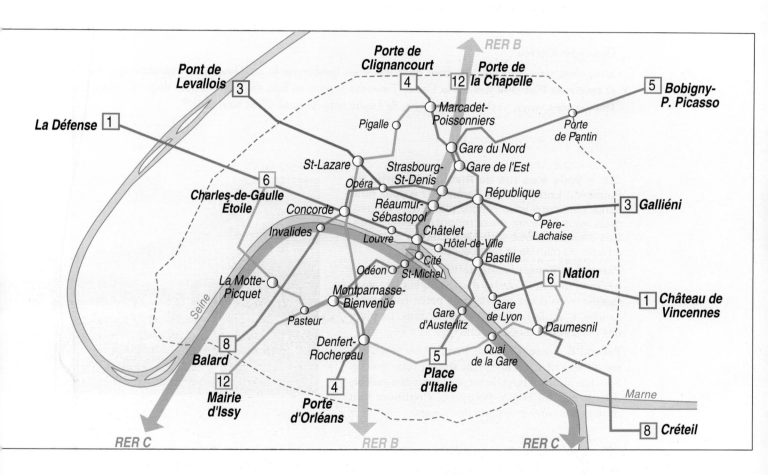

2 • **Vous êtes dans le métro, sur la ligne 4. Vous allez entendre six messages adressés aux voyageurs.**

Après chaque message, dites ce que vous devez faire ou ne pas faire.

L'IMPÉRATIF

– **Prenez** la ligne 4.
– **Ne vous trompez pas** de direction.
– **Veuillez** emprunter les correspondances.
– **Soyez** patient !

3 • **Vous êtes maintenant à la Gare de l'Est. Des voyageurs vous demandent comment ils peuvent se rendre à Montparnasse, à La Défense, à Pigalle ?**

Recherchez ces différentes stations sur le plan, puis expliquez l'itinéraire.

3 Trouver le bon chemin

A • Demander son chemin

1 • **Alexandre Kicétou, le consultant de Français.com, se promène dans Paris. Dans la rue Mazarine, un touriste perdu lui demande son chemin.**

Lisez la réponse d'Alexandre Kicétou et, à l'aide du plan de la page suivante, devinez où veut aller le touriste.

Alexandre Kicétou :

Bon, alors, vous allez jusqu'au bout de la rue. Vous tombez sur la rue Dauphine. Tournez à gauche et continuez tout droit jusqu'à la Seine. Traversez le pont en face de vous. Au bout du pont, vous y êtes presque, vous verrez, c'est à votre gauche, de l'autre côté du quai. C'est bien clair ?

2 • **Vous êtes rue de Rivoli, à la sortie du Palais du Louvre.** Vous demandez à deux passants comment vous rendre place des Vosges, mais vous recevez deux réponses différentes. Ces deux réponses sont-elles exactes ? Vérifiez à l'aide du plan de la page ci-contre.

Passant A. Prenez la rue de Rivoli et continuez toujours tout droit. Avant d'arriver à la place de la Bastille, vous devez prendre une petite rue à votre gauche. C'est la rue de Birague, je crois. La place des Vosges est au bout de cette rue.

Passant B. Prenez la rue de Rivoli. Allez jusqu'à la rue de Sévigné. C'est une petite rue sur votre gauche. Marchez jusqu'au bout de la rue et tournez à gauche, dans la rue des Francs-Bourgeois. Continuez tout droit et vous arriverez place des Vosges.

3 • **Vous êtes de retour chez vous.**

a. Expliquez à un ami que vous avez suivi les indications du passant A :
« *J'ai pris la rue de Rivoli et j'ai continué…* » Continuez.

b. Si vous avez suivi les indications du passant B, que dites-vous ?
« *J'ai pris…* »

L'IMPARFAIT

On ajoute au radical de la 1re personne du pluriel du présent les terminaisons suivantes : ais, ais, ait, ions, iez, aient.
Ex. : faire → nous faisons → je faisais, tu faisais, etc.
Une seule exception : j'étais, tu étais, etc.

L'IMPARFAIT ET LE PASSÉ COMPOSÉ

On **a visité** le Louvre. Il y **avait** beaucoup de monde.

Pour aller plus loin
Point de grammaire n° 2, page 135, exercice B.

B • Expliquer le bon chemin

Vous êtes Place de la Bastille. Plusieurs personnes vous demandent un renseignement.
Consultez la carte ci-dessous et répondez-leur.

1. *Excusez-moi, je cherche la rue Bonaparte, vous savez où c'est ?*

2. *Pardon, madame, savez-vous où se trouve Notre-Dame ?*

3. *Je voudrais aller rue Saint-Gilles. Vous connaissez ?*

4. *Vous pouvez me dire où se trouve le Forum des Halles ?*

LES EXPRESSIONS DE LIEU

Prenez la rue (le boulevard) **en face de** vous.
Suivez/continuez cette rue.
Allez **tout droit/jusqu'au bout** de la rue.
Longez la Seine/le parc/le quai.
Tournez **à (votre) gauche.**
Prenez la première rue **à (votre) droite.**
Traversez le pont/la place.
Passez **devant/derrière** l'église.
Le Louvre se trouve juste **en face de** vous.
C'est la première (rue) **à (votre) gauche.**
Vous arrivez (arriverez) **sur** une place.
Au bout de 100 mètres, vous verrez la poste.

Pour aller plus loin
Points de grammaire nos 2 à 6, page 130, exercice B.

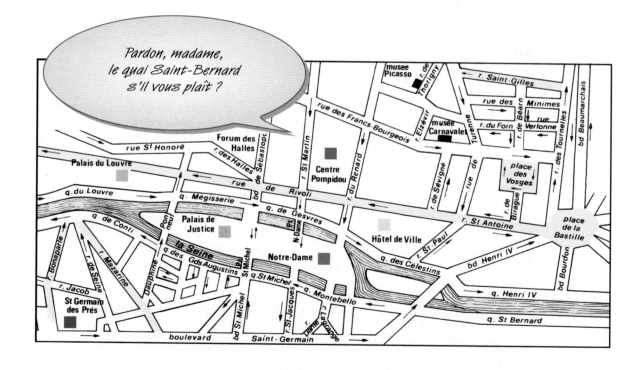

Pardon, madame, le quai Saint-Bernard s'il vous plaît ?

4 Faire du tourisme

A • Un choix difficile

1 • **Vous êtes à Paris avec un(e) ami(e) et vous hésitez entre la visite du quartier de l'Opéra et celle du Marais.** Lisez les extraits suivants d'un guide touristique. Dites quel quartier vous préférez visiter. Expliquez pourquoi. Mettez-vous d'accord à deux.

Le quartier de l'Opéra
Pendant la journée, Parisiens et visiteurs se rendent dans ce quartier de banques, d'agences de voyages et de grands magasins. On y travaille ou on fait des courses dans de superbes boutiques qui vendent tous les produits de luxe de Paris. Le soir, les cinémas, les théâtres et bien entendu l'Opéra attirent une foule très différente, qui emplit les cafés après les représentations.

Le Marais
Lieu de résidence aristocratique au XVIIᵉ siècle, le Marais est abandonné par ses propriétaires nobles pendant la Révolution. Au XIXᵉ siècle, il devient le quartier de l'artisanat et de la petite industrie. À partir de 1962, le quartier est restauré. Aujourd'hui, les galeries d'art, les boutiques de stylistes et les restaurants ont remplacé les ateliers des artisans et les magasins d'alimentation.

2 • **Le français préfère la forme active, mais la forme passive, qui met le sujet en valeur, est également utilisée.**

a. Relevez dans le texte sur le Marais deux phrases à la voix passive et transformez-les à la voix active, en gardant le même temps.

b. Mettez les phrases suivantes à la forme passive.
1. Les restaurants ont remplacé les ateliers des artisans. • 2. L'agence Dutour organise notre voyage. • 3. Un bon guide vous accompagnera. • 4. Une charmante hôtesse nous a accueillis.

c. Mettez les phrases suivantes à la voix active.
1. Cet hôtel nous est fortement recommandé. • 2. Le nouvel hôtel a été construit par un célèbre architecte. • 3. Les touristes sont attirés par ce genre de quartier. • 4. On a été mal reçu par Félix.

3 • **Pour un dépliant touristique destiné à des lecteurs francophones, présentez deux différents quartiers de votre ville.**

L'ACTIF ET LE PASSIF	
Actif	**Passif**
Le roi **occupe/a occupé/occupait/occupera** cette chambre.	Cette chambre **est/a été/était/sera occupée** par le roi.
On **libère/a libéré/libérait/libérera** la chambre ce matin.	La chambre **est/a été/était/sera libérée** ce matin.

B • Une promenade en bateau

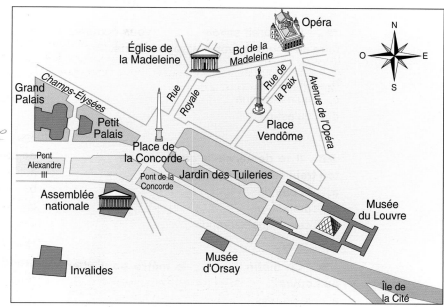

1 • **Vous êtes sur la Seine, à bord d'un bateau. Un guide fait des commentaires.**
Lisez d'abord ce qu'il dit et à l'aide du plan, essayez de compléter les mentions manquantes.
Puis écoutez-le pour vérifier votre réponse.

3.2

… Nous passons maintenant sous le (1) *pont* Alexandre III, et nous nous dirigeons vers l'Île-de-la (2) *cité*. Devant, sur votre gauche, vous pouvez admirer la place de (3) *Vendôme* qui a été construite au XVIIIe siècle. À droite vous voyez le siège de (4) _____ *Aquitaine*.
À présent, sur votre droite, nous longeons l'ancienne gare d'Orsay, qui a été aménagée en (5) *musée*.

Sur votre gauche, vous avez le palais du (6) *Louvre*.
Sa construction a commencé en 1200 et s'est terminée à la fin du XIXe siècle. Le Louvre possède une immense collection d'œuvres de (7) *peinture*, de sculptures et d'objets d'arts divers. Au centre de la cour principale se trouve la pyramide de verre…

2 • **À l'aide de la documentation d'un organisme de promotion touristique de votre pays,** faites une rapide présentation orale des principaux sites et monuments touristiques de votre ville ou de votre région. Indiquez en particulier leur nom et leur histoire : date de construction, éventuellement par qui et pour qui ils ont été construits, de quand ils datent, à quoi ils sont utilisés aujourd'hui.

L'avis du consultant

À Paris, n'oubliez pas de visiter Disneyland.

• Qu'en pensez-vous ?

COMMENT DIRE
pour indiquer l'époque, la date

- Il a été construit
  - en 1855
  - au XVe siècle
  - pendant la Renaissance
  - dans l'Antiquité
  - sous (le règne de) Louis XI
- Il date
  - de 1974
  - de la fin du Moyen Âge
  - du (début du) XVIIe siècle
- Il remonte
  - à 1789
  - à l'époque des Invasions
  - à la Révolution

Faire le point

A. Le point de grammaire

1. Il voudrait savoir _____ vous comptez faire au cours de votre voyage à Paris.
a. ☐ ce que
b. ☐ ce qui
c. ☐ qu'est-ce que
d. ☐ qu'est-ce qui

2. Il te demande à quelle heure _____ ton train ce soir.
a. ☐ tu prends
b. ☐ prends-tu
c. ☐ est-ce que tu prends

3. Ce matin, _____ le métro pour aller au Louvre.
a. ☐ je prenais
b. ☐ j'ai pris

4. Tiens ! Je _____ que tu connaissais si bien Paris.
a. ☐ ne savais pas
b. ☐ n'ai pas su

5. D'habitude il n'arrête pas de parler ; pour une fois, à la dernière réunion, il _____ un mot.
a. ☐ ne disait pas
b. ☐ n'a pas dit

6. J'ai suivi tes indications, j'ai pris la rue Boulitte, j'ai tourné après la poste, mais _____ quand même.
a. ☐ je perdais
b. ☐ je me perdais
c. ☐ j'ai perdu
d. ☐ je me suis perdu

7. Quand j'avais de l'argent, je voyageais beaucoup. Mais tout a changé quand _____ au chômage.
a. ☐ je retrouvais
b. ☐ je me retrouvais
c. ☐ j'ai retrouvé
d. ☐ je me suis retrouvé

8. Quand le train est parti, Félix et moi _____ encore la queue au guichet.
a. ☐ faisaient
b. ☐ avons fait
c. ☐ faisions

9. Je l'ai rencontrée hier soir, à son retour de Londres. Elle _____ l'air très contente.
a. ☐ a
b. ☐ avait
c. ☐ a eu

10. Pour les vacances, on _____ une grande maison au bord de la mer. Viens nous rendre visite, si tu veux.
a. ☐ a loué
b. ☐ louait

11. La poste se trouve au bout de cette rue, _____ la place Victor-Hugo.
a. ☐ sur
b. ☐ dans
c. ☐ en
d. ☐ à

12. Quand vous êtes dans la rue Saint-Jacques, tournez à droite, continuez tout droit et vous arriverez _____ le boulevard Saint-Michel.
a. ☐ dans
b. ☐ sur
c. ☐ en

13. Ce château _____ restauré l'an dernier.
a. ☐ est
b. ☐ a
c. ☐ était
d. ☐ a été

14. Le programme de cette agence de voyages prévoit que, lors du prochain circuit en France, les touristes _____ accompagnés d'un guide expérimenté.
a. ☐ ont
b ☐ seront
c. ☐ ont été
d. ☐ étaient

B. Le bon choix

1. *(3.3)* Vous êtes dans la rue. Vous demandez à un passant comment vous rendre à la gare. Écoutez. D'après lui, que devez-vous faire ?
a. ☐ Tourner à la prochaine rue à droite.
b. ☐ Continuer tout droit.
c. ☐ Traverser la rue.
d. ☐ Retourner sur vos pas.

2. *(3.4)* Vous êtes à Paris, dans la rue. Vous voulez allez place de la Concorde. Un passant vous renseigne. Écoutez. Il vous conseille ____.
a. ☐ d'aller à pied
b. ☐ de prendre le métro
c. ☐ de prendre le bus

3. *(3.5)* Vous êtes au rez-de-chaussée d'un immeuble. Une personne arrive. Vous lui demandez où se trouve la société Socorex. Écoutez. À quel étage montez-vous ?
a. ☐ Au 1er étage.
b. ☐ Au 4e étage.
c. ☐ Au 5e étage.

4. *(3.6)* Vous êtes à Paris. Vous venez d'embarquer sur un bateau pour une croisière sur la Seine. Le guide parle aux passagers. Écoutez-le. Il dit que votre croisière va durer environ ____.
a. ☐ une heure
b. ☐ deux heures
c. ☐ trois heures

5. *(3.7)* Votre promenade sur la Seine continue. Vous passez devant la tour Eiffel. Écoutez le guide. La tour Eiffel date de ____.
a. ☐ 1818   c. ☐ 1889
b. ☐ 1865

6. « *Savez-vous où se trouve la station du Louvre ?* », demande un touriste, en visite à Paris. À votre avis, que recherche ce touriste ?
a. ☐ le métro   c. ☐ un château
b. ☐ la gare   d. ☐ un musée

7. « *Veuillez emprunter les correspondances.* » Dans quelle situation pouvez-vous entendre cette phrase ?
a. ☐ Un employé du métro renseigne un voyageur.
b. ☐ Un voyageur renseigne un autre voyageur.
c. ☐ Un message est diffusé à l'ensemble des voyageurs.

8. Vous cherchez la place Michelet. « *C'est très simple, vous dit un passant, vous allez tout droit, vous prenez la première rue à gauche, puis la première à droite, vous continuez jusqu'au bout de cette rue, et vous tombez sur la place Michelet.* » Trouvez ci-dessous le bon itinéraire.

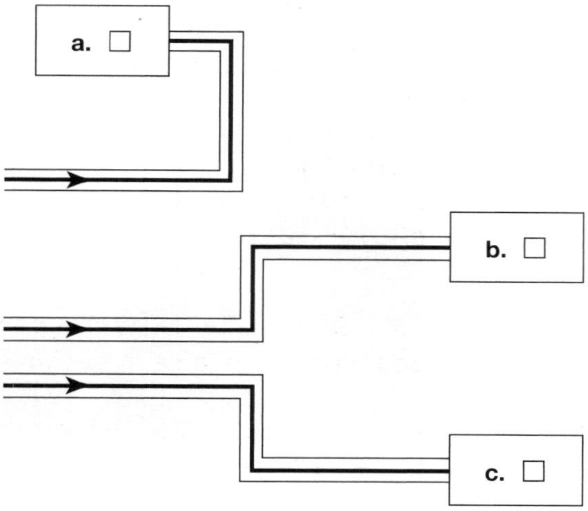

a. ☐
b. ☐
c. ☐

9. Vous visitez le Canada et vous savez, bien sûr, qu'on parle français à ____.
a. ☐ Montréal
b. ☐ Ottawa
c. ☐ Toronto
d. ☐ Vancouver

10. Vous êtes à Bruxelles, en Belgique. Pendant votre séjour dans cette ville, vous pouvez visiter ____.
a. ☐ le musée d'Orsay
b. ☐ le quartier du Marais
c. ☐ le Parlement européen
d. ☐ l'île de la Cité

À la croisée des cultures

L'histoire de la bande dessinée ci-dessous met en scène un groupe de touristes d'un voyage organisé.

a. Lisez cette histoire.
b. Expliquez le problème.
c. Imaginez une suite.

Monastère : lieu où vivent des moines et des religieuses.

Les Bidochon en voyage organisé, Binet - Édit. Fluide Glacial.

L'avis du consultant

La meilleure manière de découvrir une culture étrangère, c'est de partir en voyage organisé.

• Qu'en pensez-vous ?
• D'après vous, quelle est la meilleure manière de découvrir une culture étrangère ?

4

hôtel

1 Choisir un hôtel

2 Réserver une chambre d'hôtel

3 Séjourner à l'hôtel

4 Adresser une réclamation

Mes objectifs d'apprentissage

● **Communicatif**
  – examiner les critères de choix d'un hôtel
  – rechercher/présenter des informations sur le parc hôtelier d'une ville
  – s'informer/porter une appréciation sur les services, les atouts d'un hôtel
  – faire/prendre/modifier (par e-mail) une réservation, remplir une fiche de réservation
  – se présenter à la réception, accueillir
  – vérifier une note d'hôtel, un reçu, une télécopie (fax)
  – rédiger une lettre de réclamation

● **Linguistique**
  – les pronoms relatifs (simples et composés)
  – le pronom « y »
  – les adjectifs démonstratifs, possessifs
  – les adjectifs et pronoms indéfinis
  – les mots de liaison de l'écrit (dans la correspondance)

● **Interculturel**
  – vivre sous un même toit : à chacun ses habitudes

1 ▸ Choisir un hôtel

A • Enquête

1 • **Les six questions suivantes sont extraites d'un questionnaire d'enquête sur les hôtels.** Observez le tableau ci-contre, puis complétez les mentions manquantes.

QUESTIONNAIRE
QUESTIONNAIRE D'ENQUÊTE • QUESTIONNAIRE D'ENQUÊTE

1. Un hôtel, pour moi, c'est un endroit
a. ☐ _____ on dort,
b. ☐ _____ on dort et _____ on mange,
c. ☐ _____ on dort, _____ on mange, _____ on se distrait.

2. _____ je regarde d'abord dans un hôtel, c'est
a. ☐ le prix,
b. ☐ le confort,
c. ☐ l'emplacement.

3. J'aime les hôtels
a. ☐ _____ appartiennent à une chaîne,
b. ☐ _____ on ne retrouve pas partout,
c. ☐ _____ ont une gestion familiale.

4. J'aime les hôtels _____ l'immeuble est
a. ☐ ancien,
b. ☐ moderne,
c. ☐ peu élevé.

5. Pour moi, _____ est important dans la chambre, c'est
a. ☐ le lit,
b. ☐ la propreté,
c. ☐ la tranquillité,
d. ☐ la vue (par la fenêtre).

6. Je n'aime pas les réceptionnistes
a. ☐ _____ s'adressent à moi sur un ton familier,
b. ☐ _____ s'habillent mal,
c. ☐ _____ ne parlent pas de langues étrangères,
d. ☐ _____ sourient difficilement.

LES PRONOMS RELATIFS SIMPLES

– La réceptionniste **qui** m'accueille,
– la chambre **où** je dors,
– le lit **que** je voudrais,
– voilà **ce que** je recherche,
– voilà **ce qui** me plaît,
– c'est l'hôtel **dont** je rêve.

Pour aller plus loin
Point de grammaire n° 1 page 138, exercices A, B.

---

2 • **Pierre travaille à la direction commerciale de la société KM3.**
Écoutez et/ou lisez ce qu'il dit. Puis indiquez ce qu'il répondrait aux six questions du questionnaire.

« Moi, quand je vais à l'hôtel, c'est pour les affaires, pas pour faire du tourisme. Ce que je veux avant tout, c'est être proche de mes clients. Cela dit, j'aime autant trouver une ambiance familiale et des gens souriants. Je demande toujours une chambre au premier étage parce que j'ai déjà le vertige à partir du deuxième étage. Mais pour dormir, ce qui compte le plus, c'est le matelas. Donnez-moi un bon matelas et je dors comme un loir. Quoi encore ? Pour tout vous dire, j'ai un faible pour la bonne cuisine, et je tiens à prendre mes repas, les déjeuners comme les dîners, dans les meilleurs restaurants de la ville où je me trouve. »

3 • **À vous maintenant de répondre au questionnaire ci-dessus.**
Avez-vous le même avis que Pierre ? Pourquoi ?

B • Parc hôtelier

1 • **Les affirmations suivantes concernent les hôtels parisiens.**

	VRAI	FAUX
1. À Paris, il y a de nombreux hôtels, de toutes catégories.	☐	☐
2. Les tarifs varient beaucoup selon les saisons.	☐	☐
3. Toutes les chambres d'hôtel ont une salle de bains.	☐	☐
4. Il est recommandé de prendre une demi-pension.	☐	☐
5. Le petit déjeuner est toujours compris dans le prix.	☐	☐
6. Le parking de l'hôtel est toujours gratuit pour les clients.	☐	☐

2 • **Lisez le texte suivant, extrait d'un guide touristique, et vérifiez vos réponses de l'exercice 1.**

PARIS

Paris offre un très grand nombre de chambres d'hôtel, des plus luxueuses aux plus simples. Les hôtels sont classés en six catégories par le ministère du Tourisme : de zéro à quatre étoiles, plus le quatre étoiles grand luxe.

Comme Paris attire beaucoup de monde tout au long de l'année, les tarifs varient peu d'une saison à l'autre. La plupart des chambres ont soit un lit double, soit deux lits simples. Les chambres avec un lit simple sont rares et souvent spartiates ou exiguës. Les chambres sans salle de bains sont environ 20 % moins chères. Il n'est pas utile de prendre une demi-pension car il y a générale-ment de nombreux restaurants à proximité.

Avant de réserver votre chambre, demandez toujours si le petit déjeuner est inclus ou non dans le prix. Attention aux extras, comme le mini-bar, souvent très cher, de même que le blanchissage, le parking ou le téléphone.

3 • **Complétez avec les mentions suivantes :** *pour lequel, auquel, dans lequel, à côté duquel.*
C'est un hôtel :
1. _____ je descends habituellement.
2. _____ il faut faire de la publicité.
3. _____ il y a de nombreux restaurants.
4. _____ je suis habitué.

4 • **Le responsable d'un guide touristique, destiné aux voyageurs francophones, vous demande de présenter les hôtels de votre ville. Rédigez un texte de 15 à 20 lignes.**

LES PRONOMS RELATIFS COMPOSÉS

– Voici un guide **dans lequel** tu trouveras des informations.
– C'est un hôtel **en face duquel** il y a un beau jardin.

Pour aller plus loin
Point de grammaire n° 2 page 138, exercice C.

2 Réserver une chambre d'hôtel

A • Rechercher des informations

Le document ci-dessous est extrait d'une page Internet présentant l'hôtel Tronchet. Prenez connaissance de ce document et répondez aux questions suivantes.

a. Combien d'étoiles a l'hôtel ? Quel est le prix de la chambre ?

b. Quels sont les atouts de cet hôtel ?

c. Quels services y trouve-t-on ? Y a-t-il une baignoire et un sèche-cheveux dans toutes les chambres ?

d. À votre avis, quelles informations pourrait-on trouver en cliquant sur chacun des mots *Présentation, Chambres, Photos, Tarifs, Situation, Réservation* ?

→ HOTEL TRONCHET ★★★

**22, rue Tronchet
75008 PARIS**

☎ (01) 1 47 42 26 14
🖳 (01) 1 49 24 03 82

VISA

 En plein cœur de Paris, tout proche de l'Opéra, des Grands Magasins et de la Madeleine, cet hôtel de charme offre un accueil particulièrement chaleureux dans un cadre gai, très confortable, avec un bon goût omniprésent.

Hôtel		
34 chambres	🛏	145 / 165 €

Prestations
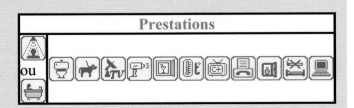

Presentation	Chambres	Photos	Tarifs	Situation	Reservation

B • Passer à l'action

1 • **Mme Cheval travaille à Bruxelles. Le 25 février, son assistante téléphone à l'hôtel Tronchet, à Paris, pour lui réserver une chambre.**

a. À l'aide des informations suivantes, essayez de remplir une partie de la fiche de réservation de l'hôtel Tronchet. Quelles parties de cette fiche ne pouvez-vous pas remplir ?

Mme Cheval doit assister à une réunion à Paris le 3 mars à 16 h 30. Le lendemain, 4 mars, elle a prévu de rencontrer plusieurs clients parisiens : le premier rendez-vous est fixé à 9 heures et le dernier, à 17 h 30. De nombreux TGV (train à grande vitesse) circulent entre Bruxelles et Paris (durée du voyage : 1 h 25).

Hôtel Tronchet

Fiche de réservation

■ DEMANDE
Date d'arrivée : ....
Nombre de nuits : ....
Nombre de chambres : ....
Type de chambre : ....
Petit déjeuner :   oui ☐   non ☐
Mode de paiement : ....

■ COORDONNÉES
Nom : ....
Prénom : ....
Société : ....
Adresse : ....
....
....

4.1 **b.** Écoutez un extrait de la conversation téléphonique du 25 février et complétez les informations manquantes de la fiche de réservation.

2 • **Jouez à deux.**

Préparez, puis jouez cette conversation.

3 • **Quelques jours plus tard, Mireille Cheval apprend que la réunion du 3 mars est reportée au 5 mars, à 8 h 30.** Vous êtes son assistant(e). Elle vous demande d'envoyer un e-mail à l'hôtel Tronchet.

• Modifiez la réservation.
• Faites une demande supplémentaire concernant la chambre.
• Demandez confirmation.

De : mcheval@cerise.eur
A :
Objet :

Madame, Monsieur,
Au cours de notre entretien...

COMMENT FAIRE
pour organiser son écrit

• *Expliquez d'abord ce qui s'est passé*
Au cours de notre entretien téléphonique du ..., je vous ai demandé de réserver... au nom de...

• *Ensuite, expliquez le problème*
Toutefois/Or...

• *Puis formulez votre (vos) demande(s)*
En conséquence, je vous demande de/je vous prie de (bien vouloir)...

• *Finalement, remerciez et saluez*
Je vous en remercie par avance.
Meilleures salutations

Pour aller plus loin
Expressions de la correspondance commerciale, pages 146 et 147.

3 Séjourner à l'hôtel

A • Arrivée

1 • **Mme Dulac, de la société KM3, arrive à l'hôtel Bovary à Genève.**

Écoutez et/ou lisez ci-dessous la conversation qu'elle a avec le réceptionniste.
À quel moment du dialogue pouvez-vous ajouter les mots ou expressions suivants ?

1. mon passeport
2. je regrette
3. je regarde
4. on s'occupe de vos bagages
5. que puis-je faire pour vous ?
6. pour remplir la fiche

– Bonjour, monsieur.
– Bonjour, madame.
– Je dois avoir une chambre réservée pour cette nuit.
– À quel nom avez-vous réservé, madame ?
– Dulac, Claire Dulac.
– Ah oui, effectivement. Vous restez bien une nuit, n'est-ce pas ?
– Oui, c'est ça, je pars demain.
– Je peux vous demander une pièce d'identité ? Je vous la rends tout de suite.
– Voilà.
– Merci.
– Quelqu'un a-t-il laissé un message pour moi ?
– Attendez… euh… apparemment, je ne vois personne… non, personne n'a laissé de message.
– Ah bon !… ça ne fait rien.
– Vous avez la chambre 403, au 4ᵉ étage. Voilà la clé… et voici votre passeport. Monsieur va vous conduire jusqu'à votre chambre.

2 • **Complétez avec des adjectifs ou des pronoms possessifs.**

1. On s'occupe de _____ bagages tout de suite, monsieur.

2. Est-ce que je peux laisser _____ voiture dans la rue ? – Pour garer _____ voiture, monsieur, vous avez le parking de l'hôtel.

3. Tu n'as plus de clé ? – Non, le client de la chambre 316 a perdu_____ et je lui ai prêté
_____ .

3 • **Jouez à deux.**

Personne A : Vous êtes le (la) réceptionniste. Consultez les informations section 6, page 159.
Personne B : Vous êtes la cliente. Consultez les informations section 11, page 160.

LES POSSESSIFS

• **Les adjectifs possessifs**
Singulier : mon/ma, ton/ta, son/sa, notre, votre, leur.
Pluriel : mes, tes, ses, nos, vos, leurs.
– **Votre** chambre est au 4ᵉ étage, monsieur.

• **Les pronoms possessifs**
• *Singulier :* le (la) mien (ne), le (la) tien (ne), le sien (ne), le (la) nôtre, le (la) vôtre, le (la) leur.
• *Pluriel :* les mien (ne)s, les tien (ne)s, les sien (ne)s, les nôtres, les vôtres, les leurs.
– **La vôtre** est au 5ᵉ étage, madame.

B • Appréciations

1 • Lisez ci-dessous quelques commentaires faits par différents clients d'un hôtel dans le *Cahier des appréciations.*

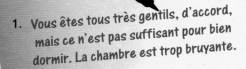

1. Vous êtes tous très gentils, d'accord, mais ce n'est pas suffisant pour bien dormir. La chambre est trop bruyante.

2. Points négatifs :
le petit déjeuner : peu copieux ;
la vue sur la rue : pas terrible ;
le bruit de la rue : épouvantable.
Points positifs :
les tarifs : corrects ; l'emplacement : idéal ; l'accueil : chaleureux.

3. Merci pour la chambre sur le jardin. J'ai apprécié la belle vue et la tranquillité. Deux petits regrets : le lit est un peu dur, et le petit déjeuner un peu maigre. Rien à dire, par contre, sur l'amabilité du personnel.

4. Excellent rapport qualité-prix. Bon accueil. Une réserve : le bruit dans la chambre.

5. Chambre confortable, spacieuse, propre, mais bruyante. La prochaine fois, je demanderai impérativement une chambre sur le jardin. Un merci tout particulier à la demoiselle de la réception, qui est toujours aimable et disponible.

6. Excellent petit déjeuner pour ceux qui font un régime. Il manque une salle de ping-pong et une boîte de nuit. Il faudrait insonoriser les chambres qui donnent sur la rue (presque toutes sont dans ce cas, apparemment).
Ceci dit, je suis tombé amoureux de la réceptionniste.

2 • Complétez les phrases ci-dessous avec les mentions suivantes.

Tous - La plupart - Plusieurs - Quelques-uns - Un seul - Aucun

1. _____ se plaignent du bruit.
2. _____ trouvent le prix raisonnable.
3. _____ n'aiment pas le petit déjeuner.
4. _____ ne parle de la décoration.
5. _____ sont contents de l'accueil.
6. _____ n'apprécie pas le matelas.

3 • Rappelez-vous un hôtel où vous avez séjourné.

a. Quels étaient les côtés négatifs et les côtés positifs ?

b. Écrivez un bref commentaire pour le *Cahier des appréciations* de cet hôtel.

LES INDÉFINIS

- **Les adjectifs indéfinis**
– **Tous** nos clients apprécient leur séjour.
– **Chaque** client part satisfait.

- **Les pronoms indéfinis**
– **Tous** apprécient leur séjour.
– **Chacun** part satisfait.

Pour aller plus loin
Point de grammaire n° 5 page 133, exercices A, B.

4 Adresser une réclamation

A • Vérification

Henry Grillet, le comptable de la société KM3, vient de recevoir une note (facture) de l'hôtel Bovary. Avant de payer, il vérifie les documents ci-dessous. Doit-il payer la somme réclamée ? Pourquoi ?

Hôtel Bovary

5, rue Prodier
1201 Genève
Tél. 741 21 51
Fax. 741 54 77
www.hotelbovary.eur

Note n° 78-A
15 mars 2005

Nom : Mme Claire Dulac
Société : KM3
Chambre : 403

2 nuits Deluxe	320
1 dîner	47
Mini-bar	10
Nettoyage/repassage	8
Téléphone	30
Sous-total	415
TVA 10 %	41,50
Total TTC	456,50 €

TÉLÉCOPIE

EXPÉDITEUR : Société KM3

DESTINATAIRE : Hôtel Bovary

OBJET : Confirmation réservation

DATE : 1er mars 2005

Madame, Monsieur,

Nous vous confirmons la réservation d'une chambre « Deluxe » pour la nuit du 6 au 7 mars au nom de Mme Claire Dulac.

Comme convenu, le prix de la chambre est fixé à 160 euros et nous vous réglerons par chèque dès réception de votre note.

Mme Dulac arrivera à l'hôtel le 6 mars vers 17 heures. Meilleures salutations.

Laurent Perrin

MINI-BAR

2 cafés	4€
1 cognac	6€

PAYÉ

Total HT	10€
TVA 10 %	1€
Total	11€

B • Lettre de réclamation

1 • **Henry Grillet envoie à l'hôtel Bovary une lettre de réclamation.**

a. Complétez cette lettre à l'aide des mots de liaison du tableau ci-contre. Parfois plusieurs solutions sont possibles.

LES MOTS DE LIAISON

Ajouter : de plus, en outre, aussi, également
Dire pourquoi : comme, étant donné que, puisque, en effet
Présenter une conséquence : donc, en conséquence, par conséquent, c'est pourquoi
Opposer des idées, des faits : or, toutefois, cependant

Madame, Monsieur,

Nous avons bien reçu votre note n° 78-A du 15 mars concernant le séjour de Mme Dulac dans votre hôtel le 6 mars.

Cette note contient (1) _____ deux erreurs.

(2) _____, Mme Dulac est restée une seule nuit dans l'hôtel et non pas deux nuits, comme vous le mentionnez dans cette note. (3) _____, elle a déjà réglé le mini-bar, comme le confirme la copie du reçu que vous trouverez ci-joint.

Nous vous demandons (4) _____ de nous envoyer une nouvelle note, que nous vous réglerons à réception.

Nous vous en remercions par avance et vous prions de recevoir, Madame, Monsieur, nos salutations les meilleures.

Henry Grillet

b. Quelles parties de cette lettre correspondent aux cinq étapes mentionnées dans le tableau ci-contre ?

2 • **Vous êtes Henry Grillet. Vous venez de recevoir une note de l'hôtel Bovary, concernant un autre séjour de Claire Dulac. Cette fois-ci, il a été oublié une réduction de 30 %.**

Imaginez la raison pour laquelle Claire Dulac a droit à cette réduction et écrivez une lettre de réclamation.

COMMENT FAIRE
pour écrire une lettre de réclamation

• **Cinq étapes :**
1. Faites référence à ce qui s'est passé (par exemple, dites que vous avez bien reçu telle lettre, tel document, tel article, etc.).
2. Expliquez le problème (en détail).
3. Formulez votre demande.
4. Remerciez (par avance).
5. Saluez.

Pour aller plus loin
Expressions de la correspondance commerciale, pages 146 et 147.

Faire le point

A. Le point de grammaire

1. C'est un excellent hôtel, _____ je vous recommande.
a. ☐ que
b. ☐ qui
c. ☐ où
d. ☐ dont

2. L'hôtel de la Grande Étoile, _____ vous avez peut-être entendu parler, a été construit en 1885.
a. ☐ que
b. ☐ qui
c. ☐ où
d. ☐ dont

3. Quand vous écrivez une lettre de réclamation, commencez par faire référence à ce _____ s'est passé.
a. ☐ que
b. ☐ qui
c. ☐ dont
d. ☐ quoi

4. Voici des vacances dont _____.
a. ☐ on rappellera
b. ☐ on n'oubliera pas
c. ☐ on se souviendra
d. ☐ on mémorisera

5. Le matelas _____ lequel j'ai dormi était trop dur.
a. ☐ en
b. ☐ avec
c. ☐ sur
d. ☐ dans

6. Vous rappelez-vous l'été _____ il a fait si chaud ?
a. ☐ où
b. ☐ dans lequel
c. ☐ pour lequel
d. ☐ auquel

7. Ces lunettes ne sont pas à Félix ? – Si, je crois que ce sont _____.
a. ☐ la sienne
b. ☐ les siennes
c. ☐ la leur
d ☐ les leurs

8. Chacun doit prendre _____ responsabilités.
a. ☐ nos
b. ☐ ses
c. ☐ leur
d. ☐ leurs

9. Je suis invité à une soirée, mais _____.
a. ☐ ils m'y ont invité
b. ☐ je n'ai pas envie d'y aller
c. ☐ il y a un bon hôtel
d. ☐ je m'y suis habitué

10. N'oubliez pas de mettre des fleurs dans _____ des chambres.
a. ☐ chaque
b. ☐ chacune
c. ☐ quelques
d. ☐ toutes

11. Félix n'est pas là ? – Non, il a pris _____ jours de congés.
a. ☐ quelques
b. ☐ différents
c. ☐ certains
d. ☐ divers

12. Est-ce que tu as rangé tes affaires ? – Oui, j'ai déjà _____ rangé.
a. ☐ tout
b. ☐ tous
c. ☐ toute
d. ☐ toutes

13. Les chambres de cet hôtel sont belles et spacieuses. _____, elles sont un peu bruyantes.
a. ☐ De plus
b. ☐ En conséquence
c. ☐ En effet
d. ☐ Toutefois

14. L'hôtel que nous avons choisi est très grand. On pourra _____ tous y loger.
a. ☐ en revanche
b. ☐ cependant
c. ☐ pourtant
d. ☐ donc

B. Le bon choix

1. *(4.2)* Laurent Pochat téléphone à l'hôtel Bovary pour faire une réservation. Écoutez. Combien de nuits veut-il rester ?
a. ☐ Une nuit.
b. ☐ Deux nuits.
c. ☐ Trois nuits.

2. *(4.3)* Laurent Pochat arrive à l'hôtel Bovary. Écoutez. Qu'est-ce qui le préoccupe ?
a. ☐ Le confort.
b. ☐ La tranquillité.
c. ☐ La hauteur de l'étage.

3. *(4.4)* Laurent Pochat téléphone de sa chambre à la réception de l'hôtel. Il y a un problème avec la salle de bains. Écoutez. De quoi s'agit-il au juste ?
a. ☐ Le chauffage ne fonctionne pas.
b. ☐ La baignoire est sale.
c. ☐ L'équipement est incomplet.

4. Vous arrivez dans un hôtel. « *Ce sera pour combien de nuits ?* » vous demande le réceptionniste. Que répondez-vous ?
a. ☐ Nous repartons jeudi matin.
b. ☐ Pour mon mari et moi.
c. ☐ Elle est à combien ?

5. Vous êtes réceptionniste à l'hôtel Bovary. « *J'ai dormi comme un loir* », vous dit un client. Que répondez-vous ?
a. ☐ Tant mieux, je suis content pour vous.
b. ☐ Que puis-je faire pour vous ?
c. ☐ Nos matelas sont tous très propres.

6. Voici un extrait du dépliant de l'hôtel Bovary : « *Sacs et formulaires sont à votre disposition dans la chambre. Appelez la réception avant 10 heures et vos vêtements vous seront retournés le jour même avant 20 heures.* » À quoi se réfère ce texte ?
a. ☐ Aux réunions et séminaires.
b. ☐ À la location de voitures.
c. ☐ Au blanchissage et au repassage.

7. D'après le guide *Paris sans peine*, « les hôtels sont classés en différentes catégories par le ministère du Tourisme : du zéro au quatre étoiles, plus le quatre étoiles grand luxe ». Finalement, combien de catégories d'hôtels y a-t-il ?
a. ☐ Quatre.
b. ☐ Cinq.
c. ☐ Six.

8. « *Demi-pension : 55 euros.* » Ce prix comprend la chambre + _____ .
a. ☐ le petit déjeuner
b. ☐ le petit déjeuner + le déjeuner OU le dîner
c. ☐ le petit déjeuner + le déjeuner + le dîner

9. Vous travaillez à la réception d'un hôtel. « *Je peux prendre un dépliant de l'hôtel ?* » vous demande une cliente. De préférence, que répondez-vous ?
a. ☐ Si vous voulez.
b. ☐ Bien sûr, madame, servez-vous !
c. ☐ Vous en voulez combien ?

10. L'hôtel Bovary vient de recevoir une lettre datée du 7 mars qui commence ainsi : « *Par mon courrier du 3 mars, je vous ai confirmé la réservation d'une chambre pour la nuit du 23 au 24 mars. Toutefois...* ». Cette lettre concerne certainement une _____ .
a. ☐ réclamation
b. ☐ confirmation
c. ☐ modification

À la croisée des cultures

Originaire d'un village du Mali (Afrique de l'Ouest), la famille Diallo occupe un appartement dans un immeuble parisien. Les voisins français se plaignent souvent car ils ont du mal à supporter certaines habitudes des Diallo.

• Lisez le texte ci-contre et imaginez quels peuvent être les motifs de mécontentement des Français.

HABITER SOUS UN MÊME TOIT

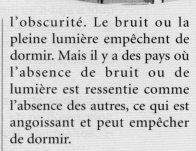

Peu d'étrangers savent comment est organisé l'intérieur d'un appartement parisien. Dans les pays chauds, on vit dehors. La maison sert presque uniquement pendant la nuit ou quand il pleut. Même les Français habitant à la campagne peuvent difficilement imaginer comment on vit à Paris. Pour eux, c'est un mystère que de savoir où l'on stocke les pommes de terre et où jouent les enfants. Et il est difficile de comprendre pourquoi on n'a pas le droit de faire sécher le linge dehors.

Les appartements parisiens sont aménagés pour des familles françaises, comprenant les parents et les enfants. Or, dans nombre de pays, les grands-parents vivent sous le même toit que leurs petits-enfants. De plus, les Français ont inventé des normes déterminant une surface minimale habitable : tant de mètres carrés pour tant de personnes. Ces normes sont étranges pour des populations qui pensent d'abord qu'il ne faut laisser personne dans la rue pendant la nuit et qui sont donc toujours prêtes à accueillir un grand nombre de personnes.

Dans la culture européenne, on dort à des heures fixes, dans le silence et dans l'obscurité. Le bruit ou la pleine lumière empêchent de dormir. Mais il y a des pays où l'absence de bruit ou de lumière est ressentie comme l'absence des autres, ce qui est angoissant et peut empêcher de dormir.

Les bruits et les odeurs sont des éléments importants des relations de voisinage. Ce sont aussi des éléments très subjectifs. Dans les différentes cultures, on apprend à les distinguer. On les remarque ou on ne les remarque pas, selon qu'ils font ou non partie de notre environnement habituel. On les aime ou on ne les aime pas, selon qu'ils sont associés à des événements agréables ou désagréables. ■

D'après Gilles VERBUNT,
Les obstacles culturels aux apprentissages, CNDP, 1994.

5

restauration

1 S'adapter aux traditions

2 Passer commande

3 Travailler dans la restauration

4 Faire des critiques

Mes objectifs d'apprentissage

● **Communicatif**
 – s'informer sur le déroulement d'un repas au restaurant et à domicile
 – consulter une carte de restaurant, choisir les plats
 – passer/prendre commande
 – faire une réclamation
 – découvrir les métiers de la restauration, rédiger une recette de cuisine
 – consulter (dans la presse)/rédiger une critique gastronomique

● **Linguistique**
 – *avant de/après* + infinitif
 – le gérondif (pour exprimer une action simultanée)
 – les valeurs de l'article
 – les négations particulières : *jamais, non plus, ni... ni...*, etc.
 – le pronom *en*
 – les quantités déterminées : *un peu de, un kilo de, une cuillerée de*, etc.

● **Interculturel**
 – restauration et gastronomie : à chacun ses goûts

1 S'adapter aux traditions

A • Au restaurant

1 • **Vous êtes invité(e) dans un restaurant français.**
Croyez-vous que les affirmations suivantes sont vraies ou fausses ?

	VRAI	FAUX
Les Français :		
1. boivent parfois du champagne en apéritif.	☐	☐
2. commandent le dessert au début du repas.	☐	☐
3. peuvent manger le fromage avec une salade.	☐	☐
4. aiment boire du café en mangeant le dessert.	☐	☐
5. prennent le plus souvent leur café avec du lait.	☐	☐

2 • **Le texte suivant est extrait d'un guide touristique.** Lisez-le et vérifiez vos réponses.

Le menu et la commande

Dans la plupart des restaurants français, le serveur vous demande si vous voulez un apéritif avant de passer commande. L'apéritif typique, c'est le kir (vin blanc et cassis) ou le kir royal (champagne et cassis). Le serveur prend ensuite votre commande de hors-d'œuvre (l'entrée) et de plat principal. Vous commandez généralement le dessert après avoir terminé le plat principal.

Les hors-d'œuvre consistent en un choix de salades, de pâtés, d'assiettes de crudités, de sardines à l'huile, d'œufs mayonnaise, etc. Le plat principal est généralement une viande, une volaille ou un poisson, accompagné d'un légume. Les Français mangent du bœuf, du porc, du poulet, mais aussi parfois du lapin, du pigeon, des grenouilles, des escargots. La plupart des restaurants proposent un plat du jour.

Le fromage est servi juste avant le dessert, qu'il peut remplacer. Certains demandent une salade verte pour accompagner leur fromage. Le café est servi après le dessert, et non pas avec. C'est un café noir. Si vous voulez du lait dans votre café, demandez un « crème ». Vous pouvez terminer par un digestif (cognac, par exemple). La carte des vins est le plus souvent distincte du menu. Le prix comprend le service, mais le serveur s'attend tout de même à un pourboire.

LES VALEURS DE L'ARTICLE

• **L'article défini**
« le », « la », « l' », » les », sont utilisés pour exprimer une valeur générale.
– **Le** vin est bon ici.

• **L'article partitif**
– Ils mangent **du** fromage/**de la** viande/**des** grenouilles.

Pour aller plus loin
Point de grammaire n° 6 page 133, exercice C.

L'EXPRESSION DU TEMPS

• **Le gérondif**
Il indique deux actions simultanées réalisées par le même sujet.
– Ils boivent du vin **en mangeant**.

• **« avant de »** et **« après »** + infinitif *sont utilisés quand les deux propositions ont le même sujet.*
– Ils prennent un apéritif **avant de manger**.
– Ils partent **après avoir payé** l'addition.

B • À domicile

1 • **Au cours de son premier séjour en France, une Chinoise, Mlle Li, est invitée à dîner dans une famille française.**
Le texte suivant raconte le déroulement de la soirée. Lisez-le.

> Mlle Li arrive avec une heure d'avance. Mme Dupont, la maîtresse de maison, est un peu surprise. « *J'arrive un peu plus tôt pour vous aider à préparer le repas* », dit Mlle Li. On bavarde un peu, puis Mlle Li demande à visiter la maison. À la fin de la visite, elle veut absolument rester dans la cuisine « *pour travailler un peu* ». Mais la maîtresse de maison lui demande de retourner dans la salle de séjour. Le repas dure environ deux heures. Quelques minutes après le repas, Mlle Li s'en va.

a. Mlle Li connaît mal les traditions françaises. À l'aide du texte ci-dessous, extrait d'un guide touristique, relevez les maladresses qu'elle a commises pendant cette soirée.

Invitation à dîner

En France, l'invité apporte fréquemment des fleurs, une bouteille de vin ou une pâtisserie. Pour laisser à ses hôtes le temps de bien se préparer, il arrive avec un quart d'heure, voire une demi-heure de retard.

En principe, l'invité ne participe pas à la préparation du repas. À son arrivée, il est prié d'entrer dans le salon, pas dans la cuisine. On bavarde un moment en prenant l'apéritif. Quand le repas est prêt, on passe du salon à la salle à manger. L'invité n'a pas accès à d'autres pièces. Les chambres, par exemple, font partie de la sphère privée de la maison.

Un dîner est une occasion de bien manger, mais aussi, et surtout, de bavarder. Autrement dit, on ne vient pas seulement pour manger. Après le dîner, on prend un café, une liqueur, et on reste à discuter un bon moment.

b. Au cours d'un voyage en Chine, vous êtes invité(e) par Mlle Li. Comment devez-vous vous conduire ?

2 • **Pour un guide touristique destiné à des francophones, écrivez un texte expliquant :**
– comment se déroule un repas dans un restaurant de votre pays,
– comment doit se comporter un invité dans une famille traditionnelle.

L'avis du consultant

Les traditions, ça ne se discute pas.

• Qu'en pensez-vous ?

2 Passer commande

A • Faire son choix

Vous déjeunez dans un restaurant français, *La Casserole*, avec deux amis, Manuel et Erika.

– Manuel est un bon vivant. Il aime la charcuterie, les plats qui sortent de l'ordinaire, les fromages forts. Il n'aime ni le poisson, ni les légumes verts.

– Erika est végétarienne. Toutefois, elle mange du poisson et des œufs. Elle ne supporte pas les produits laitiers. Elle surveille sa ligne.

Consultez la carte et aidez vos amis à choisir leurs plats.

La Casserole

Nos hors-d'œuvre

Salade niçoise	3,81	Assiette anglaise	3,96
Saucisson sec	3,50	Potage aux légumes	3,65
Salade de tomates	3,04	Jambon d'Auvergne	4,10
Assiette de crudités	3,81	Frisée aux lardons	3,50

Nos plats garnis

Escalope de veau à la crème	11,28	Cuisse de canard	13,56
Coq au vin	16,76	Omelette aux fines herbes	11,13
Fricassée de volaille	14,93	Sole meunière	12,65
Pavé au poivre	13,56	Thon sauce moutarde	14,48

Tous nos plats peuvent être garnis de : pommes frites, pommes paysannes, riz, haricots verts (sans supplément).

Nos fromages

Camembert	3,05	Brie	3,25
Chèvre	3,65	Roquefort	3,80
Gruyère	3,05	Cantal	3,96

Nos desserts

Glaces, tous parfums	3,04	Tarte maison	3,80
Crème caramel	3,45	Salade de fruits frais	3,86
Mousse au chocolat	3,45	Gâteau aux poires	3,80

PRIX SERVICE COMPRIS 15 % SUR LE HT
La Carte Bleue est acceptée à partir de 15 €

B • Passer à l'action

1 • **Une cliente de** *La Casserole* **passe commande.**

a. Écoutez-la et prenez la commande à la place du serveur.

b. Lisez le dialogue ci-dessous et vérifiez vos annotations.

c. Soulignez ce que dit la cliente pour commander :
– le hors-d'œuvre,   – la garniture,
– le plat principal,   – la boisson.

> *Serveur :* Vous avez fait votre choix, madame ?
> *Cliente :* Oui. En entrée, je vais prendre la frisée aux lardons et une salade de tomates.
> *Serveur :* Euh… si j'ai bien compris, vous prenez deux entrées, n'est-ce pas ?
> *Cliente :* Vous avez bien compris. Ensuite, je prendrai une cuisse de canard.
> *Serveur :* Je regrette, madame, mais nous n'avons malheureusement plus de canard.
> *Cliente :* Ah bon ? Dans ce cas, je prendrai le steak au poivre.
> *Serveur :* Comment le voulez-vous ?
> *Cliente :* Plutôt saignant, mais pas trop saignant non plus.
> *Serveur :* Vous voulez dire « à point » ?
> *Cliente :* À point, exactement. Avec des frites, s'il vous plaît. Les frites bien chaudes, si possible.
> *Serveur :* Oui, bien sûr. Et comme boisson ?
> *Cliente :* Avec la viande, un petit rouge… Qu'est-ce que vous me conseillez ? Votre bordeaux est un peu cher, je trouve.
> *Serveur :* Il est très bon.
> *Cliente :* Alors, je vais m'offrir un verre de bordeaux, et vous pouvez m'apporter une carafe d'eau ?
> *Serveur :* Je vous apporte ça tout de suite.

2 • **À vous de jouer.**

Imaginez que vous soyez à *La Casserole*.
Les clients : Formez un groupe de trois clients et consultez les informations section I, page 158.
Le serveur : Consultez les informations section 13, page 160.

LES NÉGATIONS

– Il **ne** mange **pas de/plus de** viande.
– Il **n'**aime **pas le** poisson **non plus**.
– Il mange sans **sel**.
– Il ne boit **jamais** de vin.
– Il **ne** veut **ni** café **ni** thé.

Pour aller plus loin
Point de grammaire n° 7, page 133, exercice D.

3 Travailler dans la restauration

A • Témoignages

1 • **L'un de vos amis, qui envisage de devenir cuisinier, vous demande conseil.**
Que répondez-vous aux questions suivantes ?

a. Quelles qualités doit avoir un bon cuisinier ? Certaines sont-elles plus importantes que d'autres ?

b. Les conditions de travail sont-elles difficiles ? Pourquoi ?

c. Que pourrai-je faire avec un diplôme de cuisinier ?
Est-ce que je pourrai voyager ? Comment ?
Est-ce que je devrai nécessairement travailler comme cuisinier dans un restaurant ?
Que pourrai-je faire d'autre ?

2 • **Écoutez et/ou lisez les témoignages ci-dessous et complétez vos réponses.**

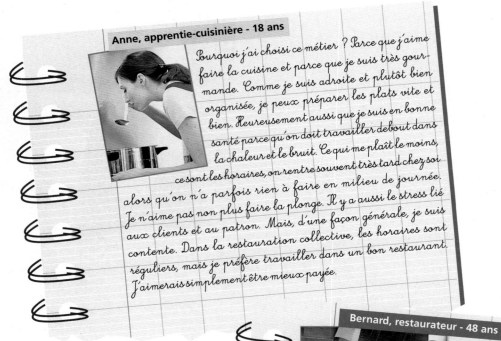

Anne, apprentie-cuisinière - 18 ans

Pourquoi j'ai choisi ce métier ? Parce que j'aime faire la cuisine et parce que je suis très gourmande. Comme je suis adroite et plutôt bien organisée, je peux préparer les plats vite et bien. Heureusement aussi que je suis en bonne santé parce qu'on doit travailler debout dans la chaleur et le bruit. Ce qui me plaît le moins, ce sont les horaires, on rentre souvent très tard chez soi alors qu'on n'a parfois rien à faire en milieu de journée. Je n'aime pas non plus faire la plonge. Il y a aussi le stress lié aux clients et au patron. Mais, d'une façon générale, je suis contente. Dans la restauration collective, les horaires sont réguliers, mais je préfère travailler dans un bon restaurant. J'aimerais simplement être mieux payée.

Bernard, restaurateur - 48 ans

Au début de ma carrière, j'ai exercé mon métier en voyageant. J'ai travaillé dans des clubs de vacances, sur des bateaux de croisière, dans les trains. J'ai même donné des cours dans une école de cuisine au Mexique. Finalement, je me suis marié et je suis resté en France.
J'ai travaillé chez un traiteur pendant deux ans. Grâce à un héritage, j'ai pu acheter un petit restaurant de vingt couverts dans ma ville natale, puis je me suis agrandi. En restauration, si vous voulez réussir, il faut être créatif. Les clients viennent chez nous pour déguster un repas qui sort de l'ordinaire. Il y a quatre ans, j'ai écrit un livre de cuisine, puis j'ai créé un site Internet sur lequel les gourmets peuvent trouver mes recettes favorites.

B • Recettes

1 • Voici la recette du chocolat liégeois, extraite d'un livre de cuisine.
Complétez ce texte avec l'un des mots suivants : *un, une, le, la, d(e), du, des.*

Faire bouillir 220 grammes (1) _____ sucre pendant 3 minutes dans (2) _____ tiers (3)_____ litre (4) _____ eau. Ajouter 80 grammes (5) _____ cacao en poudre non sucré et (6) _____ bonne pincée (7) _____ café solubilisé. Remuer à feu doux puis laisser refroidir et mettre au réfrigérateur. Mélanger ensuite cette préparation avec 4 tasses (8) _____ lait et battre (9) _____ tout avec un peu (10) _____ glace pilée. Répartir dans (11) _____ verres à sorbet. Glisser (12) _____ boule (13) _____ glace à la vanille ou au chocolat. Mettre de (14) _____ crème fouettée et (15) _____ sucre. Servir avec (16) _____ paille.

2 • Un chef cuisinier explique à un apprenti comment faire des crêpes. Très simple !

5.1

a. Écoutez-le et prenez des notes.

b. Voici ci-dessous une liste d'ustensiles de cuisine. Rayez ceux dont on n'a pas besoin pour faire des crêpes. Lesquels reste-t-il ? À quoi sert chacun des ustensiles restant ?

> *une casserole, une poêle, une assiette, un couvercle, une spatule, un bol, un saladier, une louche, une cuillère, une fourchette, un couteau, une passoire, un fouet, un ouvre-boîte, un tire-bouchon, une balance, un moule, un batteur, un moulin à café.*

c. Pouvez-vous à votre tour expliquer la recette des crêpes ?

> *mettre, ajouter, parfumer, mélanger, laisser reposer, verser, (faire) chauffer, étendre, retourner, (faire) cuire, saupoudrer, servir*

3 • Rédigez la recette d'un plat de votre pays.

LES QUANTITÉS

Faire des crêpes pour six personnes : 500 grammes **de** farine, 1 litre **de** lait, 4 œufs, une cuillerée **d'**huile, une pincée **de** sel, un peu **de** rhum.

Pour aller plus loin
Point de grammaire n° 8, page 133.

4 Faire des critiques

A • Réclamation

1 • **Voici quelques réclamations entendues dans un restaurant.**

Complétez les phrases suivantes :
– pour les mentions manquantes marquées d'une **lettre** : avec les pronoms *en, le, la* ;
– pour les mentions manquantes marquées d'un **chiffre** : à l'aide des adjectifs suivants :

brûlé - sale - lent - immangeable - salé - bruyant - léger - bouchonné - rassis - froid - chaud - saignant

– Ce pain est (1) _____. Vous (a) _____ auriez du frais ?

– Cette soupe est (2) _____ et j'aime la soupe très (3) _____. Vous pouvez (b) _____ réchauffer, s'il vous plaît ?

– J'ai demandé un steak à point, et le mien est (4) _____. Est-ce qu'on peut (c) _____ cuire davantage ?

– Ce café est trop (5) _____. J'aimerais (d) _____ avoir un plus fort.

– Ce vin est (6) _____. Buvez-(e) _____ une gorgée, vous verrez.

– Cette assiette est (7) _____. Vous pouvez (f) _____ apporter une propre ?

– Le service est incroyablement (8) _____, ça fait 40 minutes que j'ai commandé.

2 • **Imaginez d'autres réclamations.**

3 • **Un client du restaurant *La Casserole* fait plusieurs réclamations au serveur.**

[5.2]

Écoutez le dialogue. Quelles sont ces réclamations ? Que fait le serveur dans chaque cas ?

4 • **Les répliques du dialogue suivant, entre un client et le serveur, sont dans le désordre. Mettez-les dans l'ordre.**

a. ☐ Ah oui, en effet, vous avez raison, je suis désolé.

b. ☐ Excusez-moi, mais je crois qu'il y a une erreur dans l'addition. D'après mes calculs, ça fait 45 euros, et non pas 55.

c. ☐ Ça ne fait rien, tout le monde peut se tromper.

d. ☐ Vous permettez, monsieur, je vérifie.

e. ☐ Allez-y, je vous en prie.

LE PRONOM « EN »

– Voici les huîtres, tu **en** veux ?
– Je vais **en** prendre quelques-unes.

Pour aller plus loin
Points de grammaire n°s 5 et 6, page 134, exercice B.

5 • **Jouez à deux.**

Dans chacune des situations suivantes, imaginez et jouez des mini-dialogues entre un serveur et son client.

1. Le vin est bouchonné.
2. La musique est forte.
3. La viande a un goût bizarre.
4. Une demi-heure après avoir commandé, le client n'est toujours pas servi.
5. Le client a demandé des haricots, pas des frites.

B • Appréciation

1 • **Dans l'article suivant, un critique gastronomique donne son avis sur un restaurant marocain, *le Restaurant du port*.**

a. Lisez cet article et imaginez que vous soyez un client (exigeant) de ce restaurant. Trouvez au moins trois motifs de réclamation.

b. Comment expliquez-vous le succès du *Restaurant du port* ? Trouvez au moins quatre raisons.

DÉMOCRATIE ALIMENTAIRE - AU *RESTAURANT DU PORT*

Chaque jour, la clientèle afflue en grand nombre. De 400 à 500 personnes par jour, selon l'un des trois propriétaires du restaurant. Les tables sont occupées toute la journée. Un rêve inaccessible pour l'immense majorité des restaurants casablancais.

Dans ce restaurant, tout le monde parle bruyamment. Pour se faire entendre, il faut crier. Soit, ce n'est pas l'endroit idéal pour discuter tranquillement.
Le cadre général est sympathique : tableaux de la mer, photos de poisson, filets de pêche accrochés au mur. Folklore marin.
Utile et pratique, le mobilier est sans prétention. Les nappes sont en papier. Quant aux assiettes, aux verres et aux couverts, ils sont aussi simples et tristes à mourir que les tables ou les chaises. Au *Restau-*

rant du port, vous diront les propriétaires, on vient d'abord pour manger du poisson frais et de bonne qualité.
Ce qui surprend agréablement, c'est la rapidité du service. À cela deux raisons. D'abord, il y a près d'une centaine d'employés. Ensuite, un client servi rapidement, c'est un client qui ne s'éternise pas.
Le nombre considérable de couverts servis fait plutôt penser à une usine qu'à un restaurant. Mais le plus choquant reste le service. Une troupe de serveurs musclés, excités et parfois impolis vous servent votre repas à toute vitesse. Le client n'a pas le droit de réclamer.
Si vous commandez un poisson en friture, accompagné d'une sangria fraîche ou d'un petit vin blanc, il vous en coûte, au grand maximum, 150 dirhams. Cette formule (le prix, très raisonnable, moins le service) répond parfaitement, semble-t-il, aux attentes du public. Dommage tout de même qu'au *Restaurant du Port* on ne trouve pas le moindre luxe !

D'après un article de Chafik Laabi, *Maroc Hebdo International*, avril 1997.

2 • **Imaginez que vous soyez critique gastronomique.**

Pour un journal francophone, écrivez un court article sur un restaurant de votre ville.

Faire le point

A. Le point de grammaire

1. J'aimerais me laver les mains _____ à table.
a. ☐ avant de passer
b. ☐ avant d'être passé
c. ☐ après avoir passé
d. ☐ après être passés

2. Je ne me sentais pas très bien ce matin, en _____.
a. ☐ se réveillant
b. ☐ réveillant
c. ☐ ayant réveillé
d. ☐ me réveillant

3. J'étudie deux langues, _____.
a. ☐ le français et l'arabe
b. ☐ français et arabe
c. ☐ du français et de l'arabe
d. ☐ de français et d'arabe

4. Tu as mis _____ dans la salade ?
a. ☐ ail
b. ☐ d'ail
c. ☐ un ail
d. ☐ de l'ail

5. Elle ne mange pas de viande, mais _____
a. ☐ du poisson
b. ☐ de poisson
c. ☐ le poisson
d. ☐ des poissons

6. « Vous avez _____ lapin ? » demande le client au serveur.
a. ☐ le   **c.** ☐ du
b. ☐ un   **d.** ☐ de

7. Dans cette ville, il y a _____ de restaurants bon marché.
a. ☐ rien
b. ☐ beaucoup
c. ☐ un peu
d. ☐ encore

8. Nous n'avons pas _____ mangé dans ce restaurant.
a. ☐ déjà   **c.** ☐ jamais
b. ☐ plus   **d.** ☐ encore

9. Félix ne fume pas, et Sarah _____.
a. ☐ non plus   **c.** ☐ pas du tout
b. ☐ plus rien   **d.** ☐ aussi

10. Est-ce que les sandwichs sont dans le sac ?
a. ☐ Non, nous en avons quatre.
b. ☐ Oui, tu en veux un ?
c. ☐ Oui, ils sont sur la table.
d. ☐ Non, on en a quelques-uns.

11. On n'a plus de café, achètes-_____ quand tu fais les courses, s'il te plaît.
a. ☐ en
b. ☐ le
c. ☐ lui
d. ☐ y

12. Faites bouillir un litre d'eau. Épluchez et coupez les légumes. Jetez-_____ dans l'eau bouillante salée.
a. ☐ en
b. ☐ les
c. ☐ leur
d. ☐ y

13. Ces tomates farcies, nous les avons mangées chez Félix, tu _____ souviens ?
a. ☐ te les
b. ☐ t'en
c. ☐ les en
d. ☐ y en

14. Tu vois la moutarde sur la table ? Tu peux _____ passer, s'il te plaît ?
a. ☐ m'en
b. ☐ me lui
c. ☐ me la
d. ☐ m'y

B. Le bon choix

1. Il est 21 heures. Félix et Sarah arrivent dans un restaurant. Ils sont accueillis par le maître d'hôtel. Écoutez. Il y a une table libre dans _____.
(5.3)
a. ☐ l'espace « fumeur »
b. ☐ l'espace « non-fumeur »
c. ☐ les espaces « fumeur » et « non fumeur »

2. Félix et Sarah déjeunent dans un restaurant français. Ils passent commande. Écoutez. Comment Félix commence-t-il son repas ?
(5.4)
a. ☐ Il prend un potage.
b. ☐ Il prend une assiette de crudités.
c. ☐ Il ne prend pas de hors d'œuvre.

3. Sarah appelle le serveur pour faire une réclamation. Écoutez et trouvez le problème.
(5.5)
a. ☐ Le prix est trop élevé.
b. ☐ La salade est mal lavée.
c. ☐ La table est trop petite.

4. Le déjeuner est terminé. C'est le moment de payer. Écoutez. Qui règle l'addition ?
(5.6)
a. ☐ C'est Félix.
b. ☐ C'est Sarah.
c. ☐ Ils partagent l'addition.

5. Un client étranger vous rend visite en France. Pour parler affaires, vous l'invitez _____.

a. ☐ à déjeuner
b ☐ à dîner
c. ☐ à boire un verre
d. ☐ chez vous

6. Félix apprécie particulièrement la viande rouge. Parmi les plats suivants, lequel lui conseillez-vous ?
a. ☐ Un coq au vin.
b. ☐ Un steak au poivre.
c. ☐ Une fricassée de volaille.
d. ☐ Une cuisse de canard.

7. En principe, à quel moment est servi le fromage dans un restaurant français ?
a. ☐ Au début du repas.
b. ☐ Avec le plat principal.
c. ☐ Entre le plat principal et le dessert.
d. ☐ Avec le dessert.

8. Sarah voudrait un fromage « bleu ». Parmi les fromages suivants, lequel lui conseillez-vous ?
a. ☐ Un camembert.
b. ☐ Un chèvre.
c. ☐ Un roquefort.
d. ☐ Un gruyère.

9. Vous préparez un repas avec Félix et Sarah. Félix vous demande où se trouve le tire-bouchon. Il veut certainement ouvrir _____.
a. ☐ une boîte de conserve
b. ☐ une bouteille de bière
c. ☐ une bouteille de vin
d. ☐ une bouteille de champagne

10. « *Passe-moi la louche* », vous dit Sarah. Que veut-elle faire ?
a. ☐ Servir le potage.
b. ☐ Mélanger la salade.
c. ☐ Battre les œufs.
d. ☐ Éplucher les carottes.

11. Pour peser la farine, vous avez besoin d'une _____.
a. ☐ casserole
b. ☐ poêle
c. ☐ passoire
d. ☐ balance

12. « *Ce plat est trop lourd*, dit le client, *je voudrais quelque chose de plus _____.* »
a. ☐ *saignant*
b. ☐ *léger*
c. ☐ *chaud*
d. ☐ *frais*

À la croisée des cultures

LA RESTAURATION RAPIDE *(FAST FOOD)*, VOUS CONNAISSEZ ?

a. À votre avis, quels sont, du point de vue du consommateur, les points forts et les points faibles de la restauration rapide ? À quel type de client s'adresse-t-elle ? Les déclarations des deux personnages ci-contre peuvent vous aider à répondre à ces questions.

b. « *Les plats régionaux vont peu à peu disparaître avec la restauration rapide et bientôt, dans le monde, on mangera tous à peu près la même chose. Il y aura de moins en moins de restaurants traditionnels.* » Êtes-vous d'accord ?

Je déteste perdre mon temps au restaurant. Ce que je veux, c'est manger vite et bien. Je mange beaucoup chez Mac Do, surtout quand je voyage. Au moins, je suis sûr de trouver partout des produits de même qualité à un prix raisonnable.

Pour moi, manger est un moment de plaisir. Je passe des heures au restaurant avec des amis. Les restaurants que j'aime ? Ceux qui proposent des plats originaux, des recettes créatives. La cuisine est un art et je suis toujours prêt à goûter de nouveaux plats.

JIM'S KITCHEN

Jim's Kitchen est une entreprise américaine de restauration rapide, qui a ouvert des restaurants dans le monde entier au moyen de franchises. Dans ce système de franchise, les propriétaires des restaurants (les franchisés) peuvent utiliser le savoir-faire et la marque de *Jim's Kitchen* (le franchiseur), à condition de respecter les critères de qualité du produit.

Quand le directeur de *Jim's Kitchen* apprend que, dans certaines régions de France, plusieurs franchisés proposent de la purée de pommes de terre au menu, il leur rappelle que seules les frites sont autorisées. Mais les Français refusent de retirer la purée du menu.

a. À votre avis, pourquoi les Français ont-ils ajouté de la purée de pommes de terre au menu ?

b. Pourquoi la direction de *Jim's Kitchen* veut-elle interdire cette purée ?

c. À qui donnez-vous raison ? Pourquoi ?

d. Voyez-vous un moyen de résoudre le conflit ?

6

entreprises

1 Découvrir l'entreprise

2 Comparer des performances

3 Réussir dans les affaires

4 Chercher des opportunités

Mes objectifs d'apprentissage

● **Communicatif**
  – identifier une entreprise (activité, secteur, marché, etc.)
  – analyser/comparer des résultats et des tendances
  – analyser les techniques de vente des grands magasins
  – lancer un nouveau produit (fixer un prix de vente, choisir des moyens de communication appropriés, etc.)
  – rechercher des placements efficaces
  – analyser/sélectionner un secteur économique, une entreprise

● **Linguistique**
  – les adverbes
  – les nombres
  – les comparaisons
  – le plus-que-parfait
  – la condition et l'hypothèse
  – l'expression de la variation et de la répartition

● **Interculturel**
  – distance hiérarchique et qualité du travail : à chacun ses responsabilités

1 Découvrir l'entreprise

A • Briquets et stylos

1 • **Que savez-vous de Bic ?**

Complétez le texte ci-dessous, extrait d'un article de presse, à l'aide des chiffres suivants : *1 300 ; 9 000 ; 45 % ; 1,43 ; 0,40 ; 1950 ; 1945 ; 21 000 000 ; 1 300 000 000.*

LA RÉVOLUTION **BIC**

En (1) _1945_, Marcel Bich crée avec un ami une petite entreprise qui fabrique des instruments d'écriture. En (2) _____, il lance le stylo Bic et révolutionne le marché de l'écriture. C'est le bon produit, au bon moment et au bon prix. Aujourd'hui, Bic est une marque mondiale présente sur tous les continents. La société Bic, dont le siège se trouve près de Paris, emploie environ (3) _____ personnes dans le monde dont (4) _____ hors de France. Elle réalise un bénéfice net de 110 millions d'euros pour un chiffre d'affaires de (5) _____ d'euros.

Chaque jour Bic vend à travers le monde (6) _____ d'articles de papeterie (notamment des stylos bille), 4 millions de briquets et 9 millions de rasoirs. La société réalise (7) _____ de ses ventes en Amérique du Nord et 34 % en Europe. Aujourd'hui comme hier, les produits Bic sont bon marché : vous pouvez acheter un stylo pour (8) _____ euro, un briquet pour 1,25 euro et un paquet de 10 rasoirs vous coûte (9) _____ euro.

2 • **Remplissez la fiche d'identité ci-contre.**

Fiche d'identité

Nom de l'entreprise : *BIC*
(Comment s'appelle-t-elle ?)

Activité : ....
(Que fait-elle ?)

Effectifs : ....
(Combien de salariés emploie-t-elle ?)

Siège social : ....
(Où se trouve la direction ?)

Lieux d'implantation :
....
(Où se trouvent les lieux de production, les bureaux, etc. ?)

Étendue du marché :
....
(Où vend-elle ? Dans quels pays ?)

Autres : ....
(Autres particularités ?)

LES NOMBRES

Pour aller plus loin
Points de grammaire n°s 2, 3, 4, page 132, exercices C, D.

B • Jeux et vidéo

1 • **Connaissez-vous Vivax ?** Lisez le texte suivant, extrait d'un article de presse, et constituez la fiche d'identité de cette société.

Vivax conçoit et développe des jeux vidéo. C'est une société internationale avec des bureaux au Japon, aux États-Unis, en Chine et au Royaume-Uni. Le siège social et le studio de création se trouvent à Nantes (dans l'ouest de la France). L'entreprise emploie 250 personnes. Ses produits s'adressent à la « génération numérique », c'est-à-dire aux 320 millions de personnes dans le monde, âgées de 5 à 45 ans, vivant dans un environnement technologique. Depuis peu, Vivax est cotée en Bourse.

2 • **À l'aide de la fiche d'identité de la page précédente, présentez une entreprise de votre pays.**

3 • **Cette année, le cours de l'action Vivax a connu des variations importantes.**

a. Complétez le texte suivant avec des adverbes.

b. Puis complétez le graphique ci-contre à l'aide des explications de ce texte.

Du 1er au 30 janvier, le cours de l'action Vivax a triplé : il est passé de 10 à 30 euros. Il a (1) _constamment_ (constant) augmenté pour atteindre un pic de 35 euros à la fin février. Mais il a ensuite (2) _brusquement_ (brusque) chuté, et à la mi-mars, il s'élevait (3) _seulement_ (seul) à 22 euros. Il est resté (4) _complètement_ (complet) stable jusqu'à la fin du mois de mai. Début juin il a commencé à augmenter (5) _légèrement_ (léger) et (6) _progressivement_ (progressif) jusqu'au 30 juin, où l'action s'échangeait à 25 euros.

4 • **Jouez à deux.**

Personne A : Consultez les informations page 158, section 5.
Personne B : Consultez les informations, page 160, section 14.

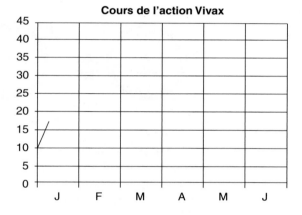

Cours de l'action Vivax

45					
40					
35					
30					
25					
20					
15					
10					
5					
0					
J	F	M	A	M	J

COMMENT DIRE
pour exprimer une variation

- **Une augmentation**
  – Il a augmenté/progressé.
  – Il s'est amélioré.
- **Une stabilité**
  – Il est resté stable.
  – Il s'est stabilisé.
  – Il a stagné.
- **Une diminution**
  – Il a diminué/reculé/chuté.
  – Il s'est effondré.

2 Comparer des performances

A • Concurrence interne

La société Guidon fabrique quatre types de bicyclettes et emploie six vendeurs.

Course

VTT

Enfant

Ville

1 • **À l'aide des informations suivantes, complétez le graphique ci-contre.**

Inscrivez le nom de chaque produit au bon endroit. La solution est donnée pour le premier.
– Le VTT représente la majeure partie de notre chiffre d'affaires.
– Nous réalisons à peu près un quart du chiffre d'affaires avec le Course.
– Le Ville représente environ 15 % des ventes.
– Le vélo Enfant représente la plus petite part de notre chiffre d'affaires.

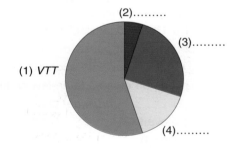

(2)........
(3)........
(1) *VTT*
(4)........

Chiffre d'affaires par produit

2 • **À l'aide des informations suivantes, complétez le graphique ci-contre.**

Inscrivez le nom des vendeurs au bon endroit.
– *Manuel* a réalisé les meilleures ventes.
– *François* a obtenu les plus mauvais résultats.
– *Patricia* et *Paul* ont réalisé le même chiffre d'affaires
– Les résultats de *Sylvie* ne sont pas aussi bons que ceux de *Patricia* et *Paul*, mais dépassent nettement ceux de *Michel*.

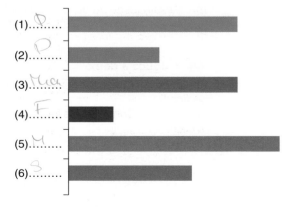

(1).........
(2).........
(3).........
(4).........
(5).........
(6).........

Chiffre d'affaires par vendeur

B • Concurrence externe

Le tableau suivant permet de comparer l'entreprise Guidon à ses trois principaux concurrents.

Entreprises	Guidon	Coppi	Biclou	Patin
Effectifs	16	32	152	150
Chiffre d'affaires (En milliers d'euros)	220	360	3 600	3 590
Bénéfice net (En milliers d'euros)	10	30	70	140
Part de marché (En Europe)	2,8 %	4 %	45 %	43 %

1 • L'article suivant, extrait du *Journal du vélo*, présente ces quatre entreprises.

Il contient *six erreurs*. À l'aide du tableau ci-dessus, trouvez et corrigez les erreurs.

• PRESSE

ACTUALITÉ

QUATRE ENTREPRISES SE DISPUTENT LE MARCHÉ DU CYCLE

Effectifs

– Les entreprises Patin et Biclou ont des effectifs à peu près identiques. Chacune emploie environ 150 personnes, soit presque 5 fois plus que Guidon. Les effectifs de Guidon sont exactement le double de ceux de Coppi.

Chiffre d'affaires

– Patin et Biclou réalisent les plus gros chiffres d'affaires, celui de Biclou étant légèrement supérieur à celui de Patin. Avec 360 000 euros, le chiffre d'affaires de Coppi représente seulement le tiers de celui de Biclou. Quant à Guidon, ses ventes s'élèvent à 220 000 euros.

Bénéfices

– Avec un bénéfice de 140 000 euros, Patin fait deux fois mieux que Biclou. Avec 30 000 euros, Coppi arrive au 3e rang. Guidon, au dernier rang, réalise un bénéfice deux fois moins important que celui de Coppi.

Part de marché

– En Europe, Patin et Biclou détiennent à elles deux presque 80 % du marché. Loin derrière arrivent Coppi, avec seulement 4 % du marché, puis Guidon, avec un peu plus de 3 %.

2 • Complétez les phrases suivantes avec *2, 7, 16, moins élevé, de plus, mieux*.

1. Biclou emploie seulement _____ salariés _____ que Patin.

2. En termes de chiffre d'affaires, Patin fait environ _____ fois _____ que Guidon.

3. Guidon réalise un bénéfice _____ fois _____ que celui de Biclou.

LA COMPARAISON

– Il fait **deux fois mieux que** son concurrent. C'est **le meilleur**.

Pour aller plus loin
Point de grammaire n° 1, page 140, exercices A, B.

3 • Jouez à deux

Personne A : Consultez les informations page 158, section 3.
Personne B : Consultez les informations page 160, section 15.

3 Réussir dans les affaires

A • Le Bon Marché

Le texte de la page suivante est une « interview posthume » de M. Boucicaut, considéré en France comme l'inventeur des grands magasins. Aristide Boucicaut (1810-1877), marchand ambulant pendant plusieurs années, avait acheté en 1852 *Le Bon Marché*, une petite boutique de tissus. Trente ans plus tard, *Le Bon Marché* était devenu le plus grand magasin du monde. Aujourd'hui, *Le Bon Marché* emploie près de 1500 personnes. C'est l'un des magasins les plus luxueux de Paris.

1 • **Les phrases ci-dessous sont extraites de cette interview. Lisez l'interview et replacez ces phrases aux bons endroits.**

1. J'ai même été plus loin, en proposant de rembourser n'importe quel article ramené, sans demander la raison.
2. C'est un excellent mode de rémunération qui encourage la compétitivité et qui garantit de hauts revenus aux bons éléments.
3. De cette façon, j'évitais de recourir au crédit des banques et je pouvais même faire des placements financiers avec ma trésorerie.
4. Alors que tous les commerçants faisaient une marge de 40 %, j'ai décidé de réduire la mienne à 13,5 %.
5. Elles allaient, elles venaient, elles tâtaient les tissus, elles comparaient les qualités et les prix, et tôt ou tard elles achetaient.

2 • **Relevez six raisons expliquant le succès du *Bon Marché*.**

LE PLUS-QUE-PARFAIT

Il est formé de l'auxiliaire « avoir » ou « être » à l'imparfait + participe passé.
—Au moment de payer la marchandise, il **avait** déjà tout **vendu**.

B • Le juste prix

La société Coutorex, une entreprise canadienne, fabrique des couteaux électriques utilisés par des professionnels (charcutiers, bouchers, traiteurs restaurateurs). Son matériel est réputé pour sa solidité.

Le directeur décide de lancer un nouveau produit dans lequel diverses pièces métalliques sont remplacées par des pièces en plastique. Ce nouveau produit est plus solide, plus silencieux et plus léger que l'ancien. De plus, son coût de production est inférieur de 12 % à celui du matériel classique.

1 • **Faut-il vendre ce nouveau produit au même prix que l'ancien ? Moins cher ? Plus cher ? Pourquoi ?**

2 • **Par quel(s) moyen(s) peut-on faire connaître ce nouveau produit auprès des clients de Coutorex ? Travaillez à deux.**

Magazine

INTERVIEW

■ *Comment expliquez-vous vos succès ? En quoi avez-vous innové ?*

J'ai d'abord proposé des prix plus avantageux que ceux de la concurrence. L'idée était évidemment de réaliser un volume de vente important. [a. 4] À la différence des petits détaillants, nous ne passions que de grosses commandes. Cela vous paraît peut-être une idée banale aujourd'hui, mais c'était tout à fait inattendu à l'époque.

■ *On dit que vous étiez expert pour obtenir des délais de paiement très longs de vos fournisseurs.*

En effet j'ai toujours demandé des délais aux industriels. Étant donné l'importance de mes commandes, ils ont toujours accepté. Si bien que j'avais généralement déjà revendu la marchandise au moment de la payer ! [b. 3 .]

■ *Nous parlons seulement d'argent. Je suppose que vous avez utilisé d'autres armes pour réussir.*

Bien sûr. Vendre à bas prix ne suffit pas. Pour ma part, j'ai institué un certain nombre de nouveaux usages. Premièrement j'ai adopté le système des prix fixes, marqués. De cette façon, j'ai supprimé le marchandage – une perte de temps pour les vendeurs ! Deuxièmement j'ai beaucoup insisté sur la qualité des produits. Nous reprenions la marchandise présentant le moindre défaut. [c. 1]

■ *Et l'entrée libre ?*

Ça aussi, c'était nouveau. Jusqu'au second Empire, il était impossible d'entrer dans un magasin sans savoir ce qu'on voulait acheter. Nous, nous avons dit aux clientes : « Venez voir ce que nous avons, profitez du spectacle, et achetez si vous avez envie ! » Les clientes ont pris l'habitude de se promener dans les rayons. [d. 5] La fréquentation des magasins – le shopping, comme vous dites maintenant – a l'effet d'une drogue. On finit par ne plus pouvoir s'en passer.

■ *Parlez-nous de vos vendeurs. Étaient-ils bien payés ?*

Ils touchaient une commission. [e. 2] Au Bon Marché, les vendeurs et les vendeuses gagnaient bien plus que dans les magasins concurrents. De plus, ils ne travaillaient chez nous que 11 heures par jour. En échange de tous ces avantages, nous exigions une grande discipline et une vie privée exemplaire.

D'après Bernard Kapp, *Interviews posthumes*, Éditions La Découverte, Paris 1989.

4 ▶ Chercher des opportunités

A • Analyser un secteur

L'avis du consultant

Si vous voulez vous enrichir, jouez en Bourse. Mais il est immoral d'investir dans des secteurs comme le tabac et l'armement.

• Qu'en pensez-vous ?

Sylvie Grenade est analyste financière. Lisez ce qu'elle écrit ci-dessous dans *Le Journal des finances.*

a. D'après elle, quelles sont les forces et les faiblesses de l'industrie du tabac ?

b. Diriez-vous qu'elle conseille de placer son argent dans ce secteur ? Pourquoi ?

31 MAI 1999 : JOURNÉE MONDIALE SANS TABAC

ESPACE NON FUMEUR

Et si la France aussi s'arrêtait de fumer ?

LA CONDITION ET L'HYPOTHÈSE

– **Si j'ai** de l'argent, **je joue** en Bourse.
– **Si j'avais** de l'argent, **je jouerais** en Bourse.
– **Si j'avais eu** de l'argent, **j'aurais joué** en Bourse.

Pour aller plus loin
Points de grammaire n° 2a, page 140, exercice C.

Que pensez-vous du secteur du tabac ?

Dans les pays industrialisés, les fumeurs sont de moins en moins appréciés. Des lois interdisent de fumer dans les avions, dans les bâtiments publics, dans les bureaux, voire dans certaines rues. Les associations de lutte contre le tabagisme poursuivent en justice les fabricants de cigarettes, qu'ils rendent responsables du cancer du poumon.

Ceci dit, il existe encore des pays, comme la Turquie ou la Chine, où on a le droit de fumer et où on fume même de plus en plus. D'autre part, les industriels du tabac forment des lobbies (groupes de pression) extrêmement importants. En fait, on remarque que, même dans les pays qui ont adopté des lois antitabac, les fumeurs sont de plus en plus nombreux. Aujourd'hui, malheureusement, les jeunes filles fument autant que les garçons. Les femmes ne sauveront sans doute pas leur vie de cette façon, mais elles sauveront peut-être l'industrie du tabac.

B • Analyser une entreprise

1 • Vous connaissez sans doute ces entreprises.

pierre cardin

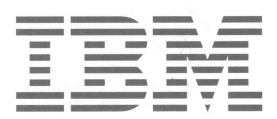

 **CREDIT LYONNAIS**

a. Parmi ces entreprises, laquelle est
– une entreprise informatique ?
– une entreprise automobile ?
– une banque ?
– une compagnie d'aviation ?
– un grand distributeur ?
– une maison de haute couture ?

b. Quelle est leur activité ? Trouvez celle qui :
– transporte des voyageurs ;
– fournit des services financiers ;
– fabrique des voitures ;
– crée des vêtements ;
– fabrique des ordinateurs ;
– vend des biens de consommation.

c. Que savez-vous d'autre sur ces entreprises ?

2 • Si vous décidiez de placer vos économies en Bourse, que choisiriez-vous ?

Choisissez :
– soit un secteur (automobile, aéronautique, télécommunications, finances, tourisme, agroalimentaire, distribution, santé, etc.),
– soit une entreprise,
qui, d'après vous, connaîtra une croissance rapide dans les cinq à dix prochaines années.
Présentez-en par écrit les forces et les faiblesses, comme l'a fait Sylvie Grenade pour l'industrie du tabac.

Faire le point

A. Le point de grammaire

1. Les affaires se sont améliorées _____, mais elles ne sont pas encore très brillantes.

a. ☐ fréquemment
b. ☐ rarement
c. ☐ prudemment
d. ☒ récemment

2. Tu pourrais parler un peu plus _____, je ne suis pas sourd.

a. ☒ doucement
b. ☐ follement
c. ☐ gentiment
d. ☐ correctement

3. Ils sont extrêmement efficaces, ils travaillent tous vite et _____.

a. ☐ bon
b. ☐ bons
c. ☒ bien
d. ☐ bonnement

4. Cette entreprise est _____ de la région.

a. ☐ la mieux
b. ☒ la meilleure
c. ☐ mieux
d. ☐ meilleure

5. Ils gagnent autant l'un que l'autre, mais elle dépense bien _____ lui.

a. ☐ plus de
b. ☒ plus que
c. ☐ le plus de
d. ☐ le plus que

6. Curieusement, plus il s'enrichit, _____ il a l'air heureux.

a. ☒ moins
b. ☐ plus
c. ☐ le moins
d. ☐ le plus

7. Comment as-tu fait pour dépenser 50 euros ! Moi, j'en ai dépensé beaucoup _____ !

a. ☐ autant
b. ☐ aussi
c. ☐ de plus
d. ☒ moins

8. Si les jeunes ne fumaient pas _____, les fabricants de tabac ne seraient pas si riches.

a. ☒ autant   c. ☐ plus
b. ☐ moins   d. ☐ le plus

9. Quand _____, ils avaient déjà pris leur décision.

a. ☐ j'arrive
b. ☐ j'arriverais
c. ☒ je suis arrivé
d. ☐ j'étais arrivé

10. Si vous êtes prêt à prendre des risques, vous _____ placer vos économies en Bourse.

a. ☒ pouvez   c. ☐ auriez pu
b. ☐ pouviez   d. ☐ aviez pu

11. Si leur campagne publicitaire avait été meilleure, ils _____ à vendre davantage.

a. ☐ réussiront
b. ☐ réussissaient
c. ☐ avaient réussi
d. ☒ auraient réussi

12. Si _____ à ta place, je demanderais une augmentation.

a. ☐ je suis
b. ☒ j'étais
c. ☐ je serais
d. ☐ j'avais été

13. N'hésitez pas à m'appeler si vous _____ un problème.

a. ☒ avez
b. ☐ aurez
c. ☐ auriez
d. ☐ aviez eu

14. Si _____ cette maison il y a vingt ans, on aurait fait une bonne affaire.

a. ☐ on achetait
b. ☐ on achèterait
c. ☒ on avait acheté
d. ☐ on aurait acheté

B. Le bon choix

6.1 **1.** Le directeur général de la société Pétrolette présente son entreprise. Écoutez un court extrait de sa présentation. Pétrolette est-elle déjà cotée en Bourse ?
a. ☐ Oui.
b. ☑ Non, pas encore.
c. ☐ On ne peut pas savoir.

6.2 **2.** Au cours d'une réunion, le directeur commercial de la société Pétrolette présente les résultats de l'entreprise. Écoutez. Dans quel pays la situation est-elle la plus inquiétante ?
a. ☐ En Allemagne. **c.** ☑ En Italie.
b. ☐ Aux Pays-Bas. **d.** ☐ En Espagne.

6.3 **3.** Un client entre dans une boutique pour acheter un tapis. À quel prix achète-t-il le tapis ?
a. ☐ 100 euros.
b. ☐ 1 000 euros.
c. ☐ 10 000 euros.

4. « *L'entreprise fabrique et vend ce dont nous avons besoin.* » Qui parle ainsi de l'entreprise ?
a. ☐ Un salarié.
b. ☐ Un juriste.
c. ☐ Un consommateur.
d. ☐ Un actionnaire.

5. « *Le marché européen représente 50 % de notre chiffre d'affaires* », vous dit le directeur commercial de la société Pétrolette. Que veut-il dire ?
a. ☐ La moitié des ventes de Pétrolette est réalisée sur le marché européen.
b. ☐ Pétrolette occupe la moitié du marché européen.
c. ☐ La moitié du bénéfice de Pétrolette provient du marché européen.

6. « *L'an dernier*, vous dit un syndicaliste de la société Pétrolette, *il y avait encore 750 salariés travaillant en France et depuis, les deux tiers ont été licenciés.* » Combien reste-t-il de salariés chez Pétrolette ?
a. ☐ 250. **c.** ☐ 500.
b. ☐ 350. **d.** ☐ 600.

7. Au cours d'une réunion, le directeur général de la société Pétrolette commente le graphique suivant.

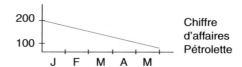

« *Depuis le début de l'année, dit-il, notre chiffre d'affaires _____ .* »
a ☐ *augmente régulièrement*
b. ☐ *s'est stabilisé*
c. ☐ *est en constante diminution*

8. « *Nous cherchons un moyen de motiver nos vendeurs* », vous dit le responsable des ventes. Quel type de rémunération vous semble le plus approprié ?
a. ☐ Un salaire fixe.
b. ☐ Une prime d'ancienneté.
c. ☐ Une commission.

9. « *Je travaille à Paris, mais notre principale unité de production se trouve à Budapest* », vous dit le directeur général de la société Pétrolette. Vous comprenez que _____ se trouve à Budapest.
a. ☐ la plupart des bureaux
b. ☐ l'usine la plus importante
c. ☐ le siège social

10. Votre société vend du matériel aux exploitants agricoles sur l'ensemble du marché européen. Elle cherche à mieux se faire connaître de ses clients. Quel mode de communication vous semble approprié ?
a. ☐ Faire de la publicité à la télévision.
b. ☐ Participer aux différents salons de l'agriculture.
c. ☐ Téléphoner aux clients potentiels.

À la croisée des cultures

SIX MOIS CHEZ PUMPKIN

Lucas est vendeur. Pendant dix ans, il travaille dans une entreprise française, la société Potiron. Il est ensuite embauché par la société Pumpkin, une entreprise américaine installée en France. Mais Lucas ne passe que six mois chez Pumpkin. Le texte ci-contre raconte la courte expérience de Lucas chez Pumpkin.

• **Lisez ce texte.**

• **Puis à l'aide du tableau ci-dessous, comparez Pumpkin et Potiron :**

a. Au point de vue de la distance hiérarchique : courte ou longue ?

b. Au point de vue de la culture : féminine ou masculine ?

• **D'après vous, quelle est l'entreprise la plus efficace ?**

• **Dans quelle entreprise préféreriez-vous travailler ?**

La première fois qu'il rencontre le directeur commercial de Pumpkin, Lucas est surpris par le ton très amical de l'entretien. « *Appelez-moi Tom* », lui dit le directeur. Mais le plus étonnant, c'est que Tom lui propose de fixer lui-même son objectif de vente. Chez Potiron, en effet, les choses étaient différentes : la direction imposait toujours aux vendeurs des objectifs de vente. Évidemment, Lucas se fixe un objectif très bas, au cas où…

Mais peu après son entrée chez Pumpkin, Lucas connaît de sérieux problèmes familiaux : sa femme demande le divorce, son fils tombe gravement malade. Lucas commence à délaisser son travail. Résultat : ses ventes baissent. Tom lui demande de réagir rapidement. Lucas essaye d'expliquer qu'il a des problèmes familiaux, mais Tom ne veut rien entendre. Au bout de six mois, Lucas reçoit une lettre de licenciement signée par Tom.

Chez Potiron, Lucas était pourtant considéré comme un excellent vendeur et en cas de difficultés passagères, son chef se montrait toujours compréhensif.

Distance hiérarchique		Culture	
courte	*longue*	*féminine*	*masculine*
Les supérieurs hiérarchiques sont facilement accessibles. Chacun doit prendre ses responsabilités.	Les supérieurs sont difficilement accessibles. Les supérieurs décident, les subordonnés obéissent.	On se préoccupe des autres et on compatit avec les malheureux.	On admire les gens qui réussissent et on a peu de pitié pour ceux qui échouent.

Source : Geert Hofstede, *Cultures nationales en quatre dimensions.*

7

travail

1 Répartir les tâches

2 Aménager l'espace de travail

3 Résoudre les conflits du travail

4 Travailler à l'étranger

Mes objectifs d'apprentissage

● **Communicatif**
  – identifier le rôle des différents services de l'entreprise, les tâches du secrétariat
  – comparer les différentes façons d'aménager le lieu de travail
  – rédiger un rapport, un e-mail
  – analyser les relations de travail, apporter des solutions aux conflits
  – comparer les conditions de vie et de travail d'un pays à l'autre

● **Linguistique**
  – le subjonctif : formation, principaux emplois
  – la condition : emploi du gérondif et conjonctions *à condition que, pourvu que, à condition de,* etc.
  – le passé simple
  – la concordance des temps

● **Interculturel**
  – séjour à l'étranger et nostalgie du pays : à chacun ses regrets

1 ️ Répartir les tâches

A • Organigramme

Jean-Charles Delamare est le directeur général de la société Saint-Fior, une entreprise française de prêt-à-porter qui emploie 80 salariés.

« Chez Saint-Fior, comme dans toute entreprise, vous trouvez les métiers les plus divers : des stylistes, bien sûr, mais aussi des ouvriers, des comptables, des juristes, des vendeurs, etc. Chacun a un rôle à jouer. Nous prenons soin de répartir et de coordonner les tâches entre les différentes personnes et entre les différents services. »

1 • Trouvez la fonction de chacun des services de la société Saint-Fior.

[3] Ventes	1. Fabrique les vêtements.	
[4] Achats	2. Analyse le marché et conçoit de nouveaux produits.	
[6] Entrepôt	3. Vend les produits de l'entreprise.	
[5] Comptabilité	4. Passe les commandes aux fournisseurs.	paiments / payer
[9] Personnel	5. Établit les factures, effectue et encaisse les règlements.	régler
[7] Accueil-standard	6. Stocke et envoie les marchandises.	
[8] Après-vente	7. Oriente les visiteurs et répond au téléphone.	
[1] Ateliers	8. S'occupe des réclamations des clients.	
[2] Marketing	9. S'occupe de la formation et de l'embauche des salariés.	

2 • Placez chacun des services ci-dessus dans l'organigramme.

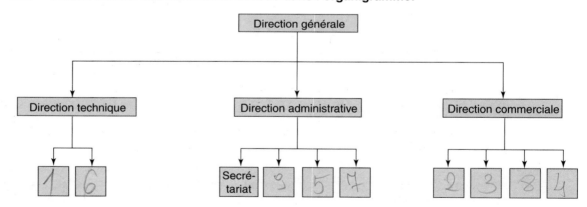

3 • Vous effectuez un stage dans la société Saint-Fior.

L'une de vos tâches consiste à dépouiller chaque matin le courrier de l'entreprise et à le classer en fonction de son destinataire. À quel service faites-vous parvenir chacun des documents suivants ?

1. Les résultats d'une étude de marché. Mark
2. Une lettre de motivation accompagnée d'un curriculum vitae. Per
3. Un chèque en règlement d'une facture. Con

4. Une commande.
5. Un relevé de compte bancaire.
6. Un catalogue d'articles proposés par un fournisseur.

B • Secrétariat

1 • **Charlotte est l'assistante de Jean-Charles Delamare.**

Certaines de ses tâches sont décrites dans le texte suivant. Lisez ce texte et soulignez les verbes au subjonctif. Combien y en a-t-il ? Pourquoi sont-ils au subjonctif ?

> Charlotte avoue tout de suite que son patron, M. Delamare, attend beaucoup d'elle. « *Par exemple,* explique-t-elle, *quand M. Tanaka, notre client japonais, nous rend visite, il faut que je promène Mme Tanaka dans la ville.* » M. Delamare veut aussi qu'elle fasse le café, qu'elle arrose les plantes, qu'elle aille chercher son costume au pressing, qu'elle choisisse et qu'elle achète les cadeaux d'anniversaire de Mme Delamare. Un soir, il lui a même demandé de garder ses enfants. « *M. Delamare est plutôt sympathique,* conclut-elle, *mais je crois qu'il est un peu machiste.* »

2 • **Charlotte effectue également des tâches plus administratives.** Complétez les mentions manquantes en utilisant les verbes suivants au subjonctif : *recevoir, prendre, répondre, écrire, réserver, traduire.*

Il faut aussi qu'elle :

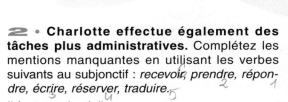

1. _____ au téléphone,
2. _____ les rendez-vous de son patron,
3. _____ des lettres,
4. _____ les places d'avion,
5. _____ des documents du français à l'anglais,
6. _____ les nombreux visiteurs.

3 • **D'après vous, quelles sont les tâches que Charlotte ne devrait pas effectuer ?** Quelles sont celles qu'elle devrait effectuer ? Selon quels critères faites-vous la distinction ? Travaillez à deux.

7.1

4 • **Maryse est l'assistante du directeur commercial. Écoutez-la parler de son travail.**

a. Elle donne trois raisons pour lesquelles elle refuse d'effectuer certaines tâches. Quelles sont ces raisons ?

b. Quel type de travail accepte-t-elle de faire ?

LE SUBJONCTIF

– **Il faut qu'**on **prenne** une décision.
– **Elle veut** que je la **reçoive** sans rendez-vous.

Pour aller plus loin
Points de grammaire nᵒˢ 1 à 5, page 139, exercices A, B.

L'avis du consultant

Il est important qu'une secrétaire sache prendre des notes.

• Qu'en pensez-vous ?

2 Aménager l'espace de travail

A • Saint-Fior

1 • **La société Saint-Fior a son siège avenue des Champs-Élysées, à Paris.**

Pour découvrir ses bureaux, lisez le texte suivant.

Jean-Charles Delamare, directeur général de Saint-Fior, se trouve en ce moment dans son bureau, en plein travail. Il ne peut se concentrer que s'il est seul et que si la porte est fermée.

Charlotte, son assistante, est installée dans le bureau voisin. C'est une pièce plus petite que celle de son patron, mais plus grande que celle de Maryse, l'assistante du directeur commercial. Chez Saint-Fior, chacun a son propre bureau. D'après Jean-Charles, un employé n'est efficace qu'à la condition de pouvoir travailler seul.

Vous pouvez rencontrer Jean-Charles en prenant rendez-vous auprès de son assistante. Pour joindre Charlotte, appelez d'abord l'accueil-standard. Jean-Charles vous recevra pourvu que vous ayez une bonne raison de le rencontrer. C'est un monsieur très occupé.

Dans six mois, Saint-Fior devra déménager. Jean-Charles est à la recherche de nouveaux locaux de travail.

2 • **Complétez les phrases suivantes :**

1. Jean-Charles peut se concentrer pourvu qu(e)… et pourvu qu(e)…
2. Pour Jean-Charles, on travaille efficacement si…
3. Vous pouvez rencontrer Jean-Charles à condition d(e)…
4. Vous pouvez joindre Charlotte en…
5. Jean-Charles vous recevra si…

LA CONDITION

Je travaille n'importe où, **pourvu qu'**il n'y ait pas de bruit.

Pour aller plus loin
Point de grammaire n° 2, page 140, exercice D.

L'avis du consultant

Si on est motivé, on peut travailler dans n'importe quelle condition.

• Qu'en pensez-vous ?

B • Tokyo Blouse

Aujourd'hui, Jean-Charles Delamare est au Japon. Il visite Tokyo Blouse, une entreprise spécialisée dans la confection féminine haut de gamme. À sa grande surprise, il découvre que le bureau du directeur est une pièce de taille moyenne dans laquelle travaillent une quinzaine de personnes. Chacun dispose d'un ordinateur et d'un téléphone.

« N'êtes-vous pas gêné par le bruit ? Ne préféreriez-vous pas travailler seul ? » demande Jean-Charles. « Non, répond son hôte, *je préfère être avec mes employés, chacun sait ce que les autres font ; être ensemble facilite la communication, les informations circulent ainsi plus vite.* »

1 • **Saint-Fior et Tokyo Blouse ont aménagé leur espace de travail de manière différente.**

a. Indiquez si les déclarations suivantes ont été entendues chez Saint-Fior ou/et chez Tokyo Blouse.

	SAINT-FIOR	TOKYO BLOUSE
1. Ici, au moins, on peut se concentrer facilement.	☐	☐
2. Notre installation est très économique.	☐	☐
3. Je me sens un peu isolé dans ce bureau.	☐	☐
4. On est obligé de se déplacer sans arrêt.	☐	☐
5. Quand un visiteur nous rend visite, il peut immédiatement distinguer les chefs des subordonnés.	☐	☐
6. Chez nous, on respecte l'intimité de chacun.	☐	☐
7. Notre organisation est adaptée à notre culture.	☐	☐

b. Indiquez, en justifiant votre choix, quel type d'organisation :

8. favorise la communication entre les salariés.	☐	☐
9. permet aux supérieurs hiérarchiques de mieux contrôler et évaluer leurs subordonnés.	☐	☐

2 • **Connaissez-vous d'autres façons d'aménager l'espace de travail ? Quels en sont les avantages et les inconvénients ?**

3 • **De retour à Paris, Jean-Charles Delamare souhaite repenser l'aménagement de l'espace de travail.**

Il vous demande de rédiger un bref rapport à ce sujet. Rédigez ce document à l'aide du modèle ci-contre.

De :
À : M. J.-C. Delamare,
Directeur général
Paris, le.............

Rapport sur l'aménagement de l'espace de travail

Monsieur le Directeur,
À la suite de votre demande du..., je vous présente mes observations sur l'aménagement du futur espace de travail de Saint-Fior.
– **Avantages de l'aménagement actuel**
– **Inconvénients**
– **Propositions**
Je reste à votre disposition, Monsieur le Directeur, pour tout renseignement complémentaire.

Signature

Résoudre les conflits du travail

A • Établissements Croquard

1 • Camille et Vincent travaillent aux Établissements Croquard, un fabricant de gâteaux secs employant 34 salariés. Lisez ce qu'ils déclarent.

CAMILLE, RESPONSABLE COMMERCIALE

À la production, ils sont obsédés par les problèmes techniques. Ils prétendent que nous, les commerciaux, demandons toujours des « trucs » inutiles. Mais nous, c'est le marché qui nous intéresse et nous connaissons bien nos clients. Eux, ils ignorent totalement les besoins du client.

VINCENT, COMPTABLE

Ce matin, j'ai refusé de rembourser les frais de déplacement d'un vendeur. Le problème, c'est qu'il n'avait pas de facture. Je lui ai dit : « Écoute, Marcel, pas de facture, pas de remboursement. » Il est parti en colère. Mais s'il y a un trou dans la caisse, c'est moi le responsable, pas lui.

a. Chacune de ces personnes a un conflit avec un ou plusieurs salariés de l'entreprise. Avec qui ? Quel est le problème ?

b. Y a-t-il une cause commune aux deux situations ?

2 • Béatrice est directrice des Établissement Croquard depuis un an. Elle a des relations difficiles avec Adrien, son adjoint.

a. Lisez ce qu'elle déclare. À votre avis, quel est le problème avec Adrien ?

BÉATRICE, DIRECTRICE

J'ai commencé ma carrière comme simple vendeuse, et maintenant, je suis à la tête des Établissements Croquard. Jusqu'à ma nomination comme directrice, j'ai toujours occupé des fonctions commerciales. Une chose que je n'aime pas, c'est la paperasse. Je ne m'entends pas très bien avec Adrien, mon adjoint. Je ne sais pas exactement ce qu'il me reproche, mais je sais qu'il ne m'apprécie pas.

7.2 **b.** Écoutez Adrien. Quel(s) problème(s) mentionne-t-il ? Quelles solutions proposez-vous ?

L'avis du consultant

Pour résoudre les différents conflits qui se multiplient depuis plusieurs mois chez Croquard, je propose d'organiser un pique-nique obligatoire pour tout le personnel.

• Que pensez-vous de cette proposition ?
• Avez-vous d'autres propositions à faire ?

B • Laboratoires Techgène

L'histoire racontée dans le texte suivant se passe chez Techgène, une entreprise belge spécialisée dans la recherche en biotechnologie.

1 • Lisez ce texte et mettez tous les verbes entre parenthèses au passé simple.

Il y a deux semaines, Fabien, directeur des ressources humaines de Techgène, (1) _____ *(recevoir)* une réclamation de Maude, une assistante de laboratoire. Cette dernière prétendait que Léo, le responsable du laboratoire, lui menait la vie impossible parce qu'elle refusait d'avoir une relation amoureuse avec lui. Visiblement troublée, elle (2) _____ *(demander)* le licenciement de son patron.

Fabien (3) _____ *(faire)* une petite enquête. Plusieurs personnes (4) _____ *(témoigner)* en faveur de Maude. Léo lui-même (5) _____ *(reconnaître)* qu'il avait « taquiné » son assistante.

Léo travaillait au laboratoire depuis une quinzaine d'années. Dans le monde très spécialisé de la biotechnologie, il n'y avait probablement pas plus de 20 personnes dans le monde capables de faire son travail. Maude travaillait chez Techgène seulement depuis trois mois.

Fabien (6) _____ *(proposer)* à Maude de la muter dans un autre service. Elle (7) _____ *(refuser)* tout net. « *Si quelqu'un doit partir*, (8) _____ *(dire)* elle, *c'est lui.* » Le lendemain, l'avocat de Maude (9) _____ *(téléphoner)* à Fabien. « *Si vous ne licenciez pas Léo*, (10) _____ *(menacer)*-t-il, *nous poursuivrons Techgène en justice.* »

2 • Imaginez que vous soyez Fabien.
À sa place, quelle décision prendriez-vous ? Pourquoi ? Travaillez par groupe de trois ou quatre personnes.

3 • À l'aide du modèle ci-contre, rédigez un rapport à l'attention de Mme Gabrielle Beautemps, directrice générale de Techgène.

LE PASSÉ SIMPLE

Il ne s'emploie qu'à l'écrit et le plus souvent, à la troisième personne. A l'oral il est remplacé par le passé composé.

- **parler**   il/elle parl**a**
                ils/elles parl**èrent**
- **finir**   il/elle fin**it**
                ils/elles fin**irent**
- **connaître**   il connut, ils connurent
- **apercevoir**   il aperçut, ils aperçurent
- **faire**   il fit, ils firent
- **dire**   il dit, ils dirent
- **avoir**   il eut, ils eurent
- **être**   il fut, ils furent

De : Fabien VITTEL,
Directeur des Ressources humaines
À : …
Bruxelles, le…

Rapport sur le conflit Léo / Maude

Madame la Directrice,
À la suite de votre demande du…, je vous présente mes observations sur le conflit qui oppose Léo et Maude.

- **Les faits**
- **Conclusion : Y a-t-il eu harcèlement ?**
- **Arguments en faveur du licenciement**
- **Arguments contre le licenciement**
- **Propositions**

Je reste à votre disposition, Madame la Directrice, pour tout renseignement complémentaire.

4 Travailler à l'étranger

A • Prix et salaires

1 • Andrej est russe. Dans le message suivant, il pose des questions aux participants d'un forum Internet. Il commet quelques fautes de français. Les verbes soulignés ne sont pas écrits à un temps correct. Pouvez-vous corriger les fautes ?

Objet: Travail à Paris
De: andrej@aol.com
A: Tout le monde.

J'ai dit à un Français, de passage à Moscou, que je <u>cherche</u> du travail à l'étranger. Je lui ai expliqué que j'<u>ai</u> une formation d'ingénieur mécanique et six ans d'expérience professionnelle dans mon pays. Il m'a répondu que je <u>trouverai</u> facilement un emploi à Paris et que je <u>peux</u> gagner un bon salaire. Mais combien ? J'ai entendu dire que les Français <u>travaillent</u> beaucoup moins que nous et qu'ils <u>prennent</u> beaucoup de vacances. Est-ce vrai ?
J'ai aussi entendu dire que la vie <u>est</u> très chère en France. Quel est, par exemple, le montant des loyers à Paris ?
Merci à celui qui voudra bien me répondre.

Andrej

2 • Consultez les deux documents suivants.

Que pouvez-vous répondre à Andrej ?

Revenu du travail d'un ingénieur (1)

Villes	Revenu annuel net (2) (en euros)	Heures de travail annuelles	Congés annuels (en jours payés)
Francfort	30 800	1 680	30
Paris	31 600	1 558	28
Moscou	1 900	1 843	20
Mexico	11 300	2 170	13
New York	49 100	1 887	17
Shanghai	5 800	1 989	15

(1) Travaillant dans une grande entreprise électronique ; au moins quatre années d'expérience professionnelle ; 35 ans environ.
(2) Revenu net = revenu – (impôts + cotisations sociales)

Locations

STUDIOS
Paris XVIIe – Studio
36 m², meublé et refait à neuf – 530 €/mois, charges comprises – 06 12 38 41 16
2 PIÈCES
Paris XIIe, 42 m², dans bel imm., ét. élevé, clair, calme, confortable – 720 € – 06 69 04 16 66.

3 • D'après les données du tableau, peut-on dire que ceux qui travaillent le plus gagnent le plus ? Pourquoi en est-il ainsi ?

4 • Imaginez que le message d'Andrej concerne votre pays et répondez-y.

B • Compétitivité du pays

1 • **Pour être compétitif, un pays doit savoir attirer des travailleurs compétents.**

D'après vous, quels sont les avantages et les inconvénients de vivre en France ?

2 • **L'un de vos amis envisage de travailler en France.**

À l'aide du texte suivant, que répondez-vous à ses questions ?

a. Est-il conseillé de se déplacer en train ?

b. Est-il avantageux de travailler avec des Français ?

c. Est-ce que je gagnerai beaucoup d'argent ?

d. À quels types de problèmes dois-je m'attendre ?

> **Compétitivité :**
> Capacité de l'économie d'un pays, d'une entreprise, d'un produit, d'un prix, de résister à la concurrence.
>
> www.granddictionnaire.com

VIVRE ET TRAVAILLER EN FRANCE

La France a beaucoup d'atouts, mais presque autant de défauts. C'est ce qui ressort d'une enquête réalisée par le cabinet Socorex auprès de 200 dirigeants étrangers travaillant en France. Ces cadres étrangers estiment d'abord que « *tout le monde a envie de vivre en France* ». Ils mettent en avant la qualité de la vie, ils citent la gastronomie, la beauté des villes et des campagnes, les richesses culturelles. Les routes et les trains leur paraissent excellents, même s'ils déplorent les nombreuses grèves dans les transports publics et les nombreux embouteillages dans les rues de la capitale. Ils pensent que la main d'œuvre est qualifiée et consciencieuse. La taille et le dynamisme du marché constituent également, à leurs yeux, un « *atout majeur* ».

Mais il y a aussi les handicaps. Tous citent le même défaut : l'État n'aime pas les entreprises. D'après eux, il y a trop de formalités administratives et trop d'impôts. De plus, disent-ils, les lois changent sans arrêt, ce qu'ils ont du mal à supporter. D'une façon générale, ils trouvent que les Français n'aiment pas les gens qui réussissent. Pour un Français, disent-ils, celui qui gagne de l'argent est suspect. À ce sujet, d'ailleurs, les cadres étrangers considèrent qu'en France, leur salaire n'est pas assez élevé. ∎

3 • **Vous avez reçu le message suivant d'un ami français.**

Répondez-lui en présentant les atouts et les faiblesses de votre pays.

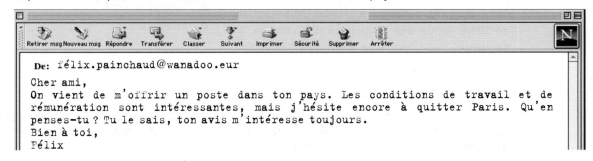

De: félix.painchaud@wanadoo.eur

Cher ami,
On vient de m'offrir un poste dans ton pays. Les conditions de travail et de rémunération sont intéressantes, mais j'hésite encore à quitter Paris. Qu'en penses-tu ? Tu le sais, ton avis m'intéresse toujours.
Bien à toi,
Félix

Faire le point

A. Le point de grammaire

1. Il faudra qu'elle _____ un métier.
a. ☐ choisit
b. ☐ choisisse
c. ☐ choisira
d. ☐ choisirait

2. Il faudrait qu'on _____ rapidement au travail.
a. ☐ se met
b. ☐ se mette
c. ☐ se mettent
d. ☐ se mettrait

3. Il vaudrait mieux que tu _____ autre chose.
a. ☐ fais
b. ☐ feras
c. ☐ ferais
d. ☐ fasses

4. Il est clair que la situation _____ difficile.
a. ☐ est
b. ☐ soit
c. ☐ ait été
d. ☐ eut été

5. Ils sont heureux que leur fils _____ ses examens.
a. ☐ réussit
b. ☐ réussira
c. ☐ a réussi
d. ☐ ait réussi

6. J'espère qu'on _____ prendre quelques jours de vacances cette année.
a. ☐ pourra
b. ☐ pourrait
c. ☐ puisse
d. ☐ ait pu

7. Karl Marx naquit à Trèves (Allemagne) en 1818. Après des études de philosophie, il se tourn_____ vers le journalisme. C'est à Bruxelles, en 1845, qu'il rédigea le célèbre *Manifeste du parti communiste*. Il mourut en 1883.
a. ☐ a
b. ☐ ut
c. ☐ at
d. ☐ é

8. Je vous appellerai ce soir, _____ ne soit pas trop tard.
a. ☐ à moins qu'il
b. ☐ à condition qu'il
c. ☐ dans le cas où il
d. ☐ sauf s'il

9. J'arriverai à l'heure, _____ y ait des embouteillages.
a. ☐ à moins qu'il
b. ☐ à condition qu'il
c. ☐ pourvu qu'il
d. ☐ sauf s'il

10. Ils ont dit que l'avion _____ avec une heure de retard.
a. ☐ part
b. ☐ partira
c. ☐ partirait
d. ☐ est parti

11. J'ai appris que tu _____ à la réunion de demain.
a. ☐ n'assistes pas
b. ☐ n'assisteras pas
c. ☐ n'assisterais pas
d. ☐ n'aurais pas assisté

12. Il nous a avoué que ce tableau _____ un faux.
a. ☐ soit
b. ☐ était
c. ☐ serait
d. ☐ avait été

13. Elle n'a pas voulu que je _____.
a. ☐ viens
b. ☐ vienne
c. ☐ viendrai
d. ☐ viendrais

14. Il m'a assuré qu'il _____ au bureau hier.
a. ☐ passe
b. ☐ passait
c. ☐ est passé
d. ☐ était passé

B. Le bon choix

1. 7.3 La direction de l'entreprise Pétrolette a l'intention de créer un espace de bureaux totalement ouvert. Écoutez le représentant des salariés donner son point de vue sur ce projet. Qu'en pense-t-il ?
a. ☐ Il est très favorable.
b. ☐ Il est plutôt favorable.
c. ☐ Il est contre.
d. ☐ Il ne se prononce pas.

2. 7.4 Un autre salarié donne son point de vue sur le projet d'espace ouvert. Écoutez-le. Qu'en pense-t-il ?
a. ☐ Il est très favorable.
b. ☐ Il est plutôt favorable.
c. ☐ Il est contre.
d. ☐ Il ne se prononce pas.

3. 7.5 John est américain. Il vit à Paris depuis deux ans. Pour lui, ce n'est pas toujours facile de travailler avec des Français. Écoutez-le parler de son travail. Qu'est-ce qui le gêne le plus ?
a. ☐ Les bavardages des Français.
b. ☐ Les déjeuners d'affaires interminables.
c. ☐ L'absence de ponctualité de ses collègues.
d. ☐ Le trop grand nombre de réunions.

4. 7.6 Christine a enquêté sur les problèmes d'expatriation. Elle prétend que de nombreux cadres envoyés à l'étranger par leur entreprise reviennent plus tôt que prévu. Écoutez Christine. D'après elle, la cause principale des ces retours précipités est liée _____ .
a. ☐ à la famille
b. ☐ à la langue
c. ☐ au climat
d. ☐ au mode de vie

5. *« Nous ne pouvons pas nous endetter davantage »*, **vous dit le directeur** _____ .
a. ☐ financier   c. ☐ administratif
b. ☐ commercial   d. ☐ du personnel

6. Un client passe commande à Pétrolette. À quel service doit-il adresser cette commande ?
a. ☐ Achats.
b ☐ Ventes.
c. ☐ Personnel.
d. ☐ Comptabilité.

7. M. Pontillon, qui travaille comme ingénieur chez Pétrolette, dépend de la direction _____ .
a. ☐ générale
b. ☐ administrative
c. ☐ commerciale
d. ☐ technique

8. Un fournisseur envoie à la société Pétrolette son dernier catalogue. Quel est le service de Pétrolette intéressé par ce document ?
a. ☐ Achats.
b. ☐ Ventes.
c. ☐ Personnel.
d. ☐ Comptabilité.

9. Florence est l'assistante du directeur commercial de la société Pétrolette. Parmi ses nombreuses tâches, elle doit notamment _____ .
a. ☐ faire le ménage
b. ☐ établir les plans de formation
c. ☐ rédiger le compte rendu des réunions
d. ☐ établir les factures

10. *« David passe son temps à écrire des rapports que personne ne lit »*, **vous dit Florence. D'après elle, David ne s'intéresse qu'au travail** _____ .
a. ☐ administratif
b. ☐ technique
c. ☐ commercial
d. ☐ comptable

À la croisée des cultures

Daniel, un ingénieur français, travaille depuis trois mois dans une entreprise suédoise à Stockholm. Dans la lettre ci-dessous, il écrit à l'un de ses amis français.

• **À partir de cette lettre, quelles comparaisons pouvez-vous faire entre les cultures française et suédoise ?**

• **Et si Daniel travaillait dans votre pays ? Imaginez et rédigez la lettre qu'il écrirait à son ami.**

Stockholm, le 10 février

Cher ami,

Merci pour ta bonne lettre. Après trois mois en Suède, la France commence à me manquer. C'est l'hiver à Stockholm. Il fait un froid de canard.

Comme tu sais, les Suédois sont des gens sérieux. Plus sérieux que moi, en tout cas. Je fais des efforts pour respecter leurs règles, très nombreuses, pour arriver à l'heure à mes rendez-vous, etc.

Les repas d'affaires me semblent un peu ennuyeux. On se nourrit à toute vitesse en parlant du problème à résoudre. Quand on parle... Parce que, à l'exception de Max, mes collègues suédois ne parlent que s'ils ont quelque chose à dire. Ce qui les intéresse, c'est le résultat, ils veulent du concret. Pour toi qui aimes tellement râler et bavarder de tout et de n'importe quoi, cette vie serait un peu difficile.

Ici il faut faire très attention à ce que les autres vont dire et penser. Quand ils discutent, les Français font souvent tout leur possible pour se disputer. Les Suédois, au contraire, ont horreur des conflits et il ne faut jamais se montrer autoritaire. Tout le monde doit être sur un pied d'égalité. Au travail, par exemple, on s'appelle tous par nos prénoms. On prend tous l'avion en classe touriste et on descend tous dans les mêmes hôtels (bon marché).

Mais ne va pas croire que les Suédois sont des gens modestes. Au fond, ils sont persuadés qu'ils sont les meilleurs. Ils ont au moins ça en commun avec nous les Français.

À toi, bien amicalement,

Daniel

8

recherche d'emploi

1 Consulter les offres d'emploi

2 Expliquer ses motivations

3 Rédiger un curriculum vitae

4 Passer un entretien d'embauche

Mes objectifs d'apprentissage

● **Communicatif**
  – consulter/analyser/rédiger une petite annonce
  – donner des conseils
  – découvrir ses motivations
  – rédiger une lettre de motivation
  – examiner/sélectionner/rédiger un curriculum vitae
  – préparer/analyser/passer/faire passer un entretien d'embauche
  – sélectionner un candidat

● **Linguistique**
  – le subjonctif : emploi après un pronom relatif
  – l'accord du participe passé
  – le conditionnel passé

● **Interculturel**
  – recherche d'emploi d'un pays à l'autre : à chacun ses méthodes

1 Consulter les offres d'emploi

A • Examiner une petite annonce

Vous cherchez un emploi. Une solution parmi d'autres : consulter les petites annonces.

1 • **Lisez les informations ci-dessous.**

> ### Une offre d'emploi contient nécessairement
>
> – l'indication du poste à occuper,
> – les modalités de réponse (comment et à qui répondre).
>   Souvent aussi elle comporte les informations suivantes :
> – la présentation de l'employeur : activité, position sur le marché, etc.,
> – le profil du poste (tâches proposées),
> – les possibilités d'évolution,
> – le profil souhaité du candidat (compétences, qualités, formation, âge, etc.),
> – la durée du contrat proposé,
> – le lieu de travail,
> – les conditions de travail (horaires, salaire, congés, avantages divers).

2 • **Retrouvez les informations qui figurent dans l'annonce suivante et placez-les face aux flèches. La solution est donnée pour la première information.**

Cabinet d'avocats installé à PARIS
⟵ 1. *Présentation de l'employeur.*
⟵ 2. _____

recrute une

hôtesse d'accueil
⟵ 3. _____

● Excellente présentation, goût du contact, professionnelle, discrète, très bon niveau d'anglais, connaissances d'allemand appréciées.
⟵ 4. _____

● Accueil et renseignements des visiteurs. Réservation de salles de réunion, de billets d'avion, tri du courrier. Beaucoup de relations avec l'international.
⟵ 5. _____

Horaires de travail : 9h-12h/13 h-17 h
⟵ 6. _____

Adresser lettre manuscrite, CV, photo sous référence 543 à Françoise Deville, Agence KIRECRUTE - 15 rue de Grenelle - 75015 Paris
⟵ 7. _____

B • Rédiger une petite annonce

1 • Prenez connaissance des deux annonces suivantes.

Pour chacune d'elles, recherchez les informations correspondant aux différentes parties étudiées à la page précédente : indication du poste, modalités de réponse, présentation de l'employeur, etc.

ANNONCE 1

**JEUNES DIPLÔMÉS,
CONSTRUISEZ
VOTRE IMAGE !**

Nous sommes une société leader,
numéro 1 sur notre marché : 50 M€
de chiffre d'affaires – 800 personnes.
Notre métier : **LA PHOTO**
Nos clients : **DES PROS**
Poursuivant notre expansion,
nous recherchons plusieurs

COMMERCIAUX

pour renforcer nos équipes dans la région Nord.
Vous avez un bac + 2 et/ou une première
expérience et l'ambition de réussir.
Avec nous, vous apprendrez à :
– développer les ventes, gérer un secteur
  de clientèle, conseiller vos interlocuteurs,
– évoluer en équipe, vous former aux méthodes
  les plus modernes.

Contactez notre consultant Guillaume Perrec sous réf. 520
GLMS – 67, rue de la Délivrance – 14000 CAEN

ANNONCE 2

**GROUPE LEADER DANS LA GRANDE
DISTRIBUTION RECHERCHE**

3 Assistants H/F
Marketing international

Nous recherchons des personnes de langue
anglaise ou espagnole possédant une première
expérience dans la traduction et/ou dans le
marketing.
Votre mission sera d'effectuer des traductions,
de la relecture de textes, d'assurer les relations
avec nos clients.
La maîtrise des outils informatiques Word et
Excel serait appréciée.
Poste situé dans la région parisienne.
Dynamique et organisé, vous possédez un très
bon sens des relations.

Merci d'adresser votre candidature
(lettre de motivation et CV) s/réf.
BCG à MINERVE,
3 rue du Lac, 77100 MELUN

2 • Mettez les verbes au subjonctif.

Nous recherchons une hôtesse d'accueil qui
(pouvoir) _____ travailler le week-end, qui
(connaître) _____ l'italien, qui *(avoir)* _____
le goût du contact, qui *(être)* _____ discrète,
qui *(savoir)* _____ garder le sourire en toute
circonstance.

3 • Imaginez et rédigez la petite annonce de vos rêves.

Rédigez celle qui correspondrait précisément à
votre profil et qui proposerait un poste que vous
aimeriez occuper, dans une entreprise francophone où vous aimeriez travailler.

LE SUBJONCTIF

–Je cherche un collaborateur **sur qui** je
puisse compter.

Pour aller plus loin
Point de grammaire n° 6, page 139.

L'avis du consultant

Pour trouver un bon travail, il faut avoir des relations.

• Qu'en pensez-vous ?

2 Expliquer ses motivations

A • Découvrir ses motivations

1 • **Chacun a, quelquefois bien cachés, ses propres objectifs.**

a. À l'aide du tableau ci-contre, complétez les phrases de la colonne A avec les mots ou expressions suivants : *cherchez, essayez, proposez, évitez, tâchant, un objectif, l'intention, de manière à.*

b. Puis faites correspondre ces phrases aux mots de la colonne B.

L'EXPRESSION DU BUT

– **Il cherche à** bien faire.
– **Tâchez d**'arriver à l'heure !
– Elle **s'est proposée de** l'aider.
– Je dois travailler **pour** vivre.
– J'insiste **pour que** vous acceptiez ce travail.

Pour aller plus loin
Point de grammaire n° 1, page 142, exercice A.

A		B
1. Vous vous _____ de rendre service. Vous avez _____ précis : travailler au sein d'une communauté et vous efforcez d'aider les autres.	*c*	a. Sécurité
2. Vous _____ d'avoir de l'influence sur la vie et le comportement des autres.	...	b. Autonomie
3. Vous n'aimez pas l'imprévu. Vous avez _____ d'épargner _____ pouvoir résister aux situations difficiles.	...	c. Dévouement
4. Vous _____ d'être contrôlé(e) ou dirigé(e) par quelqu'un d'autre.	...	d. Statut
5. Vous _____ à appartenir à une certaine classe sociale en _____ d'en prendre les habitudes.	...	e. Pouvoir

---

2 • **Jean-Marc travaille à Londres.** Il est directeur financier dans une grande entreprise. Lisez ce qu'il dit ci-dessous. À votre avis, que recherche-t-il en priorité ? Pourquoi ?

« J'ai grandi en France, dans une petite ville de province. Mon père était ouvrier et ma mère travaillait comme vendeuse dans un magasin de vêtements. Comme j'étais un bon élève à l'école et que j'ai toujours été très travailleur, j'ai pu faire des études supérieures. Après mes études, je suis monté à Paris. Je voulais faire du cinéma, je rêvais de devenir une star. Mais ça n'a pas marché. J'ai épousé la petite-fille d'un célèbre romancier anglais et j'ai déménagé à Londres. Nous avons acheté une grande maison dans un bon quartier. Nous avons un fils, Paul, qui va dans une des meilleures écoles du pays et avec qui je joue au golf tous les dimanches. » ■

---

3 • **À votre avis, que recherche en priorité :**
– le chef d'une petite entreprise ?
– une infirmière ?
– un médecin ?
– un acteur de cinéma ?

B • Rédiger une lettre de motivation

1 • **En réponse à l'offre d'emploi de la page 94, l'agence Kirecrute a reçu la lettre suivante.**

Cette lettre est bien écrite, mais elle contient malheureusement 11 fautes d'orthographe. À vous de trouver et de corriger ces 11 fautes.

> ## L'ACCORD DU PARTICIPE PASSÉ
>
> – Elle a envoy**é** la lettre qu'elle avait écrit**e** la semaine dernière.
> – Elles sont all**ées** chez les gens qu'elles ont rencontr**és** hier.
>
> ***Pour aller plus loin***
> *Exercice page 145.*

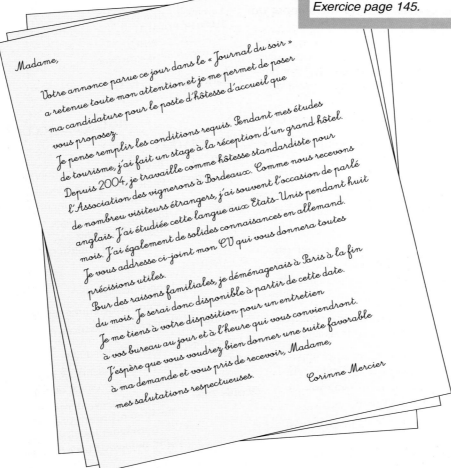

Madame,

Votre annonce parue ce jour dans le « Journal du soir » a retenue toute mon attention et je me permet de poser ma candidature pour le poste d'hôtesse d'accueil que vous proposez.

Je pense remplir les conditions requis. Pendant mes études de tourisme, j'ai fait un stage à la réception d'un grand hôtel. Depuis 2004, je travaille comme hôtesse standardiste pour l'Association des vignerons à Bordeaux. Comme nous recevons de nombreu visiteurs étrangers, j'ai souvent l'occasion de parlé anglais. J'ai étudiée cette langue aux États-Unis pendant huit mois. J'ai également de solides connaisances en allemand.

Je vous addresse ci-joint mon CV qui vous donnera toutes précisions utiles.

Pour des raisons familiales, je déménagerais à Paris à la fin du mois. Je serai donc disponible à partir de cette date.

Je me tiens à votre disposition pour un entretien à vos bureau au jour et à l'heure qui vous conviendront.

J'espère que vous voudrez bien donner une suite favorable à ma demande et vous pris de recevoir, Madame, mes salutations respectueuses.

Corinne Mercier

2 • **Dites où sont présentées, dans la lettre, les idées suivantes.**

a. Rappeler l'annonce et indiquer l'intérêt qu'on y porte.
b. Proposer une éventuelle rencontre.
c. Demander le poste.
d. Préciser qu'un CV est joint.
e. Insister sur les qualifications du candidat par rapport au poste.
À votre avis, quel est le paragraphe le plus difficile à rédiger ? Pourquoi ?

3 • **Rédigez une lettre de motivation en réponse à la petite annonce de vos rêves (exercice 3, page 95).**

L'avis du consultant

Pour motiver les travailleurs, il suffit de bien les payer.

• Qu'en pensez-vous ?

3 Rédiger un curriculum vitae

À la suite de la petite annonce de la page 94, l'agence Kirecrute a reçu les CV de Corinne et de Nadia.

A • Conseils

1 • Pour rédiger son CV, Corinne a demandé conseil à un professionnel du recrutement.

Voici, ci-dessous, les conseils qu'elle a reçus. Vérifiez qu'elle les a bien tous suivis et, si besoin, apportez à son CV les corrections nécessaires. La solution est donnée pour le premier.

---8 conseils pour rédiger un CV---

1. Un CV doit tenir sur une page. Vous devez avoir l'esprit de synthèse.
   Bravo à Corinne ! Elle a réussi à rédiger son CV sur une seule page.

2. Il est inutile d'écrire le titre « curriculum vitae » sur votre CV.

3. Je vous conseille de commencer par votre prénom, puis votre nom. Il vaut mieux que vous écriviez votre nom en majuscules.

4. Mieux vaut écrire son âge en chiffres que de donner sa date de naissance.

5. Il est inutile de préciser votre appartenance politique, syndicale, religieuse. Ce type d'information ne regarde pas le recruteur.

6. Ne mentionnez pas l'adresse de vos précédents employeurs. Le nom de la société, son activité et sa localisation géographique suffisent.

7. Pour vos loisirs, vous avez intérêt à éviter les banalités qui ne vous distingueront pas des autres candidats.

8. On ne signe pas un CV. Réservez votre signature pour votre lettre de motivation.

Mercier Corinne
3 avenue Chaban
33000 BORDEAUX
Tél. 04 28 53 20 10
cmercier@club-internet.eur

Mariée, 24 ans

HÔTESSE D'ACCUEIL

■ **FORMATION**

2000	Baccalauréat professionnel
2001-2002	École supérieure de tourisme (EST), Bordeaux Diplôme de l'EST, mention Très bien
2003	Institute of Languages Boston, États-Unis Certificate of English (8 mois d'études)

■ **LANGUES**

Français	Langue maternelle
Anglais	Lu, écrit, parlé couramment (1 an aux États-Unis)
Allemand	Bonnes connaissances (5 ans d'études)

■ **EXPÉRIENCE PROFESSIONNELLE**

2002	Hôtel Rix, Bordeaux (3, avenue du Lac) Réceptionniste (stage de trois mois)
Depuis 2004	Association des vignerons, Bordeaux Hôtesse standardiste, chargée d'accueillir et de renseigner les visiteurs, d'orienter les appels téléphoniques, de trier le courrier.

■ **ACTIVITÉS EXTRA-PROFESSIONNELLES**

Lecture, voyages, cinéma. Membre actif des *Croix de Bois* (Association musicale catholique).

2 • Relevez les expressions utilisées ci-dessus par le professionnel du recrutement pour donner des conseils. En connaissez-vous d'autres ?

B • Sélection

Nadia LAVIGNE
77 Hammersmith Road
Londres – W6
Tél. (00 44) 1817489667
nadguied@aol.com
30 ans, célibataire
de nationalité française

EXPÉRIENCES

Depuis 2004   *Hôtesse d'accueil à Londres*

International Business Center
• Réception et informations des visiteurs
• Organisation des visites
• Renseignements téléphoniques
Une activité qui nécessite un sens relationnel, où l'on défend également l'image de l'organisation.

2003 (Berlin)   *Animatrice dans une halte-garderie (Kindergarten)*

• Contact humain et psychologie enfantine
• Organisation de manifestations enfantines
Un poste en contact direct avec les enfants et leurs parents : très agréable !

2002 (Lyon)   *Aide aux personnes âgées*

• Aide et soutien aux personnes âgées
Une expérience très enrichissante, qui nécessite de la philosophie et du dynamisme.

2001 (Paris)   *Animatrice radio*

• Stage de formation de six mois
Une activité sympathique qui permet d'apprendre à s'exprimer et à animer des soirées. Un plus !

FORMATION

Études

• Baccalauréat littéraire
• 1re année de secrétariat de direction

Langues

• Anglais : courant (pratique quotidienne depuis 2004)
• Allemand : courant (séjour d'un an en Allemagne)

DIVERS

Je suis sportive (basket), j'aime le bricolage et je ne me fais pas de souci pour rien.

---

1 • Vous travaillez à l'agence Kirecrute. Vous devez choisir entre Corinne et Nadia. Laquelle convoquez-vous à un entretien d'embauche ? Pourquoi ? Prenez votre décision à deux.

2 • En réponse à la « petite annonce de vos rêves » (exercice 3, page 95), rédigez votre CV.

L'avis du consultant

Dans un CV, il faut dire toute la vérité.

• Qu'en pensez-vous ?

4 Passer un entretien d'embauche

A • Préparation

Vous êtes convoqué(e) à un entretien d'embauche pour un poste à l'accueil-standard d'une entreprise. Il faut vous préparer.

Voici ci-dessous quelques questions fréquemment posées par un recruteur. Pour chaque question, indiquez la réponse que vous préférez, en expliquant votre choix. Si aucune des réponses ne vous convient, proposez-en une autre.

---------- **Préparez-vous** ----------

1. Pourquoi voulez-vous quitter votre employeur actuel ?
- ☐ a. Je ne m'entends pas avec le directeur.
- ☐ b. Je souhaiterais me rapprocher de mon domicile.
- ☐ c. Mon travail actuel ne m'intéresse pas beaucoup.

2. Qu'est-ce qui vous intéresse dans l'emploi que nous proposons ?
- ☐ a. Le travail lui-même et les perspectives de promotion.
- ☐ b. Tout le monde souhaite travailler dans votre entreprise.
- ☐ c. J'adore votre entreprise, ses produits, sa culture, son secteur d'activité.

3. Avez-vous envoyé votre candidature à d'autres entreprises ?
- ☐ a. Non, vous êtes la seule qui m'intéresse.
- ☐ b. Oui, j'ai proposé mes services à la société Bouillon.
- ☐ c. À vrai dire, j'ai écrit à une centaine d'entreprises.

4. Quelles sont vos qualités ?
- ☐ a. On me reconnaît généralement des qualités de dynamisme et d'organisation.
- ☐ b. Je suis trop modeste pour répondre à cette question.
- ☐ c. On dit que je suis plus intelligent(e) que la moyenne.

5. Et vos défauts ?
- ☐ a. Je suis obstiné(e) : quand j'ai commencé quelque chose, je veux aller jusqu'au bout.
- ☐ b. Il faudrait poser cette question à mon directeur.
- ☐ c. Je suis peut-être un peu désorganisé(e).

6. Préférez-vous travailler seul(e) ou en équipe ?
- ☐ a. En équipe, si l'équipe est motivée.
- ☐ b. L'un et l'autre, d'ailleurs le travail en équipe se prépare d'abord seul.
- ☐ c. Je préfère travailler avec d'autres, je n'aime pas la solitude.

7. Quelles sont vos activités extra professionnelles ?
- ☐ a. Hélas, je travaille trop, je n'ai pas de loisirs.
- ☐ b. Je joue chaque jour au tennis.
- ☐ c. J'aime beaucoup la pêche et la sieste.

8. Quel salaire demandez-vous ?
- ☐ a. Qu'est-ce que vous me proposez ?
- ☐ b. 25 000 euros par an.
- ☐ c. Entre 20 000 et 25 000 euros.

9. Avez-vous une question à me poser ?
- ☐ a. Non, je crois que tout est bien clair.
- ☐ b. Oui, dans combien de temps pensez-vous me donner une réponse ?
- ☐ c. Que pensez-vous des perspectives de votre entreprise ?

B • Sélection

1 • Lorsqu'elle fait passer un entretien d'embauche, Mme Labeur, de l'agence Kirecrute, respecte généralement les règles suivantes.

Êtes-vous d'accord avec chacune de ces règles ? Pourquoi ?

	D'ACCORD	PAS D'ACCORD
1. Pour détendre l'atmosphère, je commence toujours l'entretien en abordant un sujet anodin (sans importance).	☐	☐
2. Ensuite, je pose au candidat des questions sur son expérience professionnelle et sa formation.	☐	☐
3. Je ne prends jamais de notes.	☐	☐
4. Je parle longuement de l'entreprise.	☐	☐
5. Je ne montre jamais au candidat que je désapprouve sa réponse.	☐	☐
6. Je termine toujours l'entretien par une note positive.	☐	☐

8.1

2 • Mme Labeur a interviewé cinq candidat(e)s à un emploi.

Écoutez des extraits de ces entretiens en prenant des notes. Dites ce que vous pensez des cinq candidat(e)s. Lequel choisissez-vous ?

3 • Vous venez de passer un entretien d'embauche et vous n'avez pas été embauché(e).

Imaginez les erreurs que vous avez pu commettre et exprimez des regrets.
J'aurais dû mieux me préparer, je n'aurais pas dû..., il aurait fallu que je..., j'aurais pu..., etc.

4 • Jouez à deux.

À partir d'une offre d'emploi (telle la « petite annonce de vos rêves », page 95), préparez et simulez un entretien d'embauche.

Vous êtes le(la) candidat(e) : remettez votre curriculum vitae à l'employeur et préparez l'entretien.

Vous êtes le recruteur : consultez les informations page 159, section 8.

Le(la) candidat(e) et le recruteur se font assister d'une équipe de trois à cinq personnes, qui les aident à préparer l'entretien.

LE CONDITIONNEL PASSÉ

On l'utilise pour exprimer un regret ou un reproche.
– Elle **aurait voulu** être médecin, mais elle a raté ses examens. *(regret)*
– Je n'**aurais** pas **dû** lui dire. *(regret)*
– Vous n'**auriez** pas **dû** lui dire. *(reproche)*
– Vous **auriez pu** être plus aimable. *(reproche)*
– On **aurait aimé** que tu nous informes. *(reproche)*
– Pour réussir, il **aurait fallu** travailler un peu plus/que tu travailles un peu plus. *(reproche)*

L'avis du consultant

On peut juger de la compétence d'une personne dès la première rencontre.

• Qu'en pensez-vous ?

Faire le point

A. Le point de grammaire

1. Si je comprends bien, vous cherchez un travail qui vous _____ d'être libre le matin.
a. ☐ permettez
b. ☐ permette
c. ☐ permettait
d. ☐ a permis

2. C'est trop de boulot, tu ne t'en sortiras pas tout seul. Je connais quelqu'un qui _____ te donner un coup de main. Tu veux ses coordonnées ?
a. ☐ a pu
b. ☐ pourrait
c. ☐ puisse
d. ☐ aurait pu

3. Tu as eu tort, tu n'aurais pas _____ accepter ce travail, c'est trop mal payé.
a. ☐ pu
b. ☐ voulu
c. ☐ fallu
d. ☐ dû

4. Il n'est pas venu au rendez-vous, il aurait au moins _____ passer un coup de fil.
a. ☐ pu
b. ☐ voulu
c. ☐ fallu
d. ☐ eu

5. Tu _____ m'aider un instant ? Je n'y arrive pas.
a. ☐ pourrai
b. ☐ pourrais
c. ☐ pouvais
d. ☐ aurais pu

6. J'aurais aimé qu'elle me _____ la vérité.
a. ☐ dit
b. ☐ dise
c. ☐ dira
d. ☐ dirait

7. J'ai _____ de prendre quelques jours de congés.
a. ☐ le but
b. ☐ la finalité
c. ☐ la fin
d. ☐ l'intention

8. Elle espère qu'il _____ sur sa décision.
a. ☐ revient
b. ☐ reviendra
c. ☐ reviendrait
d. ☐ revienne

9. Il a préféré tout abandonner, _____ ne pas réussir.
a. ☐ pour
b. ☐ de peur de
c. ☐ dans le but de
d. ☐ avec l'idée de

10. J'ai commencé à économiser _____ ma retraite.
a. ☐ pour
b. ☐ dans le but de
c. ☐ de peur de
d. ☐ avec l'idée de

11. J'ai compris qu'ils voulaient rester seuls et je suis parti _____ les gêner.
a. ☐ de peur de
b. ☐ afin de
c. ☐ dans l'espoir de
d. ☐ avec l'intention de

12. Toutes deux ont été _____ pour incompétence.
a. ☐ licencié
b. ☐ licencier
c. ☐ licenciés
d. ☐ licenciées

13. Émilie, c'était la meilleure, et nous l'avons _____ tout de suite.
a. ☐ embauché
b. ☐ embauchés
c. ☐ embaucher
d. ☐ embauchée

14. Je lui ai _____ ce soir en revenant du travail, elle était avec une amie.
a. ☐ vue
b. ☐ parlé
c. ☐ rencontré
d. ☐ aperçu

B. Le bon choix

1. Mme Pruneau, chef du personnel de la société Pétrolette, interroge Fabien Pastel, candidat à un poste de vendeur. Écoutez un extrait de cet entretien. Quand Fabien Pastel a commencé à travailler, il vendait _____.
(8.2)

a. ☐ des lunettes
b. ☐ des voitures
c. ☐ des téléphones
d. ☐ des yaourts

2. Fabien Pastel est vivement intéressé par l'offre d'emploi de Pétrolette. Écoutez un autre extrait de l'entretien d'embauche. Par quoi Fabien Pastel est-il principalement motivé ?
(8.3)

a. ☐ La renommée de l'entreprise.
b. ☐ L'intérêt du travail.
c. ☐ Le montant du salaire.
d. ☐ Le niveau de responsabilité.

3. Écoutez la suite de l'entretien d'embauche. Elle concerne la négociation du salaire. Que demande Fabien Pastel ?
(8.4)

a. ☐ Autant que son salaire actuel.
b. ☐ 10 % de plus.
c. ☐ 20 % de plus.
d. ☐ 30 % de plus.

4. Vous rédigez votre CV pour un employeur français. N'oubliez pas de mentionner _____.

a. ☐ l'adresse précise de vos anciens employeurs
b. ☐ votre lieu de naissance
c. ☐ votre appartenance syndicale
d. ☐ vos principaux diplômes

5. « Ici, au moins, je ne risque pas d'être licencié », vous dit Félix, en parlant de son travail. « C'est ça l'important », ajoute-t-il. L'important, pour Félix, c'est _____.

a. ☐ la sécurité de l'emploi
b. ☐ le niveau des responsabilités
c. ☐ l'indépendance dans le travail
d. ☐ les conditions de rémunération

6. Daniel est au chômage. Il lit tous les jours les _____ d'emploi dans la presse.

a. ☐ demandes
b. ☐ offres
c. ☐ modes
d. ☐ recherches

7. Une offre d'emploi doit *obligatoirement* contenir _____.

a. ☐ l'activité de l'entreprise
b. ☐ les modalités de réponse
c. ☐ la durée du contrat de travail proposé
d. ☐ les possibilités d'évolution

8. Parmi les professions suivantes, quelle est celle qui requiert la plus grande aptitude à la négociation ?

a. ☐ Caissier.
b. ☐ Vendeur.
c. ☐ Chercheur.
d. ☐ Comptable.

9. Vous répondez à l'offre d'emploi de la société Pétrolette. Comment commencez-vous votre lettre ?

a. ☐ Je me tiens à votre disposition pour un rendez-vous…
b. ☐ Je suis certainement celui que vous recherchez…
c. ☐ J'ai pris connaissance de votre offre d'emploi parue dans…
d. ☐ Un poste chez vous serait pour moi une bonne occasion de…

10. « Le salaire mensuel brut s'élève à 3 200 euros, auquel s'ajoute une prime de 13e mois ». Cette phrase est probablement extraite _____.

a. ☐ d'une demande d'emploi
b. ☐ d'un contrat de travail
c. ☐ d'une lettre de motivation
d. ☐ d'un curriculum vitae

À la croisée des cultures

• **Lisez l'article de presse suivant.**

a. Quels sont les pays cités ?

b. D'après cet article, que doit-on faire ou/et ne pas faire quand on recherche un travail dans chacun des pays cités ?

RECHERCHE D'EMPLOI
d'un pays à l'autre

Mon cher Jacques,

Tu veux acquérir de l'expérience et c'est pourquoi tu as décidé de travailler à l'étranger. C'est un projet ambitieux et j'espère que tu réussiras. Pour cela, quand tu rechercheras un emploi, n'oublie pas de t'adapter aux usages locaux. Par exemple, dans de nombreux pays, il ne te servirait à rien de passer une annonce dans la presse parce que le recrutement se fait par relations. Chaque pays a ses coutumes et tu dois les respecter. Et pour cela, tu dois les connaître. Moi qui ai traversé quelques pays, permets-moi de te faire part de mon expérience et de te donner quelques conseils.

Au Japon, un pays que je connais bien, on ne parle pas de plan de carrière. En principe, c'est l'entreprise qui décide du sort des salariés car les objectifs du groupe sont plus importants que ceux de l'individu. De la même façon, pour un Japonais, l'expérience professionnelle est souvent un handicap. Car le candidat qui a acquis de l'expérience dans une entreprise qu'il a quittée peut être considéré comme un « traître ». Au contraire, aux États-Unis, tu dois avoir un objectif professionnel bien précis et ton expérience sera déterminante.

En Allemagne, un blanc dans un CV est un véritable feu rouge. Le recruteur se demandera immédiatement si tu n'as pas fait de la prison. Ton dossier de candidature doit être précis, complet et détaillé. Car il ne suffit pas d'affirmer. Il faut aussi prouver. Tu devras donc joindre les copies de tous tes diplômes et les attestations de tes anciens employeurs. En France, un curriculum vitae d'une page suffit. Cela ne veut pas dire que, pour les Français, les diplômes ne sont pas importants. Ils sont, par exemple, plus importants qu'aux États-Unis. Tu es un ancien élève de l'École polytechnique. « So what ? », te répond un Américain. En France, le statut est important et certains diplômes sont de véritables titres de noblesse.

Et pendant l'entretien, comment dois-tu te comporter ? Aux États-Unis, sois direct et professionnel. En France, cultive ton art de la conversation. Cela dit, ne te sens pas obligé de singer l'« exactitude » allemande, la « courtoisie » japonaise, « l'esprit d'entreprise » américain. Une règle d'or : tu dois t'adapter tout en restant toi-même.

Bonne chance !

prise de parole

1 Pratiquer l'écoute active

2 Présenter des objections

3 Faire une présentation

4 Poser les bonnes questions

Mes objectifs d'apprentissage

● **Communicatif**
  - analyser/comparer des types de conversation
  - (mieux) écouter, reformuler, questionner
  - interrompre, répliquer avec tact, concéder, apporter des explications
  - faire/évaluer un exposé
  - prendre des notes
  - maîtriser les techniques d'interview, collecter des informations
  - distinguer différents types de questions

● **Linguistique**
  - l'indicatif ou le subjonctif dans une proposition subordonnée complétive : *je constate que* + indicatif, *je regrette que* + subjonctif, *j'admets que* + indicatif ou subjonctif, etc.
  - les articulateurs logiques et discursifs à l'oral
  - la modalisation

● **Interculturel**
  - l'art de la conversation : à chacun son style

1 Pratiquer l'écoute active

A • Conversations

Comparez les dialogues A et B ci-dessous.
Quelle(s) différence(s) faites-vous entre ces deux types de conversation ?

Dialogue A

Dialogue B

B • Reformulations

L'avis du consultant

Les gens ne savent pas écouter.

Pour bien écouter, il faut poser des questions et reformuler ce que l'autre vient de dire.

• Qu'en pensez-vous ?

1 • **Maryse a un problème.**

a. Lisez ce qu'elle dit. Puis complétez ci-dessous les réponses 1, 2 et 3 que pourrait lui faire Philippe en mettant les verbes au temps correct.

b. Parmi ces trois réponses, choisissez celle qui est une véritable reformulation. Que pensez-vous des deux autres ?

L'INDICATIF ET LE SUBJONCTIF

– Je pense qu'il **a** tort.
– Je crains qu'il **ait** tort.

Pour aller plus loin
Point de grammaire n° 4, page 139, exercice C.

Philippe   Maryse

Je ne peux plus travailler avec Germain... Il ne fait rien de la journée. Il a toujours raison. Ça ne peut plus durer comme ça !

3. Calme-toi ! Ce n'est pas si grave. De toute façon, si tu veux que Germain *(faire)* _____ des efforts, il faudrait que le patron *(intervenir)* _____ .

PHILIPPE *(réponses)* :

1. Si je comprends bien, tu as peur que Germain ne *(finir)* _____ pas le travail de la journée. En fait, tu préférerais qu'il *(s'en aller)* _____ . Franchement je crois que tu *(avoir)* _____ tort.

2. Je vois ce que tu veux dire. Tu penses que Germain ne *(faire)* _____ pas grand chose et qu'il n'écoute personne. Tu en as assez et tu souhaites que les choses *(changer)* _____ .

2 • **Un homme parle avec une femme de ses problèmes de travail.**
9.1

Écoutez la conversation. Vous rappelez-vous le problème de cet homme ?

3 • **Jouez à deux.**

Personne A : Vous jouez le rôle de l'homme. Reportez-vous à la transcription de la conversation 9.1 pages 167-168 et jouez le rôle A.
Personne B : Vous jouez le rôle de la femme. Consultez les informations page 159, section 9.

2 Présenter des objections

A • Réprimandes

1 • **Antoine, employé de bureau, se fait réprimander par sa chef de service.**

Écoutez et/ou lisez ce que dit la chef de service.

– LA CHEF DE SERVICE : Comment ça ! Vous deviez finir ce travail lundi dernier et vous n'avez pas encore terminé ? Une semaine de retard ! [(1)] Décidément, Antoine, c'est toujours la même chose ! [(2)] Le mois dernier, c'était pareil avec le dossier Cerise. Dix jours de retard, pas moins. [(3)] Regardez Corinne ! Elle finit toujours son travail dans les délais, toujours. Et d'abord, vous arrivez à quelle heure le matin ? On ne vous voit jamais avant 10 heures, jamais. Corinne, elle, est toujours ici à 9 heures. [(4)] Et puis, vous passez votre temps à bavarder dans le couloir. [(5)] Et pourtant, vous avez un bureau, n'est-ce pas ? Si toutefois on peut appeler ça un bureau. Voyons, Antoine, comment pouvez-vous travailler dans un désordre pareil ! Regardez tous ces papiers, il n'y a pas un centimètre de libre. [(6)] Vous avez vu le bureau de Corinne, comme il est bien rangé ? [(7)] Cela dit, n'oubliez pas la réunion de cet après-midi ! Et soyez à l'heure, s'il vous plaît ! Je vous rappelle que, jeudi dernier, la réunion a commencé avec une heure de retard, à cause de vous. [(8)]

2 • **Imaginez que les reproches de la chef de service vous soient adressés et que vous les trouviez injustifiés.**

Préparez-vous à lui répondre. Trouvez des répliques et placez-les à la place des crochets. Travaillez à deux.
Ex. : (1) Je suis désolé, mais vous ne m'avez pas donné de date limite, je ne savais pas que le travail devait être prêt pour lundi.

3 • **Jouez à deux.**

Une personne joue le rôle du chef de service et une autre celui d'Antoine.

Chef de service : Lisez le texte ci-dessus en y mettant le ton.

Antoine : Interrompez votre chef de service pour vous justifier.

COMMENT DIRE
pour interrompre « l'accusateur »

– Je suis désolé/Excusez-moi, mais…
– C'est vrai, mais…
– Est-ce que je peux dire quelque chose ?
– Je voudrais juste dire que…

L'avis du consultant

Un bon chef est un chef autoritaire.

• Qu'en pensez-vous ?

B • Répliques

1 • **Consultez le tableau ci-contre, puis relevez ce que dit Antoine pour :**

1. faire une concession à son agresseur,
2. lui expliquer les causes du problème,
3. lui expliquer ce qu'il ressent,
4. l'impliquer dans la recherche de solutions.

2 • **Complétez les phrases suivantes avec des mots du tableau.**

1. Je _____ que ce retard vous ait énervé.
2. Je vous _____ que tout n'est pas parfait.
3. C'est _____ qu'on a perdu du temps.
4. On _____ bien _____ pour _____ qu'il est incompétent.
5. J'_____ que vous ayez raison là-dessus.

3 • **Répliquez aux « agressions » suivantes en utilisant la tactique en trois étapes d'Antoine.**

1. Vous parlez vraiment très mal le français.
2. On dit que la vie dans votre pays n'est pas très agréable.
3. J'ai entendu dire que vous changiez toujours d'avis.
4. Ça fait un quart d'heure que je vous attends, vous êtes toujours en retard.

COMMENT FAIRE
pour répliquer à l'agresseur

Vous pouvez répliquer en trois étapes :

1. En concédant
Vous abandonnez à l'agresseur un point de la discussion.
– Je reconnais/suis (bien) d'accord (avec vous) pour dire/vous accorde que vous **avez** raison.
– Il est (C'est) exact/vrai que vous **avez** raison.
– Je comprends/j'admets que vous **avez/ ayez** raison.*

2. En expliquant
Vous expliquez ce qui s'est passé ou/et ce que vous ressentez.

3. En questionnant
– Pensez-vous/croyez-vous que vous **pouvez/ puissiez** m'aider ?*
– Que proposez-vous ?

* Le subjonctif laisse place à plus de doute.

3 Faire une présentation

A • Techniques d'exposé

1 • **Dans le cadre de votre travail ou de vos études, vous avez ou vous aurez certainement l'occasion de faire des exposés en public.**

À votre avis, que doit-on faire pour réussir un exposé ?

2 • **Vous assistez à une conférence sur « Les conditions de réussite d'une présentation ».**

Écoutez et/ou lisez ci-dessous le début de cette conférence. Puis complétez le schéma ci-contre.

Conditions de fond	....
	....

Conditions de ...

> « Ce matin, je vous parlerai des conditions de réussite d'une présentation. C'est un sujet important car beaucoup d'entre vous ont l'occasion de parler en public. Je vous présenterai dans une première partie les conditions de fond, puis j'aborderai dans une seconde partie les conditions de forme. Tout d'abord, les conditions de fond. Elles sont au nombre de deux. Elles concernent en premier lieu le contenu et en second lieu la structure. Commençons par le contenu. Les idées, d'abord, doivent être... »

3 • **Vous n'avez pas pu assister à la suite de la conférence. Mais un des participants vous a remis ses notes.**

Prenez-en connaissance à la page suivante. Puis, à partir de ces notes et de vos propres critères, réalisez une grille d'évaluation sur le modèle ci-dessous.

Grille d'évaluation d'une présentation

IMPRESSIONS	TRÈS BONNE	BONNE	MOYENNE	MÉDIOCRE	MAUVAISE
Contenu – Les idées sont-elles intéressantes ? – Le sujet est-il traité ? – Le temps est-il respecté ?					

B • Sujet au choix

1 • **Préparez, puis faites chacun à votre tour un exposé de deux à trois minutes sur un sujet de votre choix.**

2 • **Après l'exposé, portez des appréciations sur la prestation de l'orateur à l'aide de votre grille d'évaluation.**

COMMENT FAIRE
pour structurer son discours

Pour commencer : (Tout) d'abord, en premier lieu, dans un premier temps.
Pour continuer : Puis, ensuite, en second lieu, dans un second temps, par la suite.
Pour terminer : Enfin, en dernier lieu.
Pour ajouter : D'une part... d'autre part, de plus, en outre, aussi, également.
Pour annoncer une conclusion : En conclusion, pour conclure, en définitive, finalement.

CONDITIONS DE RÉUSSITE D'UNE PRÉSENTATION

I. Conditions de fond
2 conditions :
contenu + structure

1. Contenu : idées doivt
- être intéressantes.
- intéresser public (traiter sujet, objectif clair),
- aller à l'essentiel (ne pas dépasser tps imparti).

2. Structure. 3 parties : intro. dévpt, conclusion.
- Intro répond à 3 questions : Quoi ? Ce dont je vais parler. Pourquoi ? Pourquoi c'est intéressant. Comment ? Annonce du plan.
- Développement : structuré en 2 ou 3 parties.
- Conclusion : résumé points traités (ce que public dt absolt retenir) + terminer par interrogation ou réflexion.

II. Conditions de forme
4 conditions : voix, pauses (silences), gestes, regard.

1. Voix
- Parler fort.
- Bon rythme (ni vite ni lentement)
- Respirer + articuler.
- Intonation, musicalité ds la voix.

2. Faire des pauses
S'arrêter de tps en tps en parlant. Qqs secondes suffisent.
Objectif : mobiliser attention (Le silence réveille les dormeurs).

3. Gestes
- Où mettre bras ? Mains ? Ds la poche ? Trop décontracté. Derrière le dos ? Militaire. Croiser bras ? Signe d'enfermement, peur du public.

→ Conseil : Ouvrir bras, gestes accompagnent + illustrent discours.

4. Regard
- Regarder public (Pas notes, pas plafond ni pieds).
- Regarder tt le monde (pas seult une personne ou un côté).
- Vrai regard = poser regard sur chacun. À la fin, chacun pt dire : « J'ai été regardé. »

Conclusion
Conditions nbreuses.
Difficiles à respecter.
→ Important de pratiquer pour devenir performant.
En tt cas, adapter ces règles au public et à sa personnalité.

COMMENT FAIRE
pour prendre des notes

• **Utiliser des symboles**
+ : et, s'ajoute à
→ : entraîne, devient
= : équivaut à

• **Utiliser des abréviations**

absolt	: absolument
ds	: dans
dt	: doit
dvt	: doivent
dévpt	: développement
intro	: introduction
nbreux	: nombreux
pt	: peut
seult	: seulement
tps	: temps
qqs	: quelques
tt	: tout

• **Supprimer des mots**
intéresser ~~le~~ public
terminer par ~~une~~ interrogation
ouvrir ~~ses~~ bras

4 | Poser les bonnes questions

Vous consultez un avocat ou un médecin, vous vous adressez à une agence
de voyages pour préparer vos vacances… bref, à chaque fois que vous cherchez
à obtenir des informations, vous êtes amené(e) à poser des questions.
Vous vous retrouvez alors dans la situation de celui qui mène une interview.

A • Techniques d'interview

1 • **Lisez à la page suivante et/ou écoutez
l'interview de Marine Lambert, journaliste à
Radio France.**

a. Comment prépare-t-elle ses interviews ?

b. Que fait-elle pendant l'interview ?

c. Quel est, d'après elle, l'objectif d'une interview ?

2 • **Prenez connaissance du tableau ci-
contre. Puis identifiez dans l'interview de Marine
Lambert le type de chacune des questions.**

Ex. : La question (1) est une *question ouverte*.

3 • **Allez-vous écouter l'émission de Marine
Lambert ?**

☑ a. Bien sûr
☐ b. Je crois que oui.
☐ c. Ça m'étonnerait.
☐ d. Peut-être.
☑ e. Sûrement pas.

Classez les réponses b, c, d dans un ordre
logique.

> **COMMENT FAIRE
> pour poser les bonnes questions**
>
> *Il faut poser des questions variées.*
>
> • **Questions fermées**
> Parlez-vous français ? Quand partez-vous ?
> Vous préférez le bleu ou le jaune ?
>
> • **Questions ouvertes**
> Qu'en pensez-vous ? Quelles sont vos inten-
> tions ? Comment avez-vous réussi ? Pour-
> quoi voulez-vous partir ?
>
> • **Questions relais**
> Dans quel cas ? En quel sens ? C'est-à-dire ?
> Dans quel domaine ?
>
> • **Questions miroirs**
> – Cette idée est mauvaise.
> – Mauvaise ?
> – Oui, un peu idiote même.
> – Ah, vraiment ? Idiote ?

B • Projet de voyage

Jouez à deux.

Un comité d'entreprise a l'intention d'organiser un
voyage à l'étranger pour les salariés de l'entreprise. Daniel est chargé de collecter les premières
informations. Il interviewe Michèle, l'une de ses
collègues, qui vient de rentrer d'Égypte (ou d'un
autre pays). L'interview dure environ 10 minutes.

Daniel : Vous recherchez des informations précises dans le but d'évaluer l'intérêt d'organiser
un voyage en Égypte (ou dans un autre pays).
Préparez des questions, puis interviewez Michèle.

Michèle : Rassemblez un maximum de souvenirs et d'informations sur l'Égypte ou sur le pays
choisi, puis répondez aux questions de Daniel.

1 *Marine Lambert, vous êtes journaliste et vous produisez pour Radio France une émission hebdomadaire, « Rendez-vous économiques ». Pouvez-vous nous en dire un mot ?*

C'est une émission de 40 minutes qui prend la forme d'une interview. Je demande à un expert de réagir sur l'actualité économique.

2 *Toute l'actualité ?*

Non, je choisis un thème d'actualité nationale ou internationale.

3 *Internationale aussi ?*

Internationale surtout. Aujourd'hui, n'importe quel événement économique peut avoir des répercussions dans le monde entier.

4 *Comment menez-vous vos entretiens ?*

C'est-à-dire ?

5 *Est-ce que vos invités sont difficiles à interviewer ?*

Mes invités sont habitués à ce type d'émission. Il n'y a donc pas de difficultés particulières, en principe.

6 *En principe ?*

Oui, certains sont moins à l'aise que d'autres.

7 *Comment faites-vous alors ?*

D'abord, j'essaye d'instaurer, dès le départ, un climat de confiance. Ensuite, j'écoute très attentivement pendant toute la durée de l'entretien. La qualité de l'écoute est essentielle. Je ne porte pas de jugements.

8 *Que voulez-vous dire ?*

Je veux dire que j'évite de donner mon avis, je me contente de reformuler de temps en temps ce que dit mon interlocuteur. Et j'essaye de poser les bonnes questions.

9 *Quels types de questions ?*

Tout type de question.

10 *C'est-à-dire ?*

Des questions fermées, pas trop parce que l'interview prendrait vite la forme d'un interrogatoire, des questions ouvertes, des questions relais... La variété des questions rend l'interview plus naturelle.

11 *Est-ce que vous préparez vos interviews ?*

Oui, bien sûr, j'arrive avec une provision de questions.

12 *Est-ce que vous posez ces questions dans un certain ordre ?*

Disons que je prépare un plan de l'entretien. Je sais que nous parlerons d'abord de ceci, puis de cela... L'ordre des questions n'est pas figé. L'important, c'est de savoir le type d'information qu'on recherche.

13 *Si je comprends bien, il faut laisser une marge d'improvisation, c'est cela ?*

Absolument. Une interview, ce n'est pas un interrogatoire. Mais ce n'est pas non plus une conversation entre copains.

14 *Qu'est-ce que c'est alors ?*

C'est quelque chose entre les deux, une conversation dirigée. L'objectif, c'est de collecter un maximum d'informations.

Marine Lambert, je vous remercie.

Faire le point

A. Le point de grammaire

1. Germain semble déçu que Sarah ne _____ pas travailler avec lui.

a. ☐ veut
b. ☐ voulait
c. ☐ voudrait
d. ☐ veuille

2. Je pensais qu'elle nous _____ visite, mais on ne l'a pas vue.

a. ☐ rend
b. ☐ rende
c. ☐ rendra
d. ☐ rendrait

3. J'ai le regret de vous informer que votre candidature _____ pas été retenue.

a. ☐ n'a
b. ☐ n'ait
c. ☐ n'est
d. ☐ ne soit

4. C'est dommage que tu ne _____ pas assister à la prochaine réunion.

a. ☐ peux
b. ☐ pourras
c. ☐ pourrais
d. ☐ puisses

5. Sarah était furieuse hier soir, tu as vu ? Ça m'étonne qu'elle _____ si violemment.

a. ☐ a réagi
b. ☐ ait réagi
c. ☐ réagit
d. ☐ réagissait

6. Tu as remarqué que Sarah _____ absente ce matin ?

a. ☐ soit
b. ☐ était
c. ☐ ait été
d. ☐ sera

7. _____ qu'il faut remplir ce formulaire.

a. ☐ Je crois
b. ☐ Il vaut mieux
c. ☐ Ça m'énerve
d. ☐ Je trouve bizarre

8. _____ qu'il faille dire la vérité.

a. ☐ Je pense
b. ☐ Je ne suis pas sûr
c. ☐ Je me demande
d. ☐ Je suis convaincu

9. _____ qu'il avait été licencié.

a. ☐ C'était incroyable
b. ☐ On était désolé
c. ☐ J'avais peur
d. ☐ Il nous a appris

10. Mon patron a de nombreuses qualités. D'abord, il est intelligent. Ensuite, il est honnête. _____ il est toujours de bonne humeur.

a. ☐ En second lieu
b. ☐ Par la suite
c. ☐ En définitive
d. ☐ Enfin

11. Mais il a aussi quelques défauts, et il en a principalement deux. _____, c'est de vouloir tout faire tout seul.

a. ☐ Premier
b. ☐ Le premier
c. ☐ À la première place
d. ☐ Dans une première partie

12. Je vous présente Nicolas. Il est comédien et _____, c'est un bon musicien.

a. ☐ enfin
b. ☐ pour conclure
c. ☐ d'une part
d. ☐ en outre

13. Vous dites que ce n'est pas une chaise. _____ c'est alors ?

a. ☐ Qu'est-ce qui
b. ☐ Qu'est-ce que
c. ☐ Qui est-ce que
d. ☐ Quoi

14. Finalement, _____ sert cet exercice ?

a. ☐ de quoi
b. ☐ à quoi
c. ☐ pourquoi
d. ☐ en quoi

B. Le bon choix

1. (9.2) Un guide fait une présentation devant un groupe de touristes. Écoutez-le. Le groupe se trouve _____.

- **a.** ☐ dans un parc
- **b** ☐ dans un musée
- **c.** ☐ devant une église
- **d.** ☐ sur un bateau

2. (9.3) Un journaliste interviewe une célèbre actrice à la radio. Écoutez un extrait de l'interview. Les deux questions posées par le journaliste sont des questions _____.

- **a.** ☐ fermées
- **b.** ☐ ouvertes
- **c.** ☐ miroirs
- **d.** ☐ relais

3. (9.4) Yvonne, chef de service chez Pétrolette, fait des reproches à l'un des employés. Écoutez. Elle lui reproche _____.

- **a.** ☐ d'arriver tous les jours en retard au bureau
- **b.** ☐ de ne pas tenir ses promesses
- **c.** ☐ d'être désordonné
- **d.** ☐ de passer son temps à bavarder avec ses collègues

4. (9.5) Vous entrez dans une salle où a lieu une conférence portant sur les évolutions démographiques dans le monde. Écoutez. La conférencière en est à _____ de sa présentation.

- **a.** ☐ l'introduction
- **b.** ☐ la 1re partie
- **c.** ☐ la 2e partie
- **d.** ☐ la conclusion

5. Mathilde, une amie, vous confie son problème. « *Actuellement, je cherche du travail*, vous dit-elle, *mais je ne trouve rien, et je commence à me décourager sérieusement.* » Que lui répondez-vous ?

- **a.** ☐ Allons, ce n'est pas bien grave, ça arrive à beaucoup de gens.
- **b.** ☐ Si j'étais à ta place, je contacterais les grandes entreprises de la région.
- **c.** ☐ Ce n'est pas malin de perdre son travail en ce moment, en pleine période de chômage.
- **d.** ☐ Tu es impatiente de trouver du travail, et ce n'est pas facile. Quel type de travail cherches-tu ?

6. Mathilde a reçu une offre d'emploi. « *On m'a proposé un travail intéressant*, vous dit-elle, *mais le salaire n'est pas très bon, et je ne sais pas quoi faire* ». Comment reformulez-vous ce qu'elle vient de dire ?

- **a.** ☐ Si le travail est intéressant, tu devrais accepter, même si le salaire n'est pas très élevé.
- **b.** ☐ Tu hésites à accepter un travail qui t'intéresse, mais qui n'est pas assez bien payé.
- **c.** ☐ Si je comprends bien, tu ne veux pas accepter un travail mal payé.
- **d.** ☐ Tu me dis que tu as le choix entre un travail intéressant ou un travail mal payé.

7. Vous présentez votre pays devant une vingtaine de personnes. Vous commencez par _____.

- **a.** ☐ montrer l'intérêt de votre sujet
- **b.** ☐ annoncer le plan de votre exposé
- **c.** ☐ expliquer ce dont vous aller parler
- **d.** ☐ demander au public s'il a des questions

8. « *Vous parlez combien de langues ?* », vous demande le recruteur au cours d'un entretien d'embauche. De quel type de question s'agit-il ?

- **a.** ☐ Question ouverte.
- **b.** ☐ Question fermée.
- **c.** ☐ Question miroir.
- **d.** ☐ Question relais.

9. En trop grande quantité, les questions _____ transforment l'entretien en un véritable interrogatoire.

- **a.** ☐ ouvertes
- **b.** ☐ fermées
- **c.** ☐ miroir
- **d.** ☐ relais

10. « *J'ai remarqué que tu parlais souvent pour ne rien dire* », vous dit Félix. Pour commencer votre réplique par une concession, vous dites : « _____ »

- **a.** ☐ J'ai remarqué la même chose à ton sujet.
- **b.** ☐ C'est faux, tu dis n'importe quoi.
- **c.** ☐ Je ne t'ai rien fait, moi, pourquoi dis-tu ça ?
- **d.** ☐ J'admets que je puisse parfois trop parler.

À la croisée des cultures

Au cours d'une soirée, Pierre, un diplomate français, fait la connaissance de Thomas, un historien américain.

— « *Justement, je m'intéresse beaucoup à l'histoire,* dit Pierre, *vous connaissez Jacques Lavigne ?* ».

— « *Oui, bien sûr, c'est un historien très connu chez nous* », répond Thomas.

— « *Et que pensez-vous de son dernier livre ?* » demande le Français, l'air très intéressé.

L'Américain répond, raconte en détail ce qu'il pense du livre. Mais bien vite le Français n'écoute plus, interrompt brutalement la conversation par une plaisanterie et s'approche d'un autre Français.

Source : *Évidences invisible*, R. Carrol, Édit. Seuil.

• **Que pensez-vous de l'attitude de Pierre ?**

• **À l'aide du document ci-contre, expliquez pourquoi Pierre interrompt brutalement la conversation.**

• **Des trois styles de conversation décrits dans le document ci-contre, pensez-vous que l'un d'eux soit meilleur que les autres ? Pourquoi ?**

L'art de la conversation

Il existe des styles de conversation différents. Pour les Anglo-Saxons, on ne commence à parler que lorsque l'autre s'arrête. Il n'est pas correct d'interrompre.

Chez les Latins, en revanche, il est normal d'interrompre l'autre. La conversation ressemble à un jeu de ping-pong. On pose une question comme on lance une balle et bien sûr on s'attend à ce que l'autre renvoie la balle rapidement. D'où l'impatience des Français face à des réponses longues et détaillées qui « tournent à la conférence » et qui monopolisent la conversation. Car il n'est pas permis de garder la balle trop longtemps.

Quant aux Asiatiques, non seulement ils laissent l'autre terminer ce qu'il a à dire, mais ils se donnent même un petit moment de réflexion, marqué par un silence, avant de répondre.

Les styles de communication verbale.

Anglo-Saxon	A	— — — —
	B	— — — —
Latin	A	— — — —
	B	— — —
Oriental	A	— — —
	B	— — — —

Source : *L'Entreprise multiculturelle*, F. Trompenaars, Édit. Maxima Laurent Dumesnil.

10

points de vue

1 Lutter contre le chômage

2 Faire face à la mondialisation

3 Comparer des modèles éducatifs

4 Faire un tour de la presse

Mes objectifs d'apprentissage

● **Communicatif**
  – donner son point de vue, débattre, argumenter
  – rechercher/analyser les causes et les solutions du chômage
  – s'interroger sur les causes et les conséquences de la mondialisation
  – examiner les messages d'un forum Internet, rédiger son propre message
  – comparer différents systèmes et méthodes éducatifs
  – réagir à la lecture d'articles et de titres de presse, débattre, donner son point de vue, argumenter, écrire au courrier des lecteurs, rédiger un court article

● **Linguistique**
  l'expression :
  – de la cause
  – de la conséquence
  – de l'opposition
  – de la concession

● **Interculturel**
  – un voyage anthropologique : à chacun ses croyances

1 Lutter contre le chômage

A • Analyser une situation

1 • Les personnes suivantes vivent en France. Toutes sont au chômage.
Examinez la situation de chacune d'elles.

a. Pourquoi sont-elles au chômage ?

b. Quelles sont leurs forces et leurs faiblesses pour retrouver un emploi ?

c. Quel(s) conseil(s) leur donneriez-vous ? Travaillez à deux.

Mathieu, 49 ans, ingénieur

Mathieu n'a pas échappé aux licenciements qui frappent le secteur du bâtiment. Pourtant, à la fin de ses études, il était plein d'optimisme et pensait qu'il ferait une belle carrière. Aujourd'hui, 20 ans plus tard, il consulte les petites annonces.

Amélie, 20 ans

Elle a quitté l'école à 16 ans, sans aucun diplôme. Depuis, elle va de petit boulot en petit boulot. Amélie ne perd pas espoir de trouver un « vrai » travail, un travail qu'elle aime. *« C'est la mode qui m'intéresse »*, explique-t-elle.

Claude, 44 ans, ouvrier

Pendant 25 ans, il a travaillé dans une usine textile, pour un modeste salaire. Et puis, brutalement, la production a été délocalisée dans un lointain pays d'Asie, l'usine a fermé, et Claude, comme ses collègues, s'est retrouvé au chômage.

2 • À l'aide du tableau ci-contre, complétez les phrases suivantes avec *de, du, à, au.*

Le chômage :

1. est dû _____ la crise économique.

2. découle _____ la mondialisation.

3. tient _____ fait que les entreprises licencient sans arrêt.

4. provient _____ fait que le gouvernement a pris de mauvaises décisions.

3 • On trouve des chômeurs partout, mais les causes du chômage sont différentes d'un pays à l'autre.

a. Expliquez les principales causes du chômage dans votre pays.

b. Pour un journal francophone, faites le portrait de deux chômeurs de votre pays.

LA CAUSE

– Sa réussite est **due au** fait qu'elle a beaucoup travaillé.
– Elle est brillante, mais elle n'arrive pas à trouver du travail, je me demande **à quoi** ça **tient**.
– Ses difficultés **proviennent/découlent/résultent d'**une mauvaise organisation.

Pour aller plus loin
Point de grammaire n° 1, page 141, exercice A.

B • Rechercher des solutions

Comment en finir avec le chômage ? Cette question donne lieu à des discussions animées et amène des réponses bien différentes.

Lisez les déclarations suivantes, entendues au *Café du commerce*. Que pensez-vous des propositions qui sont faites ? Vous paraissent-elles intéressantes ? Contestables ? Applicables dans votre pays ?

1 Si les employeurs étaient libres de licencier, ils hésiteraient moins à embaucher.

2 On devrait embaucher plus de fonctionnaires.

3 Pour en finir avec le chômage, il n'y a qu'une solution : relancer la croissance. Pour cela, l'État doit encourager les investissements en réduisant la fiscalité sur les entreprises.

4 Pour trouver du travail, il faut accepter la mobilité. On ne doit pas hésiter à changer de métier ou à chercher ailleurs, dans une autre région, et même dans un autre pays. Le chômage, on l'accepte ou ne l'accepte pas.

5 Il y a trop d'étrangers. Tout le monde n'est peut-être pas à renvoyer, mais il y a quelque chose à faire de ce côté-là.

6 Il faudrait arrêter les machines modernes, tout ce qui passe à l'automatique. Dans l'atelier où je travaille, deux machines remplacent cinq hommes.

7 Les gens devraient prendre leur retraite à 50 ans et laisser leur place aux jeunes

8 La création d'emplois passe par le partage du travail. Il faut donc diminuer le temps de travail, développer le travail à temps partiel, allonger la durée des congés.

9 Je propose de subventionner les entreprises qui créent des emplois.

10 À mon avis, les femmes devraient moins travailler, surtout si elles ont des enfants.

2 Faire face à la mondialisation

A • Des causes aux conséquences

1 • **D'après la phrase suivante, quelles sont les causes de la mondialisation ?**

> En raison des progrès des communications et des transports, de la libéralisation des échanges, le monde devient un vaste marché.

2 • **À l'aide du tableau ci-dessous sur la conséquence, complétez en choisissant le bon verbe.**

La mondialisation :

1. _____ (cause/soulève/pousse) les entreprises à être plus compétitives.

2. _____ (encourage/permet/oblige) aux entreprises de vendre sur de vastes marchés.

3. _____ (entraîne/conduit/contraint) de nombreux problèmes.

3 • **D'après vous, quelles sont les conséquences de la mondialisation ?** Est-ce que vous-même, vous en profitez ? Comment ? Pensez-vous que tout le monde en tire des avantages ?

B • Forum internet

1 • **On trouve sur Internet des forums sur toutes sortes de sujets.**

Les messages de la page suivante sont extraits d'un forum consacré à la mondialisation. Pour chaque message, dites :
– si l'auteur est plutôt pour ou plutôt contre la mondialisation,
– si vous êtes d'accord avec ce qu'il écrit.

2 • **Participez à ce forum en rédigeant votre propre message.**

LA CONSÉQUENCE

La mondialisation **entraîne** plus de concurrence. Elle **encourage** chacun **à** être le meilleur. Elle **oblige** les entreprises **à** être plus compétitives. Elle les **contraint à** baisser leurs prix et **permet donc au** consommateur **d'**acheter des produits meilleur marché. Mais elle **soulève** des problèmes car elle **pousse** les entreprises **à** licencier et **conduit à** des inégalités.

Pour aller plus loin
Point de grammaire n° 2, page 141, exercice B.

Sujet

Message

ENVOYER   *Je déclare accepter les conditions d'utilisation du forum*

Sujet : Mondialisation = américanisation

Message de : Sirroco

Partout dans le monde, les Américains imposent leurs règles : libéralisation maximale, réduction des dépenses publiques, baisse des coûts de la main d'œuvre, flexibilité du travail, etc.

Sujet : Re : Mondialisation = américanisation

Message de : Cameroun

Dans le domaine sportif, chacun joue dans sa catégorie. On n'imagine pas l'équipe championne du monde de football affronter un petit club amateur. Alors, comment se fait-il que les entreprises de tous pays et de toutes catégories s'affrontent sur un même terrain ? Les règles du jeu sont faites par et pour les plus forts.

Sujet : Re : Mondialisation = américanisation

Message de : Gavroche

Certains prétendent qu'avec la mondialisation, la culture américaine s'impose partout. Mais il ne faut pas exagérer. On ne mange pas la même chose dans tous les pays. On n'écoute pas la même musique. On ne va pas dans les mêmes églises. On ne parle pas la même langue. On ne s'habille pas de la même façon. Etc.

Sujet : Oui à la liberté des marchés

Message de : Nelly

Grâce au libre-échange, la liberté des marchés nous amène la concurrence. Donc des produits moins chers et de meilleure qualité.

Sujet : Re : Oui à la liberté des marchés

Message de : Annabelle

Le problème, c'est que la concurrence entraîne une course folle à la productivité. On n'hésite pas à nuire à la santé des gens et à l'environnement. Tous les moyens sont bons pour gagner de l'argent.

Sujet : Re : Oui à la liberté des marchés

Message de : Alex

Avec la libre circulation des capitaux, on peut, en quelques secondes, transférer des millions d'euros à l'autre bout du monde. Les États ne contrôlent plus rien. Résultat : le citoyen de base, comme moi, élit des représentants qui n'ont plus aucun pouvoir. Vive la mondialisation !

Sujet : La mondialisation m'a apporté...

Message de : Inès

La mondialisation m'a apporté un boulot chez Carrefour. Avec la mondialisation, des entreprises multinationales se sont installées dans mon pays et ont créé des emplois. Vive la mondialisation !

Sujet : Re : La mondialisation m'a apporté...

Message de : Lili

Chaque pays se spécialise dans ce qu'il sait le mieux faire. Au bout du compte, la mondialisation nous permet de créer plus de richesses.

3 Comparer des modèles éducatifs

A • Systèmes éducatifs

1 • **Avant le bac…**
Le document suivant est extrait d'un ouvrage consacré au système éducatif français.
Prenez-en connaissance.

a. Que penseriez-vous de l'école française si vous étiez :
– un enfant de 7 ans ?
– le parent de cet enfant ?

b. Quels en seraient, pour vous, les avantages et les inconvénients ?

En France, l'école est obligatoire jusqu'à 16 ans. 85 % des élèves vont dans les écoles publiques. L'enseignement est gratuit, y compris l'enseignement supérieur. L'école française est laïque, ce qui veut dire qu'elle est neutre en matière de religion. Les professeurs peuvent enseigner l'histoire des religions, mais ils doivent rester objectifs. 99 % des enfants de trois ans vont à l'école maternelle. La plupart restent à l'école toute la journée, de 8 h 30 à 16 h 30 et parfois jusqu'à 18 heures. À l'école primaire, les horaires sont les mêmes et, chaque soir, les enfants doivent souvent faire des devoirs à la maison. Il n'y a pas d'école le mercredi.
La France est le pays d'Europe où les élèves ont le plus d'heures de cours par jour, mais le moins de jours de classe dans l'année. La durée des vacances scolaires est environ de 17 semaines par an. Sur 10 enfants d'ouvriers qui entrent au collège, un seul ira jusqu'au baccalauréat. Les élèves qui réussissent le mieux sont les enfants d'enseignants.

Baccalauréat
Lycée • *3 ans* *(15 ans - 17 ans)*
Collège • *4 ans* *(11 ans - 14 ans)*
École primaire • *5 ans* *(6 ans - 10 ans)*
École maternelle • *3 ans* *(3 ans - 5 ans)*

L'ÉCOLE FRANÇAISE

2 • **Après le bac…**
10.1
Une étudiante explique le système des grandes écoles françaises.
Écoutez-la. Quel est, d'après elle, le principal intérêt de ces écoles ?

L'enseignement supérieur français

	Doctorat	3ᵉ cycle	
Grandes Écoles 3 ans	DEA-DESS		
	Maîtrise 1 an	2ᵉ cycle	
	Licence 1 an		
CPGE 2 ans	DEUG 2 ans	BTS	1ᵉʳ cycle

• **CPGE :** classes préparatoires aux grandes écoles • **DEUG :** diplôme d'études universitaires générales • **BTS :** brevet de technicien supérieur • **DEA :** diplôme d'études approfondies.
• **DESS :** diplôme d'études supérieures spécialisées.

B • Méthodes éducatives

1 • **Les méthodes éducatives varient d'une époque et d'un pays à l'autre.**

Lisez les trois témoignages ci-dessous et soulignez les expressions utilisées pour exprimer l'opposition.

> ## L'OPPOSITION
>
> – Aujourd'hui, les élèves ont beaucoup de liberté **alors qu'**il y a trente ans, la discipline était très stricte.

> ### Pour aller plus loin
> *Point de grammaire n° 2, page 142, exercice B.*

Chen Yi, chinoise *Pédagogie*

(Contrairement) aux étudiants français, les étudiants chinois étudient sans arrêt. Ils doivent apprendre beaucoup de choses par cœur, au lieu de faire des exercices de réflexion, comme en France. Autre différence : quand, en Chine, le professeur entre dans la classe, tous les élèves se lèvent pour le saluer. En France, en revanche, le professeur est loin d'être aussi respecté.

John, américain

Les professeurs américains sont très accessibles. Les étudiants peuvent les rencontrer individuellement en dehors des cours et expliquer leurs problèmes. En France, en revanche, les professeurs gardent une certaine distance. Pendant les cours, d'autre part, les étudiants américains prennent facilement la parole tandis que les Français se contentent le plus souvent d'écouter le professeur.

Momoko, japonaise

Au Japon, on doit se fondre dans le groupe, il est mal vu d'être différent, de s'exprimer individuellement. Nous apprenons à faire attention aux autres, à respecter leur sensibilité. En France, au contraire, on est encouragé à se distinguer, on apprend à défendre son point de vue, à présenter ses arguments, on n'hésite pas à critiquer ouvertement les autres.

2 • **Chen Yi, John et Momoko ont tous les trois étudié dans une université française.**

À l'aide des tableaux ci-dessous, relevez et comparez les différentes pratiques éducatives utilisées dans leur pays et en France. Quelles méthodes préférez-vous ? Pourquoi ?

Chine	France	États-Unis	France	Japon	France
On apprend par cœur.	On fait des exercices de réflexion.	....	....	....	....
....	....	....	....	....	....

4 Faire un tour de la presse

A • Affaires de justice

1 • Voici deux articles extraits d'un journal, *Le Quotidien du soir.*

À l'aide des définitions ci-contre, complétez les mentions manquantes avec les mots suivants : *amende, gouvernement, infraction, ministre, permis, prison, procureur, salaire, tribunal.*

> **Procureur :** magistrat chargé de représenter l'État devant les juridictions (cours et tribunaux).
> **Infraction :** comportement interdit par la loi et sanctionné par une peine d'amende ou/et de prison.

BOIRE OU CONDUIRE IL FAUT CHOISIR

« *J'avais bu cinq verres de rosé* », a reconnu hier devant le (1) _____ de Nantes, Cédric V., accusé d'avoir causé un accident mortel alors qu'il conduisait en état d'ivresse. Pour l'exemple, le (2) _____ avait requis dix mois de prison. Le chauffard a été condamné à un an de (3) _____ et à la suppression de son (4) _____ de conduire.

Fumer ou conduire à Chypre, il faudra choisir

Le (5) _____ chypriote envisage de partir en guerre contre les automobilistes qui fument au volant. L'auteur d'une telle (6) _____ devra payer une (7) _____ de 1 800 euros, soit le double d'un (8) _____ moyen mensuel sur l'île. Le (9) _____ de la Santé, Frixos Savvides, lui-même fumeur, espère ainsi faire d'une pierre deux coups : réduire le nombre d'accidents et protéger les non-fumeurs. ■

2 • Le texte ci-dessous est extrait d'un article, tiré de la rubrique « *Affaires judiciaires* » du *Quotidien du soir.*

a. Complétez ce texte avec des mots ou expressions du tableau ci-contre.

b. Donnez un titre à ce texte.

c. Si vous étiez le juge, quelle serait votre décision ? Pourquoi ?

LA CONCESSION

– L'avion a décollé **malgré** le mauvais temps
– **Bien que** votre proposition soit intéressante, je ne peux pas l'accepter.
– Il ne comprend rien, c'est **pourtant** simple.

Pour aller plus loin
Point de grammaire n° 3, page 142, exercice C.

Les parents d'un collégien poursuivent en justice le professeur de leur fils. Ils le rendent responsable des mauvais résultats scolaires de leur enfant et demandent 10 000 euros de dommages intérêts.

(1) _____ Mlle Valette ait donné chaque soir, pendant un an, des cours particuliers au petit Julien, celui-ci n'a jamais obtenu les résultats attendus.

(2) _____ tout l'argent dépensé, prétendent les parents, Julien n'a fait aucun progrès, il est toujours le dernier de sa classe. Mlle Valette leur avait (3) _____ assuré que Julien deviendrait en six mois le premier de sa classe. Le tribunal rendra son jugement le 12 avril.

B • Dernières informations

1 • Les titres de presse suivants sont extraits du *Quotidien du soir*.

WEEK-END MEURTRIER SUR LES ROUTES : 67 MORTS

Les guerres du XXIᵉ siècle seront-elles bactériologiques ?

LES ENTREPRISES EUROPÉENNES INVESTISSENT EN CHINE

DERNIER RECENSEMENT : L'EUROPE VIEILLIT

LES ADOLESCENTS VEULENT DES PRODUITS DE MARQUE

Bébés sur mesure : c'est pour demain

LES RICHES ENCORE PLUS RICHES, LES PAUVRES ENCORE PLUS PAUVRES

L'Institut des études économiques publie son dernier rapport

Les trois défis de l'Union européenne

Trilingue et au chômage

« LA PUBLICITÉ MALTRAITE LES FEMMES »

Entretien avec Agnès Laforêt, présidente du Mouvement de libération des femmes

LE PETIT ÉCRAN LUI DONNE DES IDÉES MACABRES

Le maire de Paris préfère la bicyclette à la voiture

COMMENT RESTER JEUNE QUEL QUE SOIT SON ÂGE

a. Quels sont les trois titres qui correspondent aux affirmations suivantes ?

1. Les manipulations génétiques ont seulement des avantages.

2. La télévision est responsable de l'augmentation de la criminalité.

3. Il n'est pas très utile de connaître des langues étrangères.

b. Êtes-vous d'accord avec ces trois affirmations ? Pourquoi ?

c. Admettons que vous ne soyez pas d'accord avec l'une de ces affirmations en particulier.

Pour la rubrique Courrier des lecteurs, écrivez au journal en défendant le point de vue contraire. Commencez votre réponse ainsi :

> « L'article paru dans votre journal de ce mois-ci et intitulé "…" a attiré mon attention. Permettez-moi de contester l'idée selon laquelle… »

2 • **Vous lisez sans doute la presse.**

a. Quels titres lisez-vous ces temps-ci dans les journaux de votre pays ?

b. Admettons que vous soyez le correspondant d'un journal francophone. Écrivez un court article sur un événement de votre pays.

Faire le point

A. Le point de grammaire

1. Il faisait mauvais temps. C'est la raison _____ l'avion a décollé avec deux heures de retard.
a. ☐ pour ça   **c.** ☐ à cause de cela
b. ☐ pour laquelle   **d.** ☐ pourquoi

2. Le chômage augmente _____ la récession économique.
a. ☐ grâce à   **c.** ☐ à force de
b. ☐ sous prétexte de   **d.** ☐ à cause de

3. Félix ne travaille pas _____ son fils est souffrant.
a. ☐ bien que
b. ☐ à condition que
c. ☐ sous prétexte que
d. ☐ pour que

4. Ce matin, Félix est en retard _____ son réveil n'a pas sonné.
a. ☐ car   **c.** ☐ donc
b. ☐ comme   **d.** ☐ faute de

5. Je me suis opposé à mon patron, _____ j'ai fini par être licencié.
a. ☐ quoique
b. ☐ si bien que
c. ☐ pour que
d. ☐ tandis que

6. _____ ce que certains prétendent, la mondialisation ne profite pas à tout le monde.
a. ☐ Au lieu de
b. ☐ Faute de
c. ☐ Contrairement à
d. ☐ En raison de

7. La pauvreté a _____ augmenté que certaines régions sont menacées par la famine.
a. ☐ ainsi
b. ☐ aussi
c. ☐ tellement
d. ☐ assez

8. Je vous ai commandé le 13 mars un aspirateur de la marque Broncard. _____, vous m'avez livré ce jour un aspirateur Potix.
a. ☐ En effet   **c.** ☐ En conséquence
b. ☐ Or   **d.** ☐ Ainsi

9. Votre orthographe n'est pas parfaite, mais vous avez _____ fait quelques progrès.
a. ☐ au contraire   **c.** ☐ actuellement
b. ☐ tout de même   **d.** ☐ à l'opposé

10. Je lui ai proposé de travailler avec moi, _____ nous nous soyons souvent disputés.
a. ☐ sans que   **c.** ☐ tandis que
b. ☐ bien que   **d.** ☐ alors que

11. Le chômage reste un problème majeur. Il touche _____ 10 % de la population active.
a. ☐ en effet   **c.** ☐ pourtant
b ☐ alors   **d.** ☐ au contraire

12. _____ l'augmentation des effectifs de police, la délinquance continue à augmenter.
a. ☐ À force de
b. ☐ Grâce à
c. ☐ Sans
d. ☐ Malgré

13. On dit que les chiffres ne peuvent pas mentir. Et _____, il leur arrive souvent de déformer la réalité.
a. ☐ en effet
b. ☐ alors
c. ☐ pourtant
d. ☐ à l'opposé

14. En 50 ans le nombre de diplômés de l'enseignement supérieur a été multiplié par vingt _____ la population n'a progressé que de 50 %.
a. ☐ parce que
b. ☐ alors que
c. ☐ bien que
d. ☐ si bien que

B. Le bon choix

1. Un journaliste présente un journal radiophonique. Écoutez un extrait. À quelle rubrique du journal appartient l'information que vous entendez ?

(10.2)

a. ☐ Politique   c. ☐ Éducation
b. ☐ Spectacles   d. ☐ Sports

2. Écoutez un autre extrait de ce journal radiophonique. À quelle rubrique du journal appartient l'information ?

(10.3)

a. ☐ Gastronomie
b. ☐ Sciences
c. ☐ Économie
d. ☐ Multimédia

3. « *Êtes-vous favorable à une augmentation du salaire des enseignants ?* » demande le journaliste à Jacques Fagot, un responsable politique. Écoutez. Que répond Jacques Fagot ?

(10.4)

a. ☐ Il dit qu'il est favorable.
b. ☐ Il dit qu'il n'est pas favorable.
c. ☐ Il répond qu'il y a du pour et du contre, qu'il faut réfléchir.
d. ☐ Il répond à côté de la question.

4. « *Êtes-vous favorable à ce que l'école reste obligatoire jusqu'à 16 ans ?* » demande le journaliste à Jacques Fagot. Écoutez. Que répond monsieur Fagot ?

(10.5)

a. ☐ Il dit qu'il est favorable.
b. ☐ Il dit qu'il n'est pas favorable.
c. ☐ Il répond qu'il y a du pour et du contre, qu'il faut réfléchir.
d. ☐ Il répond à côté de la question.

5. Voici le chapeau d'un article de presse : « *Hausse de la délinquance, augmentation de la violence des mineurs, multiplication des fraudes à la carte bancaire : les chiffres placent la sécurité en tête du débat politique.* » Quel pourrait être le titre de cet article ?

a. ☐ Fraudes à la carte bancaire
b. ☐ Délinquance des mineurs : des chiffres inquiétants
c. ☐ Violence du débat politique
d. ☐ Priorité à la sécurité

6. La direction de la société Pétrolette propose de faire varier les salaires avec les résultats de l'entreprise. L'objectif principal de cette proposition est de _____.

a. ☐ créer des emplois
b. ☐ motiver les travailleurs
c. ☐ diminuer les salaires
d. ☐ réduire la durée du travail

7. Certaines personnes sont au chômage alors que d'autres travaillent trop. « *Pour lutter contre le chômage*, dit le ministre du Travail, *il faut partager les emplois.* » « *Pour cela, ajoute-t-il, nous devons encourager _____.* »

a. ☐ *la mobilité des travailleurs*
b. ☐ *la modernisation des entreprises*
c. ☐ *la formation des travailleurs*
d. ☐ *le travail à temps partiel*

8. Vous assistez à une conférence « *Je suis tout à fait favorable à la mondialisation* », annonce le conférencier. « *La mondialisation*, explique-t-il, _____. »

a. ☐ *entraîne des injustices*
b. ☐ *appauvrit certains pays*
c. ☐ *stimule la concurrence*
d. ☐ *provoque des crises financières*

9. Trouvez la fin de cette phrase : « *Les jeunes pensent qu'un diplôme donne droit à un emploi, mais le plus souvent _____.* »

a. ☐ *les bourses d'études ne suffisent pas*
b. ☐ *les enseignants ne sont plus respectés*
c. ☐ *c'est une fausse monnaie qui est refusée par les employeurs*
d. ☐ *ils sont encouragés à prendre la parole*

10. « *Dans notre pays, le droit du licenciement ne protège pas assez les travailleurs* » À votre avis, qui peut tenir un tel discours ?

a. ☐ Un actionnaire.
b. ☐ Un représentant syndical.
c. ☐ Un chef d'entreprise.
d. ☐ Un partisan du libéralisme.

À la croisée des cultures

Pendant plus de trente ans, le professeur Lafaille a étudié la vie des Nacirémas. Ses recherches sont restées célèbres au sein de la communauté des anthropologues.

Voici ci-dessous un extrait de l'un de ses ouvrages, *Rituels corporels chez les Nacirémas*.

Le professeur Lafaille a passé plus de trente ans à étudier la vie des Nacirémas.

« *Chez les* Nacirémas, *les sorciers, relativement nombreux, sont des personnages importants, respectés et souvent consultés. En échange de cadeaux importants, ils prescrivent toutes sortes de potions magiques contre la maladie. Les sorciers ne préparent pas eux-mêmes les potions magiques. Ils décident des ingrédients et alors les écrivent dans une langue antique et secrète. Cet écrit est uniquement compris par des botanistes qui, en échange d'un autre cadeau, remettent la potion. Chaque famille possède une boîte contenant ces potions magiques. Les indigènes très malades doivent rencontrer les sorciers dans un temple, le* latipso. *Certaines cérémonies se tiennent obligatoirement à l'intérieur de ce temple. Les sorciers sont alors assistés de servantes, vêtues d'un uniforme. Dans la vie de tous les jours les* Nacirémas *n'aiment pas montrer leur corps. Mais dans le* latipso, *le patient, homme ou femme, doit retirer tous ses vêtements devant les sorciers et les servantes. Certains* Nacirémas *rencontrent régulièrement un sorcier d'un type particulier, connu sous le nom d'écouteur. La cérémonie est très simple : le patient raconte à l'"écouteur" ses problèmes et essaye de se rappeler ses lointains souvenirs. Au cours de ces séances, les* Nacirémas *arrivent à se souvenir de leur toute petite enfance. Les* Nacirémas *croient que les parents, particulièrement les mères, ensorcèlent leurs propres enfants. Le sorcier-écouteur a le pouvoir de chasser les démons qui se logent dans les têtes.* »

D'après J.-C. USUNIER,
in Commerce entre cultures.
Édit. Puf

• Vrai ou faux ?

	V	F
1. Chaque *Naciréma* prépare lui-même ses potions magiques.	☐	☐
2. Il y a des sorciers dans le *latipso*.	☐	☐
3. Les *Nacirémas* se déplacent généralement nus.	☐	☐
4. Sorciers et botanistes communiquent dans un langage commun.	☐	☐
5. Les écouteurs ensorcèlent les enfants.	☐	☐

• Où sont-ils ?

À votre avis, sur quel continent vivent les *Nacirémas* ? Dans quel pays ? Quelle région ? Justifiez votre réponse.

• Qu'en pensez-vous ?

Que pensez-vous des rites et coutumes des *Nacirémas* ? Existe-t-il de telles pratiques dans votre pays ?

grammaire

1 L'expression du lieu

1. Continents, pays, villes

• On utilise « **en** », « **à** », et « **aux** » pour indiquer le continent, le pays, la ville où on est/où on va.

> *Je suis/je vais **à** Rome (à + ville)*
> > ***en** Russie (en + pays féminin)*
> > ***en** Asie (en + continent)*
> > ***en** Iran (en + pays masculin commençant par une voyelle)*
> > ***au** Pérou (au + pays masculin)*
> > ***aux** Pays-Bas (aux + pays pluriel)*

♦ En général, les pays qui se terminent en « e » sont féminins : la France, la Pologne, la Thaïlande, etc. Exceptions : le Mexique, le Cambodge, le Zaïre, le Zimbabwe, le Mozambique.
Les autres sont masculins : le Brésil, le Japon, le Portugal, etc.

• On utilise « **de** » ou « **du** » ou « **d'** » pour indiquer le pays, la ville d'où on vient.

> *Je viens **de** Bruxelles (de + ville)*
> > ***de** Turquie (de + pays féminin)*
> > ***du** Japon (du + pays masculin)*
> > ***d'**Irlande (« d' » devant un voyelle)*

♦ On ne fait pas d'élision devant le « h » aspiré (de Hongrie, de Hollande).

2. Intérieur et extérieur

• L'intérieur : « **à l'intérieur de** », « **dans** », « **dedans** ».

• L'extérieur : « **à l'extérieur de** », « **en dehors de** », « **dehors** ».
> *Il vit **en dehors** de la réalité.*
> *Il fait très froid **dehors**.*

3. Distance et proximité

• La distance : « **loin de** ».

• La proximité : « **(tout) proche de** », « **(tout) près de** », « **aux environs de** ».
> *Il habite **aux environs de** Montréal.*

4. Haut et bas

• Le haut : « **sur** », « **en haut de** », « **au-dessus de** », « **dessus** ».

• Le bas : « **sous** », « **en bas de** », « **au-dessous de** », « **dessous** ».

5. Devant et derrière

• Le devant : « **devant** », « **en face de** ».

• Le derrière : « **derrière** ».

6. La direction

« **vers** », « **tout droit** », « **à (votre) droite/gauche** », « **sur votre droite/gauche** », « **au bout de** ».

A. Vous participez à un groupe de travail. Paul vous présente l'équipe. Complétez le texte.

Bienvenue ! Je vous présente Asma, qui vient (1) _du_ Tunisie, mais qui habite ici, (2) _à_ Bruxelles, depuis longtemps. Asma s'occupe du projet Cerise. Voici Pierre, notre agent commercial, qui vient d'arriver (3) _de_ New York. Pierre est rarement (4) _aux_ Belgique. C'est un grand voyageur. Un jour, il est (5) _en_ Espagne, un autre, (6) _aux_ Canada. Aujourd'hui, il revient (7) _du_ Congo et demain il sera (8) _en_ Turquie. Quelle vie, n'est-ce pas ? Marianne, notre assistante, est en vacances (9) _en_ Bolivie ou peut-être (10) _au_ Pérou, je ne suis pas sûr. En tout cas, je sais qu'elle est quelque part (11) _en_ Amérique latine. Quant à moi, je suis suisse, je viens (12) _de_ Genève. Vous connaissez (13) _la_ Suisse ?

B. Complétez avec à, au, au bout, tout droit, dans, jusqu'au, dessus, à droite, face, là. Vous pouvez utiliser plusieurs fois les mêmes termes.

J'arrive (1) _____ l'accueil de la société Bouillon. Je demande où se trouve le bureau de Mme Deville. « C'est (2) _____ dernier étage, me dit l'hôtesse, l'ascenseur se trouve (3) _____-bas, (4) _____ du couloir, vous montez (5) _____ 12ᵉ. En arrivant, vous tournez (6) _____, puis vous continuez (7) _____ (8) _____ le couloir, (9) _____ bureau 128. La porte est rouge et le nom de Mme Deville est indiqué (10) _____. S'il n'y a personne, frappez (11) _____ la porte qui se trouve juste en (12) _____. C'est le bureau de son assistante. Elle est presque toujours (13) _____. »

2 L'interrogation directe

1 Trois manières de poser des questions
- Avec l'intonation montante (style courant) :
  Vous connaissez la France ?
- Avec « *Est-ce-que* » (style courant) :
  ***Est-ce que** vous travaillez ?*
- Avec l'inversion du verbe et du pronom :
  ***Avez-vous** un passeport ?* (style soutenu).

2 Pour interroger sur une personne
- Style courant :
  ***C'est qui ? Qui est-ce qui** vient ?*
- Style soutenu :
  Qui est-ce ?
  ***Qui** vient ?*

♦ **Qui** peut-être précédé d'une préposition :
  ***Avec qui** travailles-tu ?*

3 Pour interroger sur UN OBJET
- Style courant :
  *C'est **quoi ? Qu'est-ce que** c'est ?*
  *Il fait **quoi ? Qu'est-ce qu'**il fait ?*
- Style soutenu :
  ***Qu'est-ce ? Que** fait-il ?*

♦ **Quoi** peut être précédé d'une préposition :
  *À **quoi** penses-tu ?*

4 Quel est utilisé pour UN OBJET OU UNE PERSONNE
- Style courant :
  *C'est **quel** jour ? **Quel** jour **est-ce que** c'est ?*
  *Tu fais **quel** travail ? **Quel** travail **est-ce que** tu fais ?*
- Style soutenu :
  ***Quel** jour est-ce ? **Quel** travail fait-il ?*
  ***Quelle** est cette femme assise là-bas ?*

♦ **Quelle** peut être précédé d'une préposition :
  *À **quelle** heure viens-tu ?*

5 Pour interroger sur DES CIRCONSTANCES : « *Où ?* » « *Quand ?* » « *Pourquoi ?* » « *Comment ?* » « *Combien ?* »
- Style courant :
  *Tu gagnes **combien ? Combien** tu gagnes ?*
  ***Combien est-ce** que tu gagnes ?*
- Style soutenu :
  ***Combien** gagnes-tu ?*

6 Pour interroger sur un choix
« *Lequel ?* » « *Lesquels ?* » « *Laquelle ?* » « *Lesquelles ?* »
- Style courant :
  *Tu préfères **laquelle ? Laquelle est-ce** que tu préfères ?*
- Style soutenu :
  ***Laquelle** préfères-tu ?*

EXERCICES

A. *Qui ou quoi ?* Complétez.

1 Avec _____ travaillez-vous ? Avec Pierre ?
2. En _____ est cette boîte ? En plastique ?
3. À _____ est-ce que tu penses ? À ton travail ?
4. Tu écris à _____ ?
5. Tu es invité chez _____ ce soir ?

B. *Quel(s), lequel(s), quelle(s), laquelle(s) ?*

1. Vous aimez faire … type de travail ?
2. … sont vos horaires de travail ?
3. Tu me conseilles … ? La rouge ou la noire ?
4. Dans … entreprise est-ce que vous travaillez ?

C. Voici quelques questions extraites d'une interview. Complétez.

1. _____ est votre nationalité ?
2. Vous travaillez _____ ? _____ Irlande ?
3. En _____ consiste votre travail exactement ?
4. Vous vous rendez _____ à votre travail ? En métro ?
5. Vous dites que vous êtes fatigué. Mais _____ ne travaillez-vous pas moins ?
6. _____ faites-vous pour vous détendre ? Un peu de sport ?
7. Vous jouez avec _____ au tennis ? Avec votre femme ?
8. _____ sont vos projets pour l'année prochaine ?

D. Écrivez les questions au passé composé, comme dans l'exemple.

Ex. : Où/il/travailler ?
→Où a-t-il travaillé ?
→Où est-ce qu'il a travaillé ?
→Il a travaillé où ?

1. Pour quelle raison/elle/refuse ce travail ?
2. Que/tu/faire hier ?
3. Dans quel hôtel/vous/descendre ?
4. Ils/se rencontrer/déjà ?
5. Quelle route/tu/prendre ?

3 L'expression de la quantité

1. Les nombres cardinaux

0	zéro	23	vingt-trois
1	un	30	trente
2	deux	40	quarante
3	trois	50	cinquante
4	quatre	60	soixante
5	cinq	70	soixante-dix
6	six	71	soixante et onze
7	sept	72	soixante douze
8	huit	80	quatre-vingt**s**
9	neuf	81	quatre-vingt-un
10	dix	90	quatre-vingt-dix
11	onze	91	quatre-vingt-onze
12	douze		
13	treize		
14	quatorze	100	cent
15	quinze	101	cent un
16	seize	200	deux cent**s**
17	dix-sept	1 000	mille
18	dix-huit	10 000	dix mille
19	dix-neuf	1 000 000	un million
20	vingt	10 000 000	dix million**s**
21	vingt et un	1 000 000 000	un milliard
22	vingt-deux	10 000 000 000	dix milliard**s**

2. Les nombres ordinaux

Ils se forment en ajoutant « **-ième** » au nombre correspondant.

deux	⇒ deux**ième**
trois	⇒ trois**ième**
mais	
un	⇒ **premier**
vingt et un	⇒ vingt et un**ième**
trente et un	⇒ trente et un**ième**, etc.

3. Fractions et pourcentages

1/2 un demi
1/3 : un tiers
1/4 : un quart
1/5 : un cinqu**ième**
1/1000 : un mill**ième**
3 % : trois pour cent

4. Expressions numériques suivies de *de + nom*

une dizaine de…, une centaine de…, un millier de…, un million de…, un milliard de…

> *Je vais passer **une dizaine de** jours à Paris.*

A. Écrivez en chiffres, selon l'exemple.

*Ex. : huit **plus** quinze égale vingt-trois 8 + 15 = 23*
1. quarante **moins** deux égale trente-huit ___
2. treize **multiplié par** deux égale vingt-six ___
3. soixante-douze **divisé par** six égale douze ___

B. Écrivez en lettres, selon l'exemple.

Ex. : 15 + 5 = 20   quinze plus cinq égalent vingt
1. 191 − 40 = 151 _____
2. 18 × 4 = 72 _____
3. 381 : 3 = 127 _____

C. Comment lisez-vous les éléments de la colonne A ? Lisez-les, puis reliez-les à ceux de la colonne B.

A		B
a. 3/4	*4*	1. le quart
b. 250 grammes	…	2. la totalité
c. 25/50	…	3. la majorité
d. 1,5	…	4. trois sur quatre
e. 0 h 15	…	5. la moitié
f. 3 fois plus	…	6. une quinzaine
g. 51 %	…	7. une demi-livre
h. environ 15	…	8. minuit et quart
i. 25 %	…	9. un et demi
j. 100 %	…	10. tripler

D. Calculez et trouvez le bon chiffre.

1. « Il met 50, eh bien, moi, je double. »
2. « Si j'en prends 2 à 36 euros la pièce, ça me fera combien ? »
3. « J'en prendrai 3 douzaines. »
4. « Le chiffre d'affaires était de 160, mais depuis il a quadruplé. »

5. Les indéfinis

a) Les adjectifs indéfinis sont suivis d'un nom.

- « **quelques** », « **plusieurs** », « **différent(e)s** », « **certain(e)s** » s'utilisent au pluriel.

  *Ils ont rencontré **certaines** difficultés.*

- « **chaque** » est au singulier.

  ***Chaque** jour, on va travailler.*

- « **tout** », « **tous** », « **toute** », « **toutes** » s'accordent avec le nom qui suit.

  *J'ai envisagé **toutes** les possibilités.*

b) Les pronoms indéfinis sont utilisés à la place du nom.

- « **quelques-un(e)s** », « **plusieurs** », « **certain(e)s** », « **d'autres** » sont au pluriel, « **chacun(e)** » est singulier.

  ***Certains** sont d'accord, **d'autres** pas.*

- « **tous** », « **toutes** ».

  *Ils sont **tous** venus.*

♦ On prononce le « s » du pronom « tous », mais pas le « s » de l'adjectif « tous ».

  ***Tous** nos clients sont là. Ils sont **tous** venus.*

- « **tout** » = toutes les choses.

  ***Tout** est prêt.*

6. Les articles partitifs

On utilise l'article partitif (c'est-à-dire : **de** + *article défini*) pour indiquer une partie de…, une certaine quantité de…

  *Pour réussir, il faut **du** talent et **de la** persévérance.*
  *Achète **du** pain, **de la** confiture, **de l'**huile, **des** légumes.*

♦ Avec les verbes aimer, détester…, on utilise l'article défini.

  *J'aime **le** pain, **la** confiture.*

♦ « Des » peut être un article partitif (« de + les ») ou un article indéfini (pluriel de « un »).

  *Achète **des** haricots (« de » + les) et **des** œufs (six, douze…).*

7. Avec la négation, « de » remplace les articles partitifs et indéfinis.

  *Je ne bois **pas d'**alcool. Je ne mange **plus de** bananes.*
  <u>Mais</u> : *Je n'aime **pas** l'alcool.*

♦ Quelques négations particulières : « **sans** », « **ne … aucun** », « **ne … personne** », « **ne … rien** », « **ne… ni… ni** », « **ne… pas encore** ».

  *Je prends mon café **sans** sucre.*
  *Je n'ai **aucun** doute.*
  *Je **ne** bois **ni** thé **ni** café.*

8. Avec des expressions de quantité, « de » remplace les articles partitifs.

  *Prends **un morceau de** gâteau.*
  *Achète **un kilo d'**oranges.*

EXERCICES

A. *Quelqu'un, quelques-un(e)s, quelque chose, quelques ?*

1. Je voudrais _____ renseignements.
2. _____ a-t-il _____ à ajouter ?
3. Il vient de se passer _____ de bizarre.
4. Avez-vous encore des chambres libres ?
– Oui, il y en a encore _____

B. *Tout, tous, toute, toutes ?*

1. Je suis un passionné de Balzac, j'ai lu _____ son œuvre.
2. J'ai _____ les raisons de penser qu'ils se sont trompés.
3. S'il te plaît, ne parle pas _____ le temps, je ne peux pas à me concentrer.
4. Sandrine a quatre enfants, _____ des garçons.
5. _____ les salariés de l'usine sont en grève.
6. Faites attention à lui, il est capable de _____.

C. *Le, la, les, du, de la, des ?*

Au petit déjeuner, le petit Julien boit (1) _____ chocolat au lait. Il est trop petit pour boire (2) _____ café, d'ailleurs il déteste (3) _____ café.
Il mange (4) _____ pain avec (5) _____ beurre ou (6) _____ confiture. Il n'aime pas beaucoup (7) _____ céréales. Le dimanche, son père achète (8) _____ croissants. Julien adore (9) _____ croissants.

D. *Le, du, rien, aucun, ni, encore ?*

1. Il y a encore (1) _____ raisin, mais il ne reste (2) _____ oranges (3) _____ pommes.
2. Tu connais le restaurant du coin ? – Non, pas (4) _____.
3. Chez Pierre, tu verras, on mange très bien, tu n'as (5) _____ souci à te faire.
4. Il n'aime pas (6) _____ bon vin, il mange n'importe quoi, il ne connaît (7) _____ à la gastronomie.

4 Les pronoms compléments

1. « le, la, l', les »
sont des pronoms compléments **directs** et remplacent des noms de **choses** ou de **personnes**.
> – *Tu vois les enfants ? – Oui, je **les** vois.*
> – *Tu appelles Jacques ? – Je **l'**appelle tout de suite.*

2. « lui, leur »
sont des pronoms compléments **indirects** et remplacent des noms de **personnes** uniquement.
> – *Tu as téléphoné aux enfants ? – Je viens de **leur** téléphoner.*

3. « m(e), t(e), nous, vous »
sont des pronoms **directs** et **indirects**.
> – *Il t'a appelé ? – Il **m'**appelle rarement.*

4. « y »
- « **y** » remplace les noms compléments de lieu.
> – *Le passeport est dans le tiroir ? – Oui, il **y** est.*
- « **y** » remplace les noms de **choses** précédés de la préposition « **à** ».
> – *Tu as réfléchi à ma proposition ? – Oui, j'**y** ai réfléchi.*
- ♦ Pour les noms de personne, on utilise les pronoms indirects.
> – *Tu as écrit à Félix ? – Oui, je **lui** ai écrit.*
> – *Tu as pensé à Félix ? – Oui, j'ai pensé à **lui**.*

5. « en »
- « **en** » remplace un nom indiquant une quantité indéterminée.
> – *Elle boit du vin ? – Elle **en** boit parfois.*
- Si la quantité est précisée, elle est ajoutée à la fin.
> – *Il y a des blessés ? – Il y **en** a trois.*
- « **en** » remplace un nom précédé d'un verbe construit avec « **de** ».
> – *Tu te souviens de cette histoire ? – Oui, je m'**en** souviens.*

6. La place des pronoms
- Il y a un seul pronom. Dans ce cas, on le place **devant le verbe** aux temps simples et composés. Avec la négation, on le place entre la première négation et le verbe.
> *Je ne **lui** ai pas encore téléphoné. Je vais **l'**appeler bientôt.*
> *Ne **lui** téléphone pas !*
- ♦ À l'impératif affirmatif, le pronom se place après le verbe.
> *Téléphonez-**lui** ! Penses-**y** ! Appelle-**le** !*
- Il y a deux pronoms. Dans ce cas, on les place dans l'ordre suivant.
> *Félix **le lui a dit**.*

me – m' te – t' se – s' nous vous	le – l' la – l' les	lui leur	y	en

A. Complétez.

Félix téléphone à Claire.
La secrétaire répond.
– Bonjour. C'est Félix à l'appareil. Pouvez-vous (1) _____ passer Claire, s'il vous plaît ?
– Mme Dulac ?
– Oui, Claire Dulac, vous pouvez (2) _____ (3) _____ passer ?
– Mme Dulac est en réunion. Voulez-vous (4) _____ laisser un message ?
– Euh… C'est une affaire personnelle … Mais vous pouvez peut-être (5) _____ aider.
– Je (6) _____ écoute.
– Voilà… Depuis plusieurs mois, Claire ne (7) _____ parle plus, elle ne veut plus (8) _____ voir et elle est toujours en réunion quand je (9) _____ téléphone.
– Je vais (10) _____ demander de (11) _____ rappeler.
– Non, non, c'est moi qui (12) _____ rappellerai. Je peux (13) _____ joindre à quelle heure ?
– Disons… dans une heure.
– Très bien. J'ai un petit service à (14) _____ demander. Ne (15) _____ dites pas que j'ai appelé, d'accord ?
– C'est entendu.

B. *y, en, le, la, lui* ou *les* ?

1. Je _____ ai conseillé un bon restaurant, mais il n'a pas voulu _____ aller.
2. Oh ! les belles fraises ! On pourrait _____ acheter un kilo, qu'est-ce que tu _____ penses ? – Encore ! Mais on _____ mange tous les jours !
3. La viande, madame, vous _____ voulez comment ? Bien cuite ou saignante ?
4. Qu'est-ce que je fais du beurre ? – Mets-_____ dans le frigo.
5. Est-ce qu'il a parlé de cette affaire au directeur ? – Je crois qu'il ne _____ a pas encore parlé.
6. Tu as passé tes clés à Pierre ? – Je _____ ai prêtées, et il _____ a perdues.

5 Le passé composé et l'imparfait

1. **Le passé composé se forme avec**

a) ÊTRE au présent + participe passé

• pour les 14 verbes suivants : aller/arriver/descendre/entrer/monter/mourir/naître/partir/passer/rester/retourner/sortir/tomber/venir ainsi que pour leurs composés (redescendre, rentrer, parvenir, devenir, etc.).

> *Il **est tomb**é dans l'escalier.*

• pour les verbes pronominaux : se lever, s'habiller, se coucher, s'ennuyer, etc.

> *Hier soir, je **me suis ennuyé**.*

b) AVOIR au présent + participe passé

• pour les autres verbes.

> *J'**ai acheté** un nouvel ordinateur.*
> *Tu **as** bien **dormi** ?*

• pour les verbes de déplacement habituellement conjugués avec « être » (descendre, entrer monter, etc.) quand ils sont construits avec un complément d'objet direct.

> *J'**ai sorti** la voiture du garage.*
> *Elle **a passé** la journée au bureau.*

2. **Choix entre passé composé et imparfait**
Il dépend de la manière de considérer l'action.

• **Avec le passé composé**, on considère l'action comme un ÉVÉNEMENT.

> *Quand le directeur **est arrivé**, tout le monde **l'a salué** et la réunion **a commencé**.* Chronologique

• **Avec l'imparfait**, on considère l'action comme une SITUATION.

> *Dans cette entreprise l'ambiance **était** détestable : chacun **disait** du mal des autres, personne ne **travaillait** sérieusement.* régulière

♦ Avec l'imparfait, le récit est statique. Le passé composé crée une rupture.

> *Dans cette entreprise l'ambiance **était** détestable. Mais un beau jour M. Lebec **est arrivé** et tout **a changé**.*
> *Il **dormait** quand le téléphone **a sonné**.*

♦ Le choix entre passé composé et imparfait ne dépend pas de la durée de l'action. L'imparfait peut parfois servir à exprimer une action courte et le passé composé à exprimer une action longue.

> *Il **sortait** du bureau quand je l'ai vu.*
> *Elle **a travaillé** pendant trente ans dans la même entreprise.*

E X E R C I C E S

A. Mettez les verbes au passé composé ou à l'imparfait.

1. Il *(être)* _____ 10 heures passées quand il *(arriver)* _____ au bureau.
2. Hier, il *(donner)* _____ sa démission ; il ne *(supporter)* _____ plus l'ambiance de travail.
3. Pendant mon voyage en Afrique, je *(rencontrer)* _____ un homme qui *(parler)* _____ couramment huit langues.
4. Cette ville *(être)* _____ tranquille jusqu'au jour où on *(construire)* _____ un aéroport.
5. Félix *(prendre)* _____ le métro tous les jours, mais le mois dernier il *(décider)* _____ de venir au travail en voiture.

B. Récrivez le texte ci-dessous au passé (passé composé ou imparfait)

Le lundi 2 août, j'arrive à Paris. Je descends à l'hôtel Tronchet. Le matin du premier jour, je prends un taxi et je pars visiter la tour Eiffel. Mais il y a trop de touristes. Il faut faire la queue au moins une heure. Je laisse tomber et je vais au Louvre.

Je décide de prendre le métro pour la première fois. J'ai un peu peur de me perdre, mais tout se passe bien : je trouve facilement mon chemin. À l'entrée du Louvre, il n'y a pas de queue du tout. Quelle chance, me dis-je. En fait, ce jour-là, comme chaque mardi, le musée est fermé.

Alors, je vais dans les jardins du Louvre. Quand je me promène, un terrible orage éclate. J'entre dans un café et je bois une bière. Au moment de payer, plus de portefeuille ! Le garçon est en colère… et moi aussi ! Voilà comment se passe ma première journée à Paris.

6 L'expression du temps

1. Les expressions suivantes permettent d'exprimer la durée et/ou de situer un événement dans le temps.

- « **à** » indique un siècle, une heure.
    *au XXᵉ siècle, **à** 9 heures.*

- « **en** » indique :
– le mois, la saison
    ***En** mars, **en** hiver, **en** été, **en** automne*
Mais : **au** mois de mars, **au** printemps.
– la durée de réalisation d'une action
    *Il a fait beaucoup de progrès **en** deux ans.*

- « **pendant** » indique une durée définie.
    *J'ai travaillé **pendant** trois heures.*

- « **pour** » indique une durée prévue.
    *Vous partirez **pour** combien de temps ?*

- « **depuis** » indique une durée avec un point d'origine dans le passé, une situation actuelle dont l'origine est dans le passé.
    *J'attends **depuis** longtemps/**depuis** 16 heures.*

- « **il y a... que** », « **ça fait... que** » remplacent « depuis » en début de phrase. Ils sont suivis d'une quantité de temps.
    ***Il y a/ça fait** longtemps que j'attends.*

- « **il y a** » (+ passé) se réfère à un moment dans le passé.
    *Il est parti **il y a** trois jours.*

- « **dans** », « **d'ici** » indique un moment dans le futur.
    *Je pars (partirai) **dans/d'ici** trois jours.*

- « **à partir de** », « **dès** » indique un point de départ.
    ***A partir de/dès** demain, je me mets au travail.*

- « **jusqu'à** » indique un point d'arrivée.
    *J'ai travaillé **jusqu'à** minuit.*

- « **tout à l'heure** », « **en ce moment** », « **la semaine dernière** », « **ce matin** », etc. sont des expressions de temps courantes.

2. Les expressions suivantes relient des propositions.
a) Expressions suivies d'un verbe à l'INDICATIF.

- « **quand** », « **lorsque** » (surtout à l'écrit).
    ***Quand** tu partiras, n'oublie pas ton passeport.*

- « **dès que** », « **aussitôt que** ».
    ***Dès que** tu as des nouvelles, appelle-moi.*

- « **après que** », « **depuis que** », « **cependant que** ».
    ***Après qu**'elle est partie, j'ai enfin pu travailler.*
    ***Depuis qu**'il est revenu, il dort tout le temps.*
    *Ne le dérange pas **pendant qu**'il travaille.*

b) Expressions suivies du SUBJONCTIF
- « **jusqu'à ce que** », « **avant que** », « **en attendant que** ».
    *Ne bougez pas **jusqu'à ce que** je revienne.*
    *Téléphone-lui **avant qu**'elle (ne) parte.*
    *Asseyez-vous **en attendant qu**'elle arrive.*

c) Expressions suivies de l'INFINITIF
- « **avant de** », « **après** ».
    *Je dois faire mes valises **avant de partir**.*
    *Je sortirai **après avoir terminé** ce travail.*

EXERCICES

A. « en » ou « dans » ?

1. Je m'en vais _____ deux jours.
2. J'ai fait l'aller-retour _____ une journée.
3. Reste ici ! Je reviens _____ cinq minutes.
4. Elle a pris sa décision _____ un temps record.

B. « depuis » ou « il y a » ?

1. Je ne l'ai pas vu *depuis* la semaine dernière.
2. On s'est rencontrés _____ quelques jours.
3. Je n'ai rien fait _____ mardi.
4. Ils sont en relation d'affaires *depuis* plusieurs années.
5. Elle n'est plus la même _____ son accident.

C. Complétez.

1. Aujourd'hui, nous sommes _____ 25 avril.
2. En général, il prend ses vacances _____ printemps.
3. Il est parti le mois dernier et je ne sais pas où il est _____ ce moment.
4. J'ai une réunion _____ 8 heures du matin.
5. Il sera de retour _____ soir, après le travail.

D. Terminez la phrase avec un complément *de temps*.

1. Il sera absent demain, il va en Italie…
2. Elle a appris son métier…
3. J'ai rendez-vous…
4. Il est en déplacement…
5. Avec le TGV, tu fais Paris-Bruxelles…
6. Je vais essayer de terminer ce travail…
7. J'arrête de fumer…

E. Complétez avec *jusqu'à, jusqu'à ce qu(e), depuis, depuis qu(e), avant d(e), avant qu(e), dès qu(e), après*.

1. _____ j'aurai fini, je vous rejoins.
2. Elle a accepté _____ avoir longuement réfléchi.
3. Je voudrais réfléchir _____ prendre ma décision.
4. Il travaille ici _____ déjà vingt-cinq ans.
5. La poste est ouverte _____ 19 heures.
6. _____ nous sommes arrivés, il n'arrête pas de pleuvoir.
7. Il faudrait le prévenir _____ il ne soit trop tard.
8. Je reste ici _____ il ne pleuve plus.

7 Le discours indirect

♦ Quand on dit une phrase (discours direct) et quand on rapporte cette phrase (discours indirect), il faut faire des changements.
– Direct : *Pierre dit : « Je vais m'informer. »*
– Indirect : *Pierre dit qu'il va s'informer.*

1. Discours indirect simple
- On relie les phrases avec « **que** ».
« Je serai en Italie dans deux jours. »
– *Que dit-elle ?*
– *Elle dit **qu**'elle sera en Italie dans deux jours.*

2. Interrogation indirecte
- On relie les phrases avec « **si** ».
« Tu as terminé ton travail ? »
– *Que demande-t-il à Carine ?*
– *Il lui demande **si elle** a terminé son travail.*

- On relie les phrases avec « **où** », « **quand** », « **pourquoi** », « **comment** », etc.
Pierre téléphone à Carine : « Comment s'est passé ton voyage ? Pourquoi ne m'écris-tu pas ? »
*Il lui demande **comment** s'est passé **son** voyage, **pourquoi elle** ne **lui** écrit pas.*

- On relie les phrases avec « **ce que** », « **ce qui** ».
Qu'est-ce que tu fais ? Qu'est-ce qui t'intéresse ?
*Il lui demande **ce qu**'elle fait, **ce qui** l'intéresse.*

3. Ordre
- L'impératif devient « **de** » + **infinitif**.
« Envoie-moi un rapport. »
*Il lui demande **de** lui **envoyer** un rapport.*

4. Concordance des temps

1er verbe au passé	Discours direct	Discours indirect
Il a dit (:) ou *Il disait (:)*	**au présent** *Je ne sais pas.*	**à l'imparfait** *qu'il ne savait pas.*
	à l'imparfait *Je n'étais pas d'accord.*	• **à l'imparfait** *qu'il n'était pas d'accord.*
	au passé composé *On a acheté une voiture.*	• **au plus-que-parfait** *qu'ils avaient acheté une voiture.*
	au futur *Elle partira demain.*	• **au conditionnel présent** *qu'elle partirait demain.*

EXERCICES

A. Vous êtes dans une gare, en France. L'un de vos compatriotes cherche à s'informer auprès de l'employé du guichet, mais il ne parle pas français.

Il a plusieurs questions :
– « Est-ce qu'il y a un train pour Venise aujourd'hui ? »
– « Les horaires de départ, s'il vous plaît, quels sont-ils ? »
– « Le voyage dure combien de temps ? »
– « Qu'est-ce que je dois faire si je rate mon train ? »
– « Qu'est-ce qui est indiqué sur le billet de train ? »

Aidez-le en rapportant ce qu'il dit à l'employé : *il demande…, il veut savoir,* etc.

B. Charlotte a envoyé à Sarah le message suivant.

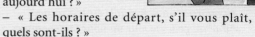

Objet: Départ Paris
De: charlotte.dubois@wanadoo.fr
A: Sarah

Bonjour, Sarah
J'ai une bonne nouvelle à t'annoncer. J'ai trouvé un travail à Paris. J'ai déjà acheté mon billet de train. Je pars demain. J'irai chez Antoine en arrivant. Il veut bien m'héberger, mais je préfère habiter seule et je suis bien décidée à me mettre tout de suite à la recherche d'un appartement. D'après Antoine, ce ne sera pas si facile à trouver.
Tu peux toujours me joindre sur mon portable. En tout cas, je t'appellerai dans quelques jours. Comment va Félix ? A-t-il changé de travail ? Embrasse-le de ma part. À bientôt !
Charlotte

Mettez-vous à la place de Sarah et rapportez le message de Charlotte à Félix en utilisant *« Elle a dit que… »* **ou** *« Elle m'a demandé… ».*

« Charlotte a laissé un message. Elle a dit :
– qu'elle avait… »

8 Les pronoms relatifs

1. Les pronoms relatifs simples

- « **qui** » est sujet.

    *J'ai un ami **qui** parle bien français.*

- « **que** », « **qu'** » est complément d'objet.

    *Regarde la cravate **que** j'ai achetée.*

- « **dont** » remplace un complément précédé de la préposition « **de** » ; il peut être complément d'un verbe, d'un adjectif ou d'un nom.

    *Je te présente Amélie, **dont** je t'ai souvent parlé.*

    *C'est un travail **dont** il est très fier.*

    *C'est une entreprise **dont** les bénéfices augmentent chaque année.*

- « **où** » est complément de lieu ou de temps.

    *Le quartier **où** je travaille est très animé.*

    *Tu te rappelles le jour **où** nous nous sommes rencontrés ?*

- « **quoi** » est neutre ; il est toujours introduit par une préposition.

    *Voici par **quoi** on va commencer.*

- « **ce qui** », « **ce que** », « **ce dont** » (ce = cela).

    *Tu n'écoutes jamais **ce que** je dis.*

- Pour mettre l'accent sur un élément, on utilise :

  – « **C'est… qui/que/dont** »

    *C'est sa bêtise **que** je ne supporte pas.*

  – « **Ce qui/Ce que/Ce dont…, c'est…** »

    *Ce que j'aime, **c'est** sa gentillesse.*

  – « **C'est… ce qui/ce que/ce dont** »

    *C'est tout **ce dont** j'ai besoin.*

2. Les pronoms relatifs composés

- « **lequel** », « **lesquels** », « **laquelle** », « **lesquelles** » sont utilisés après une préposition (*dans, en, sur, pour, avec, etc.*).

    *Comment s'appelle l'entreprise **pour laquelle** elle travaille ?*

- « **auquel** », « **auxquels** », « **à laquelle** », « **auxquels** » sont des pronoms relatifs contractés avec la préposition « **à** ».

    *C'est un projet **auquel** j'ai déjà pensé.*

- « **duquel** », « **desquels** », « **de laquelle** », « **desquels** » sont des pronoms relatifs contractés avec la préposition « **de** ».

    *La réunion **à la fin de laquelle** j'ai assisté a duré trois heures.*

♦ En général, quand le pronom remplace une ou plusieurs personnes, on utilise « **qui** ».

    *Les gens **avec qui** je travaille sont sympathiques.*

    *La personne **à qui** tu penses ne viendra pas.*

    *Tu connais cette femme **à côté de qui** Pierre est assis ?*

A. *qui, qu(e), ce qui, ce que ?*

1. Tu te souviens de cette ville _____ on a traversée et _____ était si belle ? 2. Le travail _____ je dois faire n'est pas facile, mais j'ai un collègue _____ veut bien m'aider. 3. Tout _____ le préoccupe, c'est _____ vont dire les voisins.

B. *dont, où, quoi ?*

1. Je ne sais pas à _____ il pense tout le temps. 2. Le directeur a visité l'usine _____ les ouvriers sont en grève. 3. Quel est le titre du livre _____ tu m'as parlé ?

C. Sandrine et Mélanie sont en pleine discussion.

Complétez le dialogue avec *que, qui, laquelle, auquel, dans laquelle, sous lequel, sur laquelle, par laquelle, au milieu duquel, à qui.*

– Ça, c'est la photo de Max Sardine.

– (1) _____ ? Celle-là ? Mais on ne voit que ses épaules !

– Il a des épaules (2) _____ je reconnaîtrais entre mille.

– Et ça, dans le cadre, c'est quoi ? Une feuille ?

– Oui, ça vient d'un arbre (3) _____ il s'est assis une fois. Et ça, c'est la photo de la forêt (4) _____ se trouve l'arbre.

– Ça alors !

– C'est une forêt (5) _____ se trouve près de Paris. Et ça, c'est un concert de Max (6) _____ j'ai assisté l'an dernier. Tu te souviens du concert (7) _____ il a enlevé sa veste ?

– Incroyable !

– Et cette chaise, c'est la chaise (8) _____ il s'est assis.

– Et cette photo de porte ?

– C'est la porte (9) _____ il est sorti. Et voici la fille (10) _____ il a donné son foulard.

– C'est magique !

---

138 grammaire

9 Le subjonctif

1. Utilisation

• Le subjonctif est généralement introduit par la conjonction « *que* ».

• L'indicatif exprime la réalité de façon objective. Le subjonctif exprime une attitude subjective.

> *Il **fait** beau aujourd'hui* (indicatif).
> *Je suis content qu'il **fasse** beau* (subjonctif).

2. Formation

• Pour les verbes réguliers, le subjonctif est formé sur le radical de la troisième personne du pluriel du présent de l'indicatif.

> Finir ➜ ⊡ils finiss⊡ent ➜ Il faut qu(e) je finiss**e**/tu finiss**es**/il finiss**e**/nous finiss**ions**/vous finiss**iez**/ils finiss**ent**.

• Pour les verbes irréguliers, voir le tableau des conjugaisons.

• On utilise le subjonctif passé pour exprimer une action terminée.

> *Je suis content que tu **aies fini** ton travail.*

3. Après une construction impersonnelle avec « que », on utilise presque toujours le subjonctif.

« **Il faut qu(e)** » est la forme la plus fréquente.

> *Il **faut qu'**il **fasse** attention.*

Quelques exceptions : Il paraît que + *indicatif* ; il est certain/clair/entendu/évident/exact que + *indicatif*.

4. Le subjonctif est utilisé après un verbe exprimant une attitude particulière du sujet :

sentiment, volonté, doute, regret, appréciation, opinion, etc. : « **Je crains que** », « **Je veux que** », « **Je ne veux pas que** », « **Je doute que** », « **Je regrette que** », « **Je trouve intéressant que** », etc.

• ATTENTION ! « **Je crois que** », « **Je pense que** », « **Je suis sûr que** », « **J'espère que** » + *indicatif*. MAIS : « **Je ne crois pas que** », « **Je ne pense pas que** » + « **Je ne suis pas sûr que** » + *indicatif* OU *subjonctif*.

• Certains verbes sont suivis de l'indicatif OU du subjonctif : comprendre, admettre, expliquer, etc.

5. On emploie le subjonctif après certaines conjonctions.

• Le temps : « **avant que** », « **jusqu'à ce que** », « **en attendant que** ».

• Le but : « **pour que** », « **afin que** », « **de façon que** », « **de peur que** », « **de crainte que** ».

• La condition, l'hypothèse : « **à condition que** », « **pourvu que** », « **en admettant que** », « **à moins que** ».

• L'opposition, la concession : « **bien que** », « **quoique** », « **encore que** », « **à moins que** », « **sans que** ».

6. On emploie le subjonctif OU l'indicatif dans certaines constructions relatives.

> *Je ne connais personne qui **sache** faire ce travail.*
> *C'est l'hôtel le moins cher que je **connaisse**.*
> *Je cherche un homme qui **soit** grand et fort.*

EXERCICES

A. Sarah et Félix doivent préparer une réunion. Sarah a préparé une liste des tâches. Elle en parle à Félix. Mettez-vous à sa place. Commencez : « *Il faut qu'on...* ».

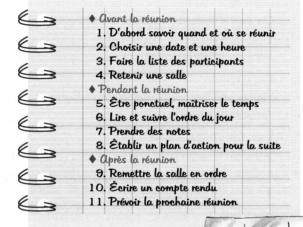

♦ *Avant la réunion*
1. D'abord savoir quand et où se réunir
2. Choisir une date et une heure
3. Faire la liste des participants
4. Retenir une salle

♦ *Pendant la réunion*
5. Être ponctuel, maîtriser le temps
6. Lire et suivre l'ordre du jour
7. Prendre des notes
8. Établir un plan d'action pour la suite

♦ *Après la réunion*
9. Remettre la salle en ordre
10. Écrire un compte rendu
11. Prévoir la prochaine réunion

B. Antoine a un chef autoritaire et exigeant. Complétez les phrases ci-dessous en utilisant les verbes suivants au subjonctif : *pouvoir, être, obéir, aller, prendre.*

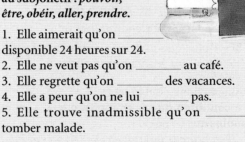

1. Elle aimerait qu'on _____ disponible 24 heures sur 24.
2. Elle ne veut pas qu'on _____ au café.
3. Elle regrette qu'on _____ des vacances.
4. Elle a peur qu'on ne lui _____ pas.
5. Elle trouve inadmissible qu'on _____ tomber malade.

C. Indicatif présent ou subjonctif présent ?

1. Elle affirme qu'elle ne (*savoir*) _____ rien de tout ça.
2. Je constate que vous (*être*) _____ encore en retard.
3. J'aimerais bien qu'elle nous (*rendre visite*) _____.
4. Il trouve que vous ne l'(*écouter*) _____ pas assez.
5. Je trouve absurde que vous ne vous (*parler*) _____ pas davantage.
6. Ça m'arrangerait que tu (*faire*) _____ ce travail à ma place.

10 L'expression de la comparaison, de la condition, de l'hypothèse

1. La comparaison

a) L'égalité, l'infériorité, la supériorité
- « **aussi** », « **moins** », « **plus** » + adjectif ou adverbe + « **que** ».
  *Pierre est **aussi** gros **que** Paul.*
- « **autant de** », « **moins de** », « **plus de** » + nom + « **que** ».
  *On a **autant de** problèmes **qu'**avant.*
- verbe + « **autant que** », « **moins que** », « **plus que** ».
  *Elle travaille **autant que** nous.*

b) Les superlatifs
- « **le/la/les plus/moins** » + adjectif ou adverbe (+ « **de** »).
- « **le plus de/le moins de** » + nom.
- verbe + « **le moins/le plus** ».
  *C'est elle qui a **le plus de** pouvoir.*

♦ « **meilleur** » est le comparatif de supériorité de « **bon** », « **mieux** » est le comparatif de supériorité de « **bien** ».

c) « **plus… plus** », « **moins… moins** », « **autant… autant** »
  ***Plus** je le connais, **plus** je l'aime.*

2. La condition, l'hypothèse

a) Les phrases (les plus courantes) avec « si »
- « **Si** » + présent → présent ou futur dans la principale.
  *Si je **peux**, je **viens/viendrai** avec vous.*
- « **Si** » + imparfait → conditionnel présent.
  *Si je **pouvais**, je **viendrais** avec vous.*
- « **Si** » + plus-que-parfait → conditionnel passé.
  *Si j'**avais pu**, je **serais venu** avec vous.*

b) Conjonctions + subjonctif
- « **à condition que** », « **pourvu que** », « **en admettant que** », « **à moins que (+ ne)** ».
  *Il est heureux **pourvu qu'**elle soit près de lui.*

c) Conjonctions + conditionnel
- « **au cas où** », « **dans le cas où** », « **pour le cas où** », « **dans l'hypothèse où** ».
  *Appelle-moi **au cas où** tu aurais un problème.*

d) Prépositions + infinitif
- « **à condition de** », « **à moins de** ».
  *Je viendrai avec vous, **à moins d'**avoir trop de travail (sauf si j'ai trop de travail).*

e) Gérondif (en + participe présent)
  ***En travaillant**, tu réussiras.*

EXERCICES

A. Complétez.

1. Le niveau de vie des Européens est _____ élevé de nos jours _____ il y a cinquante ans.
2. Malheureusement, je n'ai pas _____ chance _____ toi, tu gagnes toujours.
3. En principe, un billet de cinéma est _____ cher _____ un billet pour l'opéra.
4. Je mets _____ temps _____ avant pour aller au travail parce que j'ai déménagé près du bureau.
5. Cette année, j'ai gagné beaucoup_____ argent _____ l'an dernier, mais j'ai finalement tout perdu à la Bourse.

B. « *mieux* », « *meilleur* », « *le mieux* », « *le meilleur* » ?

1. Il parle _____ français que nous, c'est _____ de la classe.
2. Le résultat est _____ que l'an dernier, ça va de _____ en _____.

C. Complétez avec les temps qui conviennent.

1. Si elle (vouloir) _____, elle pourrait faire de brillantes études.
2. Si tu ne (rester) _____ pas tranquille, tu auras des ennuis.
3. Si elle me (demander) _____ de l'argent, je refuserais.
4. Si on lui (offrir) _____ un meilleur salaire, elle aurait certainement accepté.
5. Si tu crois que je plaisante, tu (se tromper) _____.

D. Faites correspondre les deux moitiés de phrase.

1. Elle ne pourra pas respecter les délais
2. Il veut bien faire la cuisine
3. Elle pourra venir
4. Il trouvera un emploi
5. Tu éviterais de nombreuses fautes

a. pourvu qu'on la prévienne à l'avance.
b. à moins de travailler jour et nuit.
c. en relisant soigneusement.
d. à condition qu'on fasse les courses.
e. à condition d'en chercher un.

11 L'expression de la cause, de la conséquence

1. La cause

a) Conjonctions
- « **parce que** » + *indicatif* est la conjonction la plus courante.
- « **puisque** » + *indicatif* introduit une cause présentée comme évidente et déjà connue par l'interlocuteur.

  *Tu peux venir **puisque** tu es invité.*
- « **comme** » + *indicatif* se place en tête de phrase et met l'accent sur la cause.

  ***Comme** elle était en retard, nous avons dû l'attendre.*
- « **car** » est employé à l'écrit et n'est jamais en tête de phrase.
- « **sous prétexte que** » + *indicatif* introduit une cause contestée (le locuteur n'y croit pas).
- « **en effet** » explique ce qui vient d'être dit.

b) Prépositions
- « **à cause de** » introduit, selon le contexte, une cause à effet neutre ou défavorable ; « **grâce à** » introduit une cause à effet favorable ; « **en raison de** », surtout employé à l'écrit, introduit une cause à effet neutre.
- « **à force de** » insiste sur la cause avec une idée de continuité.

  *Il a réussi **à force de** travail.*
- « **faute de** » indique une cause manquante.

  *Ils n'ont pas pu acheter cette maison, **faute d**'argent.*

2. La conséquence

a) Conjonctions
- « **si bien que** », « **de sorte que** » + *indicatif*.
- « **tellement… que** », « **si… que** ».

  *Il est **tellement** malin **qu**'il s'en sort toujours.*
- « **tellement que…** », « **tant que…** ».

  *Il travaille **tellement qu**'il est toujours fatigué.*
- « **tellement de** », « **tant de** », « **un(e) tel (le)/de tel (le)s** » + nom + **que**.

  *Il y a **tant de** bruit ici **que** je préfère sortir.*

b) Expressions de coordination
- « **donc** » est plutôt placé en tête de phrase à l'oral et dans la phrase à l'écrit ; « **alors** » est surtout utilisé à l'oral et se place en tête de phrase.
- « **c'est pourquoi** », « **c'est pour cela que** », « **c'est pour ça que** », « **c'est la raison pour laquelle** » introduisent le résultat d'une argumentation.
- « **par conséquent** », « **en conséquence** » sont surtout utilisés dans la correspondance commerciale ou administrative.
- « **aussi** » (action) et « **ainsi** » (manière), utilisés le plus souvent avec l'inversion verbe – sujet, introduisent le résultat d'un comportement.

EXERCICES

A. Complétez le début de cette lettre à l'aide des mots ou expressions suivantes : *en effet, à cause de, sous prétexte qu(e), comme, grâce à, faute de, pourquoi.*

Ma chère Sarah,

Aujourd'hui dimanche, j'avais prévu de faire une promenade en forêt. Mais, (1) _____ il fait un temps épouvantable, je préfère rester à la maison. J'en profite pour t'écrire. (2) _____ un ami de mon père, j'ai finalement trouvé un emploi. C'est un travail très fatigant, mais je n'ai pas le choix. La situation, (3) _____, n'est pas brillante. Pierre est toujours au chômage et il va peut-être le rester un moment. Il passe ses journées au lit, à ne rien faire, (4) _____ il est fatigué. En ce moment, d'ailleurs, il est en train de dormir dans la chambre. Il ne peut pas sortir, dit-il, (5) _____ la pluie. Bref, c'est moi qui travaille et je travaille beaucoup. C'est (6) _____ je ne t'ai pas écrit depuis si longtemps, (7) _____ temps…

B. Faites correspondre les deux moitiés de phrase.

1. Elle était si fatiguée
2. Tu peux voter
3. J'ai sonné trois fois, personne n'a répondu
4. Il est toujours désagréable
5. Elle a tellement d'argent

a. alors je suis parti.
b. si bien que personne ne l'aime.
c. qu'elle ne sait plus quoi en faire.
d. qu'elle s'est endormie sur la table.
e. puisque tu es majeur.

12 L'expression du but, de l'opposition, de la concession

1. Le but

a) Conjonctions
• « **pour que** » + *subjonctif*, « **afin que** » + *subjonctif*, « **de peur que** » + *subjonctif*, « **dans l'espoir que** » + *subjonctif*.

b) Prépositions
• « **pour** » + nom ou *infinitif*, « **de peur de** » + nom ou *infinitif*.

• « **pour ne pas** » + *infinitif*, « **de peur de ne pas** » + *infinitif*.

• « **dans le but de** » + *infinitif*, « **dans/avec l'intention de** » + *infinitif*, « **avec l'idée de** » + *infinitif*, « **dans l'espoir de** » + *infinitif*.

2. L'opposition

a) Conjonctions
• « **alors que** » + *indicatif*, « **tandis que** » + *indicatif*, « **pendant que** » + *indicatif* sont les conjonctions les plus courantes.

b) Prépositions
• « **contrairement à** » + nom ou pronom ; « (tout) **à l'opposé de** » + nom ou pronom ; « **au lieu de** » + nom ou pronom ou infinitif sont des prépositions courantes.

c) Adverbes
« **au contraire** », « **à l'opposé** », « **en revanche** » (langue soutenue), « **par contre** » sont les adverbes les plus courants.

3. La concession

a) Conjonctions
• « **bien que** » + *subjonctif*, « **quoique** » + *subjonctif*,
« **encore que** » + *subjonctif* ; « **à moins que** » + *subjonctif* (= sauf si)
  *Je n'irai pas, **à moins qu**'elle (n')insiste.*

• « **même si** » + *indicatif* exprime une idée d'hypothèse.

b) Prépositions
• « **malgré** » + nom ou pronom.

• « **sans** » + nom ou pronom ou infinitif.

c) Adverbes
• « **pourtant** », « **quand même** » sont les plus courants ; « **cependant** », « **néanmoins** », « **toutefois** » sont plus soutenus.
  *Il est malade, mais il est sorti **quand même**.*

d) Coordonnants
• « **mais** », « **or** ».
  *Il dit qu'il est innocent ; **or** tout est contre lui.*

e) Autres expressions.
• « (il) **n'empêche que** » + *indicatif*, « **avoir beau** » + *infinitif*.
  *Elle **a beau** travailler, **il n'empêche qu**'elle n'y arrive pas.*

EXERCICES

A. Faites correspondre les deux moitiés de phrase.

1. Il est arrivé à la tête de l'entreprise
2. Elle ne sort jamais seule
3. Elle a décroché son téléphone
4. Les sauveteurs continuent leurs recherches
5. Il a pris le métro

a. dans l'espoir de trouver des survivants.
b. pour éviter les embouteillages.
c. avec l'idée de tout changer.
d. de peur d'être agressée.
e. pour ne pas être dérangé.

B. Complétez en utilisant une expression d'opposition. Plusieurs solutions sont parfois possibles.

1. _____ dormir toute la journée, tu ferais mieux de travailler.
2. _____ son collègue, il arrive toujours à l'heure.
3. Félix est calme _____ son frère est toujours stressé.
4. J'aime bien les pommes ; _____ je n'aime pas beaucoup les poires.
5. _____ tu bronzes à la plage, je suis en train de me geler au bureau.
6. Il ne sort jamais, il travaille sans arrêt, il est très sérieux, tout _____ son frère.

C. Complétez en utilisant une expression de concession. Plusieurs solutions sont parfois possibles.

1. J'aimerais bien travailler avec votre équipe, _____ quelqu'un ne soit pas d'accord.
2. Je viendrai _____ vous n'êtes pas d'accord.
3. Il est parfaitement incompétent, _____ les apparences.
4. Il a _____ la supplier d'accepter, elle continue de refuser.
5. Il a pris des congés _____ l'accord du directeur.
6. Il est venu travailler, _____ il soit malade.
7. Je leur ai demandé de ne pas venir, mais ils sont venus _____.

13 Tableaux des conjugaisons

	Infinitif	Présent	Subjonctif	Futur
AUXILIAIRES	**Être** *Part. passé* été *Part. présent* étant	je suis tu es il est nous sommes vous êtes ils sont	que je sois que tu sois qu'il soit que nous soyons que vous soyez qu'ils soient	je serai tu seras il sera nous serons vous serez ils seront
	Avoir *Part. passé* eu *Part. présent* ayant	j'ai tu as il a nous avons vous avez ils ont	que j'aie que tu aies qu'il ait que nous ayons que vous ayez qu'ils aient	j'aurai tu auras il aura nous aurons vous aurez ils auront
VERBES RÉGULIERS	**Parler** *Part. passé* parlé *Part. présent* parlant	je parle tu parles il parle nous parlons vous parlez ils parlent	que je parle que tu parles qu'il parle que nous parlions que vous parliez qu'ils parlent	je parlerai tu parleras il parlera nous parlerons vous parlerez ils parleront
	Finir *Part. passé* fini *Part. présent* finissant	je finis tu finis il finit nous finissons vous finissez ils finissent	que je finisse que tu finisses qu'il finisse que nous finissions que vous finissiez qu'ils finissent	je finirai tu finiras il finira nous finirons vous finirez ils finiront
VERBES TRÈS IRRÉGULIERS	**Aller** *Part. passé* allé *Part. présent* allant	je vais tu vas il va nous allons vous allez ils vont	que j'aille que tu ailles qu'il aille que nous allions que vous alliez qu'ils aillent	j'irai tu iras il ira nous irons vous irez ils iront
	Faire *Part. passé* fait *Part. présent* faisant	je fais tu fais il fait nous faisons vous faites ils font	que je fasse que tu fasses qu'il fasse que nous fassions que vous fassiez qu'ils fassent	je ferai tu feras il fera nous ferons vous ferez ils feront
	Pouvoir *Part. passé* pu *Part. présent* pouvant	je peux tu peux il peut nous pouvons vous pouvez ils peuvent	que je puisse que tu puisses qu'il puisse que nous puissions que vous puissiez qu'ils puissent	je pourrai tu pourras il pourra nous pourrons vous pourrez ils pourront
	Savoir *Part. passé* su *Part. présent* sachant	je sais tu sais il sait nous savons vous savez ils savent	que je sache que tu saches qu'il sache que nous sachions que vous sachiez qu'ils sachent	je saurai tu sauras il saura nous saurons vous saurez ils sauront
	Venir *Part. passé* venu *Part. présent* venant	je viens tu viens il vient nous venons vous venez ils viennent	que je vienne que tu viennes qu'il vienne que nous venions que vous veniez qu'ils viennent	je viendrai tu viendras il viendra nous viendrons vous viendrez ils viendront
	Vouloir *Part. passé* voulu *Part. présent* voulant	je veux tu veux il veut nous voulons vous voulez ils veulent	que je veuille que tu veuilles qu'il veuille que nous voulions que vous vouliez qu'ils veuillent	je voudrai tu voudras il voudra nous voudrons vous voudrez ils voudront

EXERCICES

Voici ci-dessous la biographie d'Alexandre Kicétou, le consultant de *français.com*. Complétez le texte en mettant les verbes au *présent de l'indicatif*.

Alexandre Kicétou (*voir*) (1) _____ le jour à Saint-Paul, au lac du Bel-Air, en 1973. Seul enfant d'un père ouvrier et d'une mère violoniste, ses talents (*apparaître*) (2) _____ très tôt. À 5 ans, il (*lire*) (3) _____ les journaux. À 9 ans, le petit Alexandre (*sculpter*) (4) _____, (*peindre*) (5) _____, (*jouer*) (6) _____ magnifiquement du violon. À 12 ans, il (*écrire*) (7) _____ son premier roman. Adolescent, il (*se passionner*) (8) _____ pour les grandes questions économiques. Il (*étudier*) (9) _____ en Suisse, puis en France. À 19 ans, il (*obtenir*) (10) _____ une maîtrise d'économie à la Sorbonne. Il (*interrompre*) (11) _____ alors ses études pour voyager. Il (*se rendre*) (12) _____ dans de nombreux pays, il (*vivre*) (13) _____ à Londres, à Berlin, à Milan, il (*partir*) (14) _____ pour la Chine, il (*apprendre*) (15) _____ plusieurs langues. De retour en France, il (*poursuivre*) (16) _____ des études de doctorat. Sa véritable vocation (*naître*) (17) _____ à cette époque : il (*vouloir*) (18) _____ devenir consultant.

Son doctorat en poche, il (*acquérir*) (19) _____ sa première expérience au sein du cabinet Arnold Meyer. Ses activités professionnelles le (*conduire*) (20) _____ dans le monde entier. Il (*réussir*) (21) _____ partout où il (*aller*) (22) _____.

En 2001, il (*créer*) (23) _____ avec trois collègues le cabinet Oncétou, qui (*connaître*) (24) _____ un rapide succès. En quelques années, Oncétou (*devenir*) (25) _____ l'un des plus importants cabinets d'Europe. En 2003, Alexandre Kicétou (*recevoir*) (26) _____ le prix du meilleur consultant de Saint-Paul. Il (*finir*) (27) _____ actuellement un livre sur les méthodes communicatives.

Infinitif	Présent	Subjonctif	Futur
Acquérir *Part. passé* acquis	j'acquiers nous acquérons ils acquièrent	que j'acquière que nous acquérions qu'ils acquièrent	j'acquerrai nous acquerrons ils acquerront
Appeler *Part. passé* appelé	j'appelle nous appelons ils appellent	que j'appelle que nous appelions qu'ils appellent	j'appellerai nous appellerons ils appelleront
S'asseoir *Part. passé* assis	je m'assieds nous nous asseyons ils s'asseyent	que je m'asseye que nous nous asseyions qu'ils s'asseyent	je m'assiérai nous nous assiérons ils s'assiéront
Attendre *Part. passé* attendu	j'attends nous attendons ils attendent	que j'attende que nous attendions qu'ils attendent	j'attendrai nous attendrons ils attendront
Battre *Part. passé* battu	je bats nous battons ils battent	que je batte que nous battions qu'ils battent	je battrai nous battrons ils battront
Boire *Part. passé* bu	je bois nous buvons ils boivent	que je boive que nous buvions qu'ils boivent	je boirai nous boirons ils boiront
Conclure *Part. passé* conclu	je conclus nous concluons ils concluent	que je conclue que nous concluions qu'ils concluent	je conclurai nous conclurons ils concluront
Conduire *Part. passé* conduit	je conduis nous conduisons ils conduisent	que je conduise que nous conduisions qu'ils conduisent	je conduirai nous conduirons ils conduiront
Connaître *Part. passé* connu	je connais nous connaissons ils connaissent	que je connaisse que nous connaissions qu'ils connaissent	je connaîtrai nous connaîtrons ils connaîtront
Craindre *Part. passé* craint	je crains nous craignons ils craignent	que je craigne que nous craignions qu'ils craignent	je craindrai nous craindrons ils craindront
Croire *Part. passé* cru	je crois nous croyons ils croient	que je croie que nous croyions qu'ils croient	je croirai nous croirons ils croiront
Devoir *Part. passé* dû	je dois nous devons ils doivent	que je doive que nous devions qu'ils doivent	je devrai nous devrons ils devront
Dire *Part. passé* dit	je dis nous disons ils disent	que je dise que nous disions qu'ils disent	je dirai nous dirons ils diront
Dormir *Part. passé* dormi	je dors nous dormons ils dorment	que je dorme que nous dormions qu'ils dorment	je dormirai nous dormirons ils dormiront
Écrire *Part. passé* écrit	j'écris nous écrivons ils écrivent	que j'écrive que nous écrivions qu'ils écrivent	j'écrirai nous écrirons ils écriront
Envoyer *Part. passé* envoyé	j'envoie nous envoyons ils envoient	que j'envoie que nous envoyions qu'ils envoient	j'enverrai nous enverrons ils enverront
Falloir *Part. passé* fallu	il faut	qu'il faille	il faudra
Interdire *Part. passé* interdit	j'interdis nous interdisons ils interdisent	que j'interdise que nous interdisions qu'ils interdisent	j'interdirai nous interdirons ils interdiront
Jeter *Part. passé* jeté	je jette nous jetons ils jettent	que je jette que nous jetions qu'ils jettent	je jetterai nous jetterons ils jetteront

Left margin: VERBES IRRÉGULIERS ET EXCEPTIONS

EXERCICES

Voici un horoscope pour la semaine à venir. Mettez les verbes en italique au futur.

 Lion

Vous *êtes* plein(e) d'énergie. Au travail, vous *obtenez* de bons résultats. Votre patron *est* content et vous *fait* des compliments.

 Bélier

Quel succès ! Au travail, tout le monde *apprécie* votre dynamisme. En amour, *c'est* merveilleux. Personne ne vous *contrarie*.

 Capricorne

Les pépins ne *manquent* pas, mais un ami vous *vient* en aide et vos problèmes se *règlent*.

 Verseau

Vous *avez* beaucoup de travail. Vous ne *pouvez* pas tout faire et certaines tâches *doivent* attendre. Il *faut* être patient.

 Vierge

Votre vie professionnelle vous *réserve* des surprises. Certains évènements vous *déçoivent*. Mais vous *savez* réagir intelligemment.

 Balance

Un événement imprévu et pénible *survient*. Vous *recevez* de nombreuses marques de sympathie. Plusieurs collègues vous *surprennent* agréablement.

 Poisson

Vous *connaissez* des journées de bonheur et vous *savourez* des moments de parfaite sérénité.

Infinitif	Présent	Subjonctif	Futur
Lire Part. passé lu	je lis nous lisons ils lisent	que je lise que nous lisions qu'ils lisent	je lirai nous lirons ils liront
Mettre Part. passé mis	je mets nous mettons ils mettent	que je mette que nous mettions qu'ils mettent	je mettrai nous mettrons ils mettront
Mourir Part. passé mort	je meurs nous mourons ils meurent	que je meure que nous mourions qu'ils meurent	je mourrai nous mourrons ils mourront
Naître Part. passé né	je nais nous naissons ils naissent	que je naisse que nous naissions qu'ils naissent	je naîtrai nous naîtrons ils naîtront
Offrir Part. passé offert	j'offre nous offrons ils offrent	que j'offre que nous offrions que vous offriez	j'offrirai nous offrirons ils offriront
Partir Part. passé parti	je pars nous partons ils partent	que je parte que nous partions que vous partiez	je partirai nous partirons ils partiront
Perdre Part. passé perdu	je perds nous perdons ils perdent	que je perde que nous perdions qu'ils perdent	je perdrai nous perdrons ils perdront
Plaire Part. passé plu	je plais nous plaisons ils plaisent	que je plaise que nous plaisions qu'ils plaisent	je plairai nous plairons ils plairont
Pleuvoir Part. passé plu	il pleut	qu'il pleuve	il pleuvra
Prendre Part. passé pris	je prends nous prenons ils prennent	que je prenne que nous prenions qu'ils prennent	je prendrai nous prendrons ils prendront
Recevoir Part. passé reçu	je reçois nous recevons ils reçoivent	que je reçoive que nous recevions qu'ils reçoivent	je recevrai nous recevrons ils recevront
Rendre Part. passé rendu	je rends nous rendons ils rendent	que je rende que nous rendions qu'ils rendent	je rendrai nous rendrons ils rendront
Répondre Part. passé répondu	je réponds nous répondons ils répondent	que je réponde que nous répondions qu'ils répondent	je répondrai nous répondrons ils répondront
Rire Part. passé ri	je ris nous rions ils rient	que je rie que nous riions qu'ils rient	je rirai nous rirons ils riront
Servir Part. passé servi	je sers nous servons ils servent	que je serve que nous servions qu'ils servent	je servirai nous servirons ils serviront
Sortir Part. passé sorti	je sors nous sortons ils sortent	que je sorte que nous sortions qu'ils sortent	je sortirai nous sortirons ils sortiront
Suivre Part. passé suivi	je suis nous suivons ils suivent	que je suive que nous suivions qu'ils suivent	je suivrai nous suivrons ils suivront
Tenir Part. passé tenu	je tiens nous tenons ils tiennent	que je tienne que nous tenions qu'ils tiennent	je tiendrai nous tiendrons ils tiendront
Vendre Part. passé vendu	je vends nous vendons ils vendent	que je vende que nous vendions qu'ils vendent	je vendrai nous vendrons ils vendront
Vivre Part. passé vécu	je vis nous vivons ils vivent	que je vive que nous vivions qu'ils vivent	je vivrai nous vivrons ils vivront
Voir Part. passé vu	je vois nous voyons ils voient	que je voie que nous voyions qu'ils voient	je verrai nous verrons ils verront

(VERBES IRRÉGULIERS ET EXCEPTIONS)

EXERCICES

Il est 14 heures. Charlotte, qui travaille seulement l'après-midi, vient d'arriver au bureau. Elle discute avec sa collègue, Gabrielle.

Complétez l'extrait de la conversation avec les verbes suivants au participe passé. Attention aux accords !

aller	inviter	rester
déjeuner	lire	sortir
disparaître	pleuvoir	tenir
(se) fâcher	recevoir	venir
faire	rendre	voir

Charlotte : Tu as (1) _____ visite à Duclos ce matin ?

Gabrielle : Non, il a (2) _____ toute la matinée, je ne suis pas (3) _____ .

Charlotte : Ah bon ? Tu es (4) _____ au bureau ? Qu'est-ce que tu as (5) _____ ?

Gabrielle : J'ai (6) _____ le rapport Cerise, j'ai (7) _____ la visite de Claire.

Charlotte : Claire ? Elle est (8) _____ à quelle heure ?

Gabrielle : À midi. On a (9) _____ ensemble.

Charlotte : Vous êtes (10) _____ où ?

Gabrielle : À *La Casserole*.

Charlotte : C'est elle qui t'a (11) _____ ?

Gabrielle : Oui, elle a absolument (12) _____ à payer l'addition.

Charlotte : Au fait, tu as (13) _____ Sarah récemment ?

Gabrielle : Non, elle a (14) _____ depuis un mois, c'est bizarre.

Charlotte : Tu crois qu'elle s'est (15) _____ avec Félix ?

Les expressions de la correspondance commerciale

1. Je m'adresse à mon correspondant en lui donnant le « titre de civilité » qui lui convient

Si j'écris à…	Je commence par…
– une organisation (entreprise, administration, etc.)	**« Messieurs, »** ou **« Madame, Monsieur, »**
– une personne en particulier	**« Madame, »** ou **« Monsieur, »**
– un responsable désigné par sa fonction	**« Monsieur le… »** (titre)**, »**

2. Je commence souvent par me référer à quelque chose : lettre, mail, annonce, entretien, offre, etc.

• J'ai bien reçu • Je me réfère à • Je fais suite à • Je vous remercie de	votre lettre du 3 mars	**concernant…** + nom **par laquelle** vous… + verbe **m'informant que…** + verbe **me demandant de** + verbe
Votre lettre du 3 mars **a retenu toute mon attention**		

Souvent aussi je commence simplement par raconter les événements à l'origine de ma lettre. Exemple :
  « *Le 3 mars, j'ai acheté…* »

3. Je dis que j'informe
  Je vous informe que notre restaurant ouvrira…
  Je vous précise/rappelle que…
  J'ai le plaisir/le regret de vous informer que …

4. Je confirme
  Je vous confirme que…
  Conformément à notre accord, nous vous livrerons…
  Comme convenu, je vous réglerai par chèque…

5. Je formule ma demande
  *Je vous prie de/demande de (**bien vouloir**) m'indiquer…*
  Je vous serais reconnaissant(e) de m'accorder un délai…
  Pourriez-vous m'envoyer… ?

6. J'annonce un envoi

• Vous trouverez • Je vous adresse/ envoie/fais parvenir	ci-joint sous ce pli sous pli séparé	la facture n°…

7. Je manifeste de l'intérêt, je dis mon intention
  Je m'intéresse à/Je suis intéressé(e) par votre proposition…
  *Votre offre **m'intéresse (vivement)** et…*
  J'ai l'intention de/Je souhaiterais vous commander…

8. J'exprime l'obligation
Je suis obligé(e)/contraint(e)/dans l'obligation de reporter…

9. Je dis qu'il m'est possible/impossible de…
Je (ne) peux (pas) vous donner satisfaction.
Je suis (malheureusement) dans l'impossibilité de
Je (ne) suis (pas) en mesure de vous accorder cette réduction…

10. J'accepte
Je suis disposé(e) à/prêt(e) à vous offrir…
Je suis heureux(euse) de (pouvoir) accepter…

11. Je termine avec une formule de conclusion…

Conclure, c'est généralement :	Exemples
Attendre	• Je reste dans l'attente de votre réponse. • Dans l'attente de votre réponse,*…
Espérer	• J'espère que cette solution vous donnera satisfaction. • Dans l'espoir que cette solution vous conviendra,*…
Remercier	• Je vous en remercie par avance. • En vous remerciant (par avance),*… • Avec mes remerciements (anticipés),*…
Regretter	• Je regrette de ne pas pouvoir vous donner satisfaction. • Avec le regret de/En regrettant de ne pas pouvoir vous répondre favorablement,*…
S'excuser	• Je vous prie d'excuser cet incident/ce contretemps.
Rester à disposition	• Je reste à votre disposition pour tout renseignement complémentaire.

* Si la conclusion se termine par une virgule, elle doit être suivie dans la même phrase d'une formule de salutation. Ex. : *Dans l'attente de votre réponse, je vous prie de recevoir, Monsieur, mes meilleures salutations.*

12. … suivie d'une formule de salutation.

Je vous prie de (d') Veuillez	agréer, recevoir	M…,*	mes sentiments mes salutations	respectueux(ses) dévoué(es) les meilleur(es) distingué(es)**
	Agréez, Recevez,			
			Meilleures salutations Cordiales salutations Cordialement Amicalement	

* Il faut reprendre le titre de civilité.
**On envoie ses salutations *distinguées* à un fournisseur, *dévouées* à un client, *respectueuses* à un supérieur et quand on veut montrer qu'on est fâché, on envoie seulement ses salutations (« Recevez, …, mes salutations. »)

C. À l'aide des points 3 à 10, complétez les extraits de lettres suivants.

> Cher collègue,
>
> J'ai été vivement (1) _____ par ta proposition concernant l'affaire Cerise et je suis (2) _____ à en discuter avec toi.
>
> Je te ferai signe dès mon retour.
>
> Cordialement,
>
> Sarah

Monsieur,

Nous avons le (3) _____ de vous confirmer que nous ne sommes plus en (4) _____ de poursuivre nos activités en Belgique.

Nous (5) _____ donc dans (6) _____ de mettre fin à notre contrat du 2 avril et…

Nous vous serions (7) _____ d'effectuer, comme (8) _____, la dernière livraison dans les meilleurs délais.

Nous espérons que…

D. À l'aide du tableau 11, trouvez une conclusion pour chacune des situations suivantes :

1. Vous répondez négativement à une demande.
2. Vous répondez à la réclamation d'un client pour retard de livraison.
3. Vous répondez à une offre d'emploi.
4. Vous répondez à un correspondant qui vous a rendu service.
5. Vous répondez à une demande d'information.

E. Quelle formule de salutations utilisez-vous quand vous écrivez à :

1. votre directeur ?
2. un ami ?
3. un collègue de travail ?

Lexique

1 Prise de contact

1. Faire un tour de tour de table

- **affaire** (n.f.)
C'est une femme d'*affaires*.
- **apprécier** (v.)
J'*apprécie* votre gentillesse.
- **assister** à qqch.
Elle *assiste* à la réunion.
- **à votre avis** (loc.)
À votre avis, d'où vient-il ?
- **client** (n.m.)
Le *client* est roi.
- **collègue** (n.)
Mes *collègues* de travail sont sympathiques.
- **(haute) couture** (n.f.)
Paris est la capitale de la *haute couture*.
- **se débrouiller** (v.)
Ne t'inquiète pas, je *me débrouillerai*.
- **effort** (n.m.)
Fais un *effort*, tu y arriveras.
- **entreprise** (n.f.)
Dans quelle *entreprise* travaille-t-il ?
- **filiale** (n.f.)
Cette entreprise a une *filiale* au Brésil.
- **gagner sa vie** (loc.)
Il *gagne sa vie* en travaillant.
- **s'informer** (v.)
Je *m'informe* en écoutant la radio.
- **librairie** (n.f.)
J'ai acheté ce livre dans une *librairie*.
- **se passionner** (v.)
Il *se passionne* pour la Bourse.
- **propriétaire** (n.)
Il est *propriétaire* de son appartement.
- **réceptionniste** (n.m.)
Il est *réceptionniste* dans un hôtel.
- **styliste** (n.)
Elle est *styliste* chez un grand couturier.
- **vérifier** (v.)
Je dois *vérifier* l'heure de départ.
- **voyage** (n.m.)
Félix est en *voyage*.

2. Engager une conversation téléphonique

- **correspondant** (n.m.)
Désolé, votre *correspondant* est en ligne.
- **dicter** (v.)
La directrice *dicte* une lettre à Félix.
- **agence** (n.f.)
Il achète ses billets d'avion dans une *agence* de voyages.
- **assistant(e)** (n.)
Si je suis absent, voyez mon *assistant*.

- **boulanger** (n.m.)
J'achète mon pain chez ce *boulanger*.
- **consigne** (n.f.)
Je respecte les *consignes* de sécurité.
- **engager** (v.)
La Chine *a engagé* des négociations.
- **entretien** (n.m.)
Il a un *entretien* avec le directeur.
- **épeler** (v.)
Pouvez-vous *épeler* votre nom ?
- **être de retour** (loc.)
Elle *sera de retour* de vacances demain.
- **faire (une) erreur** (loc.)
Vous *faites erreur*, ce n'est pas ici !
- **joindre** (v.)
Je ne peux pas le *joindre* au téléphone.
- **matinée** (n.f.)
Il passera dans la *matinée*.
- **patienter** (v.)
Patientez un instant, j'arrive.
- **se tromper** (v.)
Tu *te trompes* de direction.
- **standardiste** (n.)
La *standardiste* me passe Félix.
- **urgent** (adj.)
Je veux lui parler, c'est *urgent*.

3. Accueillir à l'aéroport

- **à l'heure** (loc.)
Elle *est* toujours *à l'heure*.
- **accueillir** (v.)
Peux-tu *accueillir* ce client ?
- **aller chercher** qqn, qqch.
Je *vais chercher* Félix à la gare.
- **en avance** (loc.)
Je préfère *arriver* un peu en avance.
- **apprendre** (v.)
Elle m'*a appris* la nouvelle hier.
- **bagage** (n.m.)
Vous avez combien de *bagages* ?
- **collaborateur** (n.m.)
Je vous présente mes *collaborateurs*.
- **comme convenu** (loc.)
J'arriverai à 8 heures, *comme convenu*.
- **enchanté** (adj.)
Enchantée de faire votre connaissance !
- **c'est la peine de** (loc.)
Ce n'est pas la peine de vous énerver !
- **communiquer** (v.)
Il m'a *communiqué* son adresse.
- **conduire** (v.)
Elle m'a *conduite* jusqu'à son bureau.
- **dépendre de** qqn, qqch.
Tout *dépend de* la situation.

- **en retard** (loc.)
Dépêche-toi, tu vas être *en retard*.
- **garer** (v.)
J'ai *garé* la voiture dans la rue.
- **insister** (v.)
Elle *insiste* pour venir.
- **intime** (adj.)
C'est un ami *intime*, je lui dis tout.
- **nuageux** (adj.)
Ce matin le ciel est *nuageux*.
- **quartier** (n.m.)
J'habite dans le *quartier* des affaires.
- **se rendre** (v.)
Il *se rend* à pied à son bureau.
- **situer** (v.)
L'aéroport est *situé* en dehors de la ville.
- **valise** (n.f.)
J'ai perdu ma *valise* pendant le voyage.

4. Accueillir dans l'entreprise

- **attitude** (n.f.)
Il a une *attitude* bizarre.
- **avoir rendez-vous** (loc.)
J'*ai rendez-vous* avec Félix.
- **commettre** (v.)
Ils *ont commis* une erreur de livraison.
- **être dans la lune** (loc.)
Tu penses à quoi ? Tu *es dans la lune* ?
- **faire la conversation** (loc.)
Il parle pour ne rien dire, il *fait* juste *la conversation*.
- **indispensable** (adj.)
L'avis d'un expert est *indispensable*.
- **maladresse** (n.f.)
J'ai commis une *maladresse* pendant l'entretien.
- **manquer de** qqch.
Elle *manque de* temps pour se reposer.
- **rappeler** (v.)
Je vous *rappelle* votre promesse.
- **recevoir** (v.)
Le directeur *reçoit* sur rendez-vous.
- **relever** (v.)
J'ai *relevé* 24 fautes dans sa lettre.
- **rendre** (v.)
Cette femme le *rend* fou.
- **saluer** (v.)
Elle m'a *salué* en me voyant.
- **suivre** (v.)
Il *suit* son chef partout.
- **volontiers** (adv.)
Voulez-vous un café ? – *Volontiers*.

2 Agenda

1. Prendre rendez-vous

- **aimer autant** (loc.)
J'aime autant conduire pendant le jour.
- **amener** (v.)
Il a *amené* un nouveau client.
- **arranger** (v.)
Ce rendez-vous dans la soirée ne m'*arrange* pas du tout.
- **convenir** à qqn
Votre proposition ne me *convient* pas.
- **coup de téléphone** (loc.)
J'ai reçu un *coup de téléphone* de ton patron.
- **disponible** (adj.)
Pour toi je suis toujours *disponible*.
- **domicile** (n.m.)
Il a quitté son *domicile* il y a une semaine et il a disparu.
- **de nouveau** (adv.)
Elle est *de nouveau* en voyage.
- **équivalent** (adj.)
Mon salaire est *équivalent* au tien.
- **formel** (adj.)
Il est toujours très poli, très *formel*.
- **importuner** (v.)
Il m'*importune* toujours avec ses questions idiotes.
- **libre** (adj.)
On peut se voir quand tu es *libre*.
- **prendre des notes** (loc.)
J'ai pris des notes pendant la conférence.
- **prendre rendez-vous** (loc.)
J'ai pris rendez-vous avec mon banquier.
- **se retrouver** (v.)
On *se retrouve* chez toi à 8 heures.
- **se voir** (v.)
Je crois que *nous nous sommes* déjà *vus*.

2. Changer de rendez-vous

- **il s'agit de** (loc.)
De quoi *s'agit-il* ? – *Il s'agit de* l'affaire Cerise.
- **apporter** (v.)
Félix, pouvez-vous m'*apporter* un café ?
- **empêchement** (n.m.)
Il ne vient pas, il a eu un *empêchement*.
- **être en déplacement** (loc.)
Mme Dupuis *est en déplacement* pour la journée.
- **déplacer** (v.)
Il a encore *déplacé* la date de son voyage.
- **formidable** (adj.)
Tout s'est bien passé, c'est *formidable*.
- **lendemain** (n.m.)
Il a repris son travail le *lendemain* de son opération.
- **noter** (v.)
J'ai bien *noté* votre adresse.
- **occupé** (adj.)
Sarah *est* très *occupée* en ce moment.

- **pris** (adj.)
Il a beaucoup de travail, il est très *pris*.
- **reporter** (v.)
Il *a reporté* sa décision à demain.
- **tout de suite** (loc.)
Dépêche-toi, le train part *tout de suite*.

3. Organiser son temps de travail

- **allumer** (v.)
Dès qu'il se lève, il *allume* son ordinateur.
- **aussitôt** (adv.)
Il est parti *aussitôt* après la réunion.
- **bal** (n.m.)
Ils sont allés au *bal* du 14 Juillet.
- **se dérouler** (v.)
La réunion *s'est déroulée* sans incident.
- **se détendre** (v.)
Après le travail, je *me détends* en écoutant de la musique.
- **distinguer** (v.)
C'est difficile de *distinguer* la copie de l'original.
- **d'habitude** (adv.)
D'habitude, il rentre du travail vers 19 heures.
- **éditeur** (n.m.)
Cet *éditeur* est spécialisé dans les ouvrages économiques.
- **en général** (adv.)
En général, il arrive au bureau à 9 heures.
- **hésiter** (v.)
Elle *hésite* à prendre sa décision.
- **prendre un bain** (loc.)
Il *prend un bain* tous les soirs.
- **prendre connaissance de** (loc.)
J'ai pris connaissance de votre offre.
- **prendre fin** (loc.)
La réunion *a pris fin* à 18 heures.
- **se promener** (v.)
Je n'ai pas le temps de *me promener*.
- **sans arrêt** (adv.)
Il travaille *sans arrêt* depuis cinq jours.
- **spectacle** (n.m.)
Ce *spectacle* a connu un énorme succès.
- **supplémentaire** (adj.)
J'ai besoin d'un délai *supplémentaire* pour finir le travail.

4. Communiquer son emploi du temps

- **appliquer** (v.)
Cette loi *est* mal *appliquée*.
- **avoir lieu** (loc.)
La réunion *a* déjà *eu lieu*.

- **capital** (n.m.)
Ils ont trouvé le *capital* nécessaire pour créer leur entreprise.
- **conseil** (n.m.)
J'ai bien fait de suivre tes *conseils*.
- **contenir** (v.)
Cette bouteille *contient* un litre.
- **destinataire** (n.m.)
Cette lettre est bien arrivée à son *destinataire*.
- **détaillé** (adj.)
Il nous a présenté une facture *détaillée*.
- **dossier** (n.m.)
Cet avocat connaît bien ses *dossiers*.
- **emploi du temps** (loc.)
Quel est ton *emploi du temps* pour demain ?
- **expéditeur** (n.m.)
La poste a retourné cette lettre à l'*expéditeur*.
- **faciliter** (v.)
Internet *facilite* la communication.
- **formuler** (v.)
Nous *avons formulé* une réclamation au fournisseur.
- **fréquent** (adj.)
Ses retards sont *fréquents*.
- **gestion** (n.f.)
La *gestion* de cette entreprise est une véritable catastrophe.
- **inclure** (v.)
Les frais de transport *sont inclus* dans le prix de vente.
- **s'inscrire** (v.)
Elle *s'est inscrite* à l'université.
- **marge** (n.f.)
Il a écrit des notes dans la *marge*.
- **mention** (n.f.)
La lettre est revenue avec la *mention* « N'habite pas à l'adresse indiquée ».
- **motif** (n.m.)
Il se fâche souvent sans *motif*.
- **lisiblement** (adv.)
Ecrivez votre nom *lisiblement*, s'il vous plaît.
- **obligatoire** (adj.)
Dans cette école, le français est une matière *obligatoire*.
- **recommander** (v.)
Il m'*a recommandé* de voir le directeur.
- **rédaction** (v.)
La *rédaction* de ce contrat n'a pas été facile.
- **rédiger** (v.)
Il se charge de *rédiger* le rapport.
- **renseignement** (n.m.)
Je voudrais un *renseignement* sur les horaires.
- **stage** (n.m.)
J'ai suivi un *stage* d'informatique.

1. S'informer sur le lieu de destination

- **avoir rapport à** (loc.)
Tu ne te souviens pas ? Ça *a rapport à* l'affaire Cerise.
- **banlieue** (n.f.)
Il habite dans la *banlieue* de Florence.
- **carrefour** (n.m.)
Prenez à droite au prochain *carrefour*.
- **compter** (v.)
Cette entreprise *compte* 80 salariés.
- **coûter** (v.)
Cette chemise *coûte* cinquante euros.
- **se dépêcher** (v.)
Je *me dépêche* je suis en retard.
- **destination** (n.f.)
Ce train est *à destination de* Genève.
- **entourer** (v.)
Le président *était entouré* de ses collaborateurs.
- **époque** (n.f.)
À notre *époque*, tout change très vite.
- **s'étendre sur** (v.)
Son pouvoir *s'étend sur* toute la société.
- **expansion** (n.f.)
Ce secteur est en pleine *expansion*.
- **habitant** (n.m.)
Il y a combien d'*habitants* à Paris ?
- **immigration** (n.f.)
Dans certains pays, l'*immigration* est fortement contrôlée.
- **invasion** (n.f.)
Il y a une *invasion* de touristes.
- **peuplé** (adj.)
La Chine est très *peuplée*.
- **prendre part à** (loc.)
Il *prend part à* la discussion.
- **rendre visite à** qqn
Hier j'*ai rendu visite à* un client.
- **réunir** (v.)
Le directeur *a réuni* le personnel.
- **se trouver** (v.)
La tour Eiffel *se trouve* à Paris.

2. Se déplacer en ville

- **adresser** (v.)
Cette lettre *est adressée* à Félix.
- **bénéficier de** qqch.
Il *a bénéficié d'*une prime.
- **bon marché** (loc.)
C'est pas cher, c'est *bon marché*.
- **carnet** (n.m.)
J'ai perdu mon *carnet* d'adresses.
- **dépliant** (n.m)
J'ai pris quelques *dépliants* sur l'Italie à l'office du tourisme.
- **desservir** (v.)
Ce train *dessert* Lyon et Marseille.

- **destiner à** qqn, à qqch.
Ce livre *est destiné aux* économistes.
- **forfait** (n.m.)
Ils proposent un *forfait* de 500 euros pour un voyage d'une semaine en Égypte.
- **gratuitement** (adv.)
J'ai assisté au concert *gratuitement*.
- **guide** (n.m.)
Si tu vas en Italie, achète un *guide*.
- **itinéraire** (n.m.)
J'ai un nouvel *itinéraire* pour aller au travail.
- **moyen de transport** (loc.)
La bicyclette est un bon *moyen de transport*.
- **parcourir** (v.)
Il *a parcouru* l'Europe en dix jours.
- **plan** (n.m.)
Tu as un *plan* de Paris ? Je suis perdu.
- **pratique** (adj.)
C'est bien *pratique* d'avoir un guide quand on voyage.
- **revenir** (v.)
Ça *revient* à combien de prendre un taxi ? – Ça *revient* cher.
- **valable** (adj.)
Mon passeport n'est plus *valable*.

3. Trouver le bon chemin

- **à l'aide de** (loc.)
Tu comprendras *à l'aide d'*un dictionnaire.
- **ajouter** (v.)
Ta lettre est parfaite, je ne vois rien à *ajouter*.
- **carte** (n.f.)
Je suis perdu, passe-moi la *carte*.
- **chemin** (n.m.)
Nous avons pris le mauvais *chemin*.
- **deviner** (v.)
Devine qui est arrivé.
- **longer** (v.)
Nous avons *longé* la côte en voiture.
- **marcher** (v.)
J'ai fait un peu d'exercice, j'*ai marché* jusqu'au bureau.
- **passant** (n.m.)
J'ai demandé mon chemin à un *passant*.
- **tomber sur** qqn, qqch.
Je *suis tombé sur* un collègue de travail à la sortie de théâtre.
- **traverser** (v.)
J'*ai traversé* les États-Unis d'est en ouest.
- **quai** (n.m.)
On s'est promené sur les *quais* de la Seine.
- **sortie** (n.f.)
On se retrouve à la *sortie* du métro.

4. Faire du tourisme

- **abandonner** (v.)
J'*abandonne* ce projet, il est irréalisable.
- **à la mode** (loc.)
Elle porte des vêtements *à la mode*.
- **aménager** (v.)
Elle *a aménagé* son bureau à son goût.
- **Antiquité** (n.f.)
Ils étudient l'*Antiquité* romaine.
- **artisan** (n.m.)
Il fait un stage chez un *artisan* bijoutier.
- **atelier** (n.m.)
Elle travaille dans un *atelier* de couture.
- **attirer** (v.)
Cette entreprise *attire* de jeunes diplômés.
- **bien entendu** (loc.)
Vous pouvez me rendre un service ? – *Bien entendu*.
- **boutique** (n.f.)
Elle travaille dans une *boutique* de vêtements.
- **célèbre** (adj.)
Cet acteur est *célèbre*.
- **commentaire** (n.m.)
Avez-vous des *commentaires* à faire ?
- **divers** (adj.)
Il a des activités très *diverses*.
- **faire attention à** (loc.)
Fais attention à lui, il est dangereux.
- **faire des courses** (loc.)
Je *fais mes courses* au supermarché du coin.
- **genre** (n.m.)
Je n'aime pas ce *genre* de travail.
- **magasin d'alimentation** (loc.)
Ce petit *magasin d'alimentation* reste ouvert jusqu'à minuit.
- **se mettre d'accord** (v.)
Ils *se sont mis d'accord* sur tout.
- **posséder** (v.)
Elle *possède* une immense fortune.
- **principal** (adj.)
Quelle est l'activité *principale* de cette société ?
- **promotion** (n.f.)
Elle fait très bien la *promotion* de ce produit.
- **remonter** (v.)
Ma famille *remonte* au XVIᵉ siècle.
- **représentation** (n.f.)
La *représentation* commence à 20 heures précises.
- **résidence** (n.f.)
Ils ont une *résidence* secondaire à la campagne.
- **restaurer** (v.)
Ce château va bientôt être *restauré*.
- **se terminer** (v.)
Les vacances *se terminent* demain.
- **siège** (n.m.)
Le *siège* de cette société est à Londres.

4 Hôtel

1. Choisir un hôtel

• **à proximité** (loc.)
Ils habitent *à proximité* l'un de l'autre.
• **s'adresser à** qqn (v.)
Je *me suis adressé* au directeur.
• **ambiance** (n. f.)
L'*ambiance* n'est pas très bonne ici, tout le monde se dispute.
• **appartenir à** qqn
Ce château *appartient à* un riche Américain.
• **avoir le vertige** (loc.)
Il *a le vertige* en montagne.
• **avoir un faible pour** (loc.)
Il *a un faible pour* les jolies femmes.
• **blanchissage** (n.m.)
J'ai envoyé le linge au *blanchissage*.
• **chaîne** (n.f.)
Il dirige une *chaîne* de restaurants.
• **compter** (v.)
Pour lui, il n'y a que l'argent qui *compte*.
• **élevé** (adj.)
Le plafond est peu *élevé*.
• **emplacement** (n.m.)
Ils cherchent un *emplacement* pour la construction de l'usine.
• **enquête** (n.f.)
Nous faisons une *enquête* sur les conditions de travail dans les petites entreprises.
• **exigu** (adj.)
Son bureau est si *exigu* qu'on peut à peine bouger.
• **extra** (n.m.)
Ce soir on fera un *extra*, on dînera au champagne.
• **luxueux** (adj.)
Elle aime les magasins chics, *luxueux*.
• **publicité** (n.f.)
Il y a trop de *publicité* à la télévision.
• **questionnaire** (n.m.)
J'ai répondu à un *questionnaire* d'enquête sur des produits de beauté.
• **spartiate** (adj.)
Il vit d'une manière *spartiate*, sans aucun confort.
• **tenir à** qqn, qqch.
Je *tiens à* terminer ce travail.
• **ton** (n.m.)
Elle parle toujours sur un *ton* sérieux.
• **vue** (n.f.)
Du haut de cette tour, la *vue* est belle.

2. Réserver une chambre d'hôtel

• **acompte** (n.m.)
J'ai versé un *acompte* de 100 euros à la commande.
• **atout** (n.m.)
Elle va sûrement réussir, elle a de nombreux *atouts*.

• **cadre** (n.m.)
J'ai la chance de travailler dans un *cadre* agréable.
• **charme** (n.m.)
C'est un bel homme, il a beaucoup de *charme*.
• **chaleureux** (adj.)
Il te recevra bien, il est très *chaleureux*.
• **circuler** (v.)
Dans cette rue, les voitures ont du mal à *circuler*.
• **cliquer** (v.)
Tu *cliques* ici avec la souris.
• **concernant** (prép.)
J'ai lu un article *concernant* cette affaire.
• **confirmation** (n.f.)
Nous attendons la *confirmation* de son arrivée.
• **coordonnées** (n.f. pluriel)
Laissez-moi vos *coordonnées* et je vous contacterai.
• **au cours de** (loc.)
Il a changé dix fois d'employeurs *au cours de* sa carrière.
• **en plein cœur** (n.m.)
Il est parti *en plein cœur* de la discussion.
• **fiche** (n.f.)
Nous n'avons plus d'informations sur ce client, nous avons perdu sa *fiche*.
• **goût** (n.m.)
Il a décoré son bureau avec *goût*.
• **omniprésent** (adj.)
Il est présent partout, il est *omniprésent*.
• **prestation** (n.f.)
Cet hôtel offre de nombreuses *prestations*.
• **prévoir** (v.)
J'ai prévu un dîner pour dix personnes.
• **prier** (v.)
Je vous *prie* de me confirmer l'heure de la réunion.
• **remplir** (v.)
Pouvez-vous *remplir* ce formulaire ?
• **supplément** (n.m.)
Il faut payer un *supplément* pour la réservation.

3. Séjourner à l'hôtel

• **amabilité** (n.f.)
Je vous remercie de votre *amabilité*.
• **ça ne fait rien** (loc.)
Je vous ai fait mal ? – Non, *ça ne fait rien*.
• **copieux** (adj.)
Ils servent des repas bons et *copieux*.
• **donner sur** qqch.
Le salon *donne sur* la tour Eiffel.
• **épouvantable** (adj.)
Il fait un temps *épouvantable*.
• **faire un régime** (loc.)
Il *fait un régime* depuis un an, mais il n'arrive pas à maigrir.

• **impérativement** (adv.)
Vous devez *impérativement* répondre avant la fin du mois.
• **insonoriser** (v.)
Je dors mieux depuis que j'ai fait *insonoriser* ma chambre.
• **s'occuper de** qqn, qqch.
Ici, chacun *s'occupe de* ses propres affaires.
• **se plaindre** (v.)
Il *se plaint* toujours, il n'est jamais content.
• **prêter** (v.)
Je lui *ai prêté* 300 euros.
• **rapport** (n.m.)
Je ne vois aucun *rapport* entre ce que tu me dis et ce que j'ai vu.
• **rendre** (v.)
Peux-tu me *rendre* l'argent que je t'ai prêté ?
• **séjourner** (v.)
J'ai *séjourné* chez des amis pendant trois semaines.
• **spacieux** (adj.)
Ils habitent dans un logement *spacieux*.
• **terrible** (adj.)
Tu as passé de bonnes vacances ? – Non, pas *terribles*.
• **tomber amoureux de** (loc.)
Elle est *tombée amoureuse* du directeur.

4. Adresser une réclamation

• **avoir droit à** qqch.
Quand il a été licencié, il *a eu droit* à une indemnité.
• **convenu** (adj.)
Nous paierons le prix *convenu*.
• **faire référence à** (loc.)
Il a *fait référence à* un livre, mais je ne sais plus lequel.
• **fixer** (adj.)
L'heure de la réunion n'est été *fixée*.
• **réception** (n.f.)
Nous vous expédierons la marchandise dès *réception* de votre commande.
• **réclamation** (n.f)
Pour toute *réclamation*, adressez-vous au service après-vente.
• **réclamer** (v.)
Les grévistes *réclament* une augmentation de salaire.
• **reçu** (n.m.)
Est-ce que tu as demandé un *reçu* quand tu as payé ?
• **réduction** (n.f.)
Le fournisseur a accordé une *réduction* de 10 % à son client.
• **régler** (v.)
Elle a *réglé* sa note d'hôtel en espèces.
• **séjour** (n.m.)
Nous avons passé un très agréable *séjour* à Paris.

5 Restauration

1. S'adapter aux traditions

- **apéritif** (n.m.)
Je prendrai bien un *apéritif* avant de passer à table.
- **s'attendre à** qqch.
Avec lui, il faut *s'attendre à* tout.
- **avoir accès à** (loc.)
Il n'a pas *accès* à l'information.
- **bavarder** avec qqn de qqch.
Elle perd son temps *à bavarder*.
- **commander** (v.)
Tu peux *commander* un café pour moi ?
- **consister en** qqch.
L'examen *consiste en* deux épreuves écrites.
- **discuter** avec qqn de/sur qqch.
On ne peut pas *discuter* avec lui.
- **distinct** (adj.)
Un comptable n'est pas un financier, ce sont deux métiers *distincts*.
- **durer** (v.)
Les vacances *durent* deux semaines.
- **faire partie de** (loc.)
Je *fais partie* de l'équipe.
- **hôte** (n.m)
Nous avons remercié notre *hôte* et nous sommes partis.
- **occasion** (n.f.)
J'ai souvent l'*occasion* de le rencontrer.
- **passer (une) commande** (loc.)
Je vous ai *passé commande* le 3 mars de 20 bouteilles de Château-Fignac.
- **relevé** (adj.)
J'aime les plats *relevés*, avec beaucoup de goût.

2. Passer commande

- **annotation** (n.f.)
Le directeur m'a rendu mon rapport avec plein d'*annotations*.
- **apporter** (v.)
Le facteur a *apporté* un gros paquet.
- **assiette anglaise** (loc.)
L'*assiette anglaise* est un assortiment de viandes froides.
- **fricassée** (n.f.)
Notre *fricassée* est faite de morceaux de poulet cuits à la casserole.
- **frisée** (n.f.)
La *frisée* aux lardons est une salade avec de petits morceaux de lard cuits.
- **garni** (adj.)
Il m'a servi un filet de bœuf *garni* de haricots.
- **ligne** (n.f.)
Il mange peu pour garder la *ligne*.
- **salade niçoise** (loc.)
Pour préparer la *salade niçoise*, il faut des pommes de terre, des tomates, des haricots verts, quelques oignons, quelques olives noires et des miettes de thon.
- **sortir de l'ordinaire** (loc.)
Cet homme est bizarre, il *sort* vraiment *de l'ordinaire*.
- **saucisson** (n.m.)
Ce midi, j'ai mangé un sandwich au *saucisson*.
- **supporter** (v.)
Je ne *supporte* pas l'alcool, ça me rend malade.
- **surveiller** (v.)
Il n'a pas confiance, il nous *surveille* sans arrêt.
- **trouver** (v.)
Je *trouve* que c'est une bonne idée.
- **volaille** (n.f.)
Il élève toutes sortes de *volailles* : des poules, des canards, des oies, des dindes, etc.

3. Travailler dans la restauration

- **adroit** (adj.)
Toi qui es *adroit*, tu peux réparer cette chaise ?
- **bouillir** (v.)
Tu peux faire *bouillir* l'eau pour le thé ?
- **collectif** (adj.)
Nous travaillons en équipe, c'est un travail *collectif*.
- **créatif** (adj.)
Il est très *créatif*, c'est un véritable artiste.
- **envisager** (v.)
Elle *envisage* de changer de travail.
- **être en bonne santé** (loc.)
Il *est* toujours *en bonne santé*, je ne l'ai jamais vu malade.
- **glisser** (v.)
J'ai *glissé* une lettre sous la porte.
- **gourmand** (adj.)
Je suis très *gourmand*, j'ai mangé tout le chocolat.
- **gourmet** (n.m.)
Il apprécie la bonne cuisine, c'est un fin *gourmet*.
- **héritage** (n.m.)
Il est riche depuis qu'il a fait un *héritage*.
- **ingrédient** (n.m.)
On a tous les *ingrédients* pour faire un gâteau.
- **horaire** (n.m.)
Quels sont les *horaires* de train pour Bruxelles ?
- **lier à** qqn/qqch.
Ses difficultés sont *liées à* son manque d'organisation.

- **natal** (adj.)
Après vingt ans à l'étranger, il est rentré dans son pays *natal*.
- **rayer** (v.)
Tu peux *rayer* mon nom de la liste des invités, je ne viendrai pas.
- **remuer** (v.)
Remue ta soupe pour la faire refroidir.
- **stress** (n.m.)
Ils travaillent dans le *stress*.

4. Faire des critiques

- **accrocher** (v.)
J'ai *accroché* le tableau dans mon bureau.
- **affluer** (v.)
Dès qu'il fait beau, les vacanciers *affluent* à la plage.
- **attente** (adj.)
Elle est déçue, le résultat ne répond à ses *attentes*.
- **bruyamment** (adv.)
Les enfants jouent *bruyamment*.
- **choquant** (adj.)
Il est très mal élevé, il a des manières *choquantes*.
- **considérable** (adj.)
Depuis son arrivée, elle a fait un travail *considérable*.
- **courant d'air** (loc.)
Ferme la fenêtre, il y a des *courants d'air*.
- **davantage** (adv.)
Depuis que je le connais, je l'apprécie *davantage*.
- **s'éterniser** (v.)
Je m'en vais, je ne veux pas *m'éterniser* ici.
- **excité** (adj.)
Il est toujours *excité*, il ne peut pas rester deux minutes tranquille.
- **inaccessible** (adj.)
Tu n'y arriveras pas, c'est un objectif *inaccessible*.
- **majorité** (n.f.)
La *majorité* des salariés est en grève.
- **moindre** (adj.)
Il dit la vérité, je n'ai pas le *moindre* doute.
- **musclé** (adj.)
C'est un bel homme, grand, fort, *musclé*.
- **prétention** (n.f.)
Il parle avec *prétention*, il croit tout savoir.
- **soit** (adv.)
Vous avez raison, *soit* !
- **surprendre** (v.)
Sa réaction m'a *surpris*.
- **à toute vitesse** (loc.)
Il conduit *à toute vitesse*, un jour il aura un accident.

6 Entreprises

1. Découvrir l'entreprise

• **action** (n.f.)
J'ai vendu mes *actions* au bon moment.
• **bénéfice** (n.m.)
Cette société a toujours fait des *bénéfices*.
• **chiffre d'affaires** (loc.)
Notre *chiffre d'affaires* est en constante augmentation.
• **fabriquer** (v.)
Cette usine *fabrique* des ordinateurs.
• **lancer** (v.)
Nous *lançons* chaque année de nouveaux produits.
• **bon marché** (adj.)
Je connais un magasin *bon marché*.
• **chuter** (v.)
Le cours de Peugeot a *chuté* de 15 %.
• **concevoir** (v.)
Ce livre a été *conçu* pour vous.
• **cours** (n.m.)
Cette année, les *cours* ont baissé sur toutes les places boursières.
• **coûter** (v.)
Combien ça *coûte* ? – Ça *coûte* cher.
• **s'échanger** (v.)
Ils se sont *échangés* leurs vêtements.
• **effectif** (n.m.)
Les *effectifs* de cette entreprise sont de trente salariés.
• **s'élever à** (v.)
Le prix de cette voiture *s'élève à* 18 000 euros.
• **employer** (v.)
Cette entreprise *emploie* dix salariés.
• **environnement** (n.m.)
L'*environnement* économique est favorable aux affaires.
• **étendue** (n.f.)
L'*étendue* de son pouvoir est immense.
• **implantation** (n.f.)
L'*implantation* de cette usine a amené des emplois.
• **marque** (n.f.)
Tu connais la *marque* de cette voiture ?
• **papeterie** (n.f.)
Il y a une *papeterie* au coin de la rue.
• **produit** (n.m.)
Cette épicerie vend toutes sortes de *produits* alimentaires.

2. Comparer des performances

• **dépasser** (v.)
Il est premier, il *dépasse* tout le monde.
• **détenir** (v.)
Elle *détient* le record du monde du cent mètres.
• **se disputer** (v.)
Elle *s'est disputée* avec sa meilleure amie.
• **majeur** (adj.)
Il travaille la *majeure* partie du temps.

• **obtenir** (v.)
Avec cette machine, on *obtient* de bons rendements.
• **rang** (n.m.)
La France se place au premier *rang* mondial pour la production de vins.
• **représenter** (v.)
L'achat de cette voiture *représente* un an de salaire.

3. Réussir dans les affaires

• **coût de production** (loc.)
Ils ont dû vendre à perte, au-dessous du *coût de production*.
• **délai** (n.m.)
Je ne peux pas payer tout de suite, j'ai demandé un *délai* d'un mois.
• **détaillant** (n.m.)
Le *détaillant* vend au détail, le grossiste vend en gros.
• **discipline** (n.f.)
Il faut beaucoup de *discipline* pour travailler chez soi.
• **en échange de** (loc.)
Qu'est-ce que tu m'offres *en échange de* ce petit service ?
• **encourager** (v.)
Le gouvernement veut *encourager* la création d'entreprises.
• **exemplaire** (adj.)
Les pompiers ont montré un courage *exemplaire*.
• **exiger** (v.)
Ils *exigent* de nombreuses conditions.
• **finir par** + inf.
Ne t'en fais pas, tu *finiras par* y arriver.
• **fixe** (adj.)
Dans ce magasin, les prix sont *fixes*, on ne peut pas marchander.
• **garantir** (v.)
Mon assurance me *garantit* contre le vol.
• **grand magasin** (loc.)
J'ai acheté cette montre dans un *grand magasin*.
• **inattendu** (adj.)
Ils nous ont rendu une visite *inattendue*.
• **marchandage** (n.m.)
J'ai obtenu une réduction du prix après un long *marchandage*.
• **marge** (n.f.)
La *marge* bénéficiaire de cette entreprise est élevée.
• **se passer de** (v.)
Elle ne peut pas *se passer de* lui.
• **placement** (n.m.)
Il a fait de mauvais *placements* et il a perdu beaucoup d'argent.
• **placer** (v.)
Il a pris de gros risques en *plaçant* son argent à la Bourse.

• **profiter de** qqn, qqch.
Elle *profite des* soldes pour faire ses achats.
• **rayon** (n.m.)
Vous trouverez le fromage au *rayon* des produits laitiers.
• **recourir à** qqn, qqch.
La police a *recouru à* la force.
• **réduire** (v.)
Les entreprises ont *réduit* leurs investissements.
• **rembourser** (v.)
J'ai *remboursé* toutes mes dettes.
• **remplacer** (v.)
Nous avons *remplacé* le café par le thé.
• **réputé** (adj.)
Ce restaurant est *réputé* pour ses vins.
• **revenu** (n.m.)
Les impôts sur le *revenu* sont très élevés dans ce pays.
• **supprimer** (v.)
Ils ont *supprimé* la prime de fin d'année pour tous les salariés.
• **toucher** (v.)
Il *touche* un gros salaire.
• **trésorerie** (n.f.)
Cette entreprise a des difficultés de *trésorerie*.

4. Chercher des opportunités

• **adopter** (v.)
Cette loi *a été adoptée* à l'unanimité.
• **croissance** (n.f.)
Nous sommes en récession, la *croissance* a chuté de 5 %.
• **d'avenir** (loc.)
Il sera médecin, c'est un métier *d'avenir*.
• **s'enrichir** (v.)
Il *s'est enrichi* en gagnant à la Bourse.
• **force** (n.f.)
Avant de lancer un produit, il faut analyser les *forces* et les faiblesses des concurrents.
• **fournir** (v.)
Cette école *fournit* les livres aux élèves.
• **gagner**
Il a *gagné* une fortune à la Bourse.
• **moyen** (n.m.)
Elle veut réussir par tous les *moyens*.
• **rendre responsable de** (loc.)
Le P-DG *a été rendu responsable des* mauvais résultats de l'entreprise.
• **secteur** (n.m.)
Il travaille dans le *secteur* informatique.
• **poursuivre en justice** (loc.)
Il *poursuit* son ancien employeur *en justice*.
• **sauver** (v.)
Elle m'a *sauvé* la vie.

7 Travail

1. Répartir les tâches

- **article** (n.m.)
Ce magasin vend de nombreux *articles*.
- **attendre de** qqn **que** + subj.
Il *attend de* moi que je fasse tout.
- **avouer** (v.)
J'*avoue* que vous avez raison.
- **catalogue** (n.m.)
Le prix est indiqué dans le *catalogue*.
- **se charger de** qqch.
Ne t'inquiète pas, je *me charge de* tout.
- **classer** (v.)
J'ai *classé* les mots par thème.
- **conclure** (v.)
Il a *conclu* son discours en le remerciant.
- **consister à** + inf.
Mon travail *consiste à* répondre aux réclamations des clients.
- **coordonner** (v.)
Il faudrait *coordonner* nos idées.
- **effectuer** (v.)
Le gouvernement *a effectué* des réformes importantes.
- **encaisser** (v.)
J'*ai encaissé* plusieurs chèques.
- **établir** (v.)
J'ai *établi* la liste des participants.
- **facture** (n.f.)
J'ai réglé la *facture* de téléphone.
- **faire parvenir** (loc.)
Nous vous *faisons parvenir* la marchandise que vous avez commandée.
- **en fonction de** (loc.)
Il travaille plus ou moins volontiers, *en fonction de* son humeur.
- **en règlement de** (loc.)
Vous trouverez ci-joint un chèque de 870 euros *en règlement de* votre facture.
- **faire le ménage** (loc.)
Elle *fait le ménage* tous les jours.
- **il arrive à** qqn **de** + inf.
Il lui *arrive de* travailler toute la nuit.
- **orienter** (v.)
J'*ai orienté* ce voyageur vers le bureau d'informations.
- **poser sa candidature** (loc.)
J'ai *posé ma candidature* au poste de directeur.
- **prendre soin de** (loc.)
*Prenez soin d'*éteindre toutes les lumières avant de partir.
- **prêt-à-porter** (loc.)
J'ai acheté cette veste dans une boutique de *prêt-à-porter*.
- **répartir** (v.)
Les bénéfices sont *répartis* entre les associés.

- **stocker** (v.)
Il y a une cave pour *stocker* le vin.
- **tâche** (n.f.)
Elle ne s'intéresse pas aux *tâches* administratives.

2. Aménager l'espace de travail

- **adapter** (v.)
Nos vêtements sont *adaptés* au climat.
- **aménager** (v.)
Ils ont *aménagé* le bureau de Félix en salle de réunion.
- **auprès de** (loc.)
Je suis intervenu *auprès du* directeur.
- **se concentrer** (v.)
Silence ! Je n'arrive pas à *me concentrer*.
- **disposer de** qqn/qqch.
Elle *dispose d'*un logement de fonction.
- **gêner** (v.)
La fumée de cigarette me *gêne*.
- **haut de gamme** (loc.)
Elle m'a offert un stylo *haut de gamme*.
- **inconvénient** (n.m.)
Fumer présente beaucoup d'*inconvénients* et peu d'avantages.
- **installer** (v.)
Ils sont *installés* à la campagne.
- **intimité** (n.f.)
Cet acteur veut garder son *intimité*.
- **être à la recherche de** (loc.)
Nous *sommes à la recherche d'*un comptable.
- **être spécialisé** dans qqch.
Cette entreprise *est spécialisée* dans l'optique.

3. Résoudre les conflits du travail

- **s'entendre** (bien/mal) **avec** qqn
Il *s'entend* mal *avec* ses collègues.
- **être à la tête de** (loc.)
Elle *est à la tête de* l'entreprise.
- **fonction** (n.f.)
Mes *fonctions* sont mal définies, je ne sais pas ce que je dois faire.
- **frais** (n.m.)
Ils ont fait beaucoup de *frais* pour aménager les bureaux.
- **licenciement** (n.m.)
Elle a reçu une lettre de *licenciement*.
- **mener** (v.)
M. Dupont *mène* les négociations.
- **muter** (v.)
Félix a été *muté* à l'étranger.
- **nomination** (n.f.)
Elle a obtenu sa *nomination* au poste de directeur.

- **occuper** (v.)
Ils *occupent* cette salle jusqu'à midi.
- **paperasse** (n.f.)
La *paperasse* nous fait perdre du temps.
- **poste** (n.m.)
Il occupe le *poste* de comptable.
- **prospecter** (v.)
Nos vendeurs *prospectent* la clientèle.
- **reprocher** (v.)
Il me *reproche* de travailler lentement.
- **retraite** (n.f.)
Elle a pris sa *retraite* à 60 ans.
- **sanction** (n.f.)
Il a reçu une légère *sanction*.
- **résoudre** (v.)
Il *a* finalement *résolu* son problème.
- **témoigner** (v.)
Accepteriez-vous de *témoigner* contre votre employeur ?
- **reconnaître** (v.)
Il *a reconnu* qu'il s'était trompé.
- **taquiner** (v.)
Elle *taquine* souvent son petit frère.
- **trou** (n.m.)
J'ai un *trou* dans mon emploi du temps.

4. Travailler à l'étranger

- **mettre en avant** (loc.)
Un bon vendeur *met en avant* les avantages du produit.
- **charge** (n.f.)
Les *charges* du locataire comprennent les petites réparations.
- **congé** (n.m.)
J'ai droit à cinq semaines de *congés*.
- **constituer** (v.)
Cette erreur *constitue* une faute grave.
- **déplorer** (v.)
Je *déplore* qu'il soit licencié.
- **donnée** (n.f.)
Les *données* du problème sont claires.
- **entendre dire** (loc.)
J'*ai entendu dire* qu'il était malade.
- **formation** (n.f.)
Il a une *formation* de juriste, mais il travaille comme musicien.
- **loyer** (n.m.)
Je n'ai pas payé le *loyer* de ce mois-ci.
- **main d'œuvre** (loc.)
Dans ce pays, la *main d'œuvre* est bon marché.
- **montant** (n.m.)
Quel est le *montant* de sa fortune ?
- **rémunération** (n.f.)
Sa *rémunération* s'élève à 35 000 euros par mois.
- **ressortir** (v.)
Il *ressort* de ce rapport qu'il y a encore de nombreux problèmes.

8 Recherche d'emploi

1. Consulter les offres d'emploi

• **ambition** (n.f.)
Je n'ai pas l'*ambition* de tout savoir.
• **compétence** (n.f.)
Ce travail entre-t-il dans vos *compétences* ?
• **comporter** (v.)
Cette solution *comporte* des avantages.
• **en toute circonstance** (loc.)
Il garde son calme *en toute circonstance.*
• **éventuel** (adj.)
Ce monsieur est un successeur *éventuel* du président.
• **expansion** (n.f.)
Le secteur des nouvelles technologies est en pleine *expansion.*
• **se former** (v.)
Je n'ai pas fait d'études, je *me suis formé* tout seul.
• **figurer** (v.)
Son nom ne *figure* pas dans la liste.
• **gérer** (v.)
Elle *gère* cette entreprise avec succès.
• **hôtesse** (n.f.)
Elle travaille comme *hôtesse* de l'air pour Air France.
• **interlocuteur** (n.m.)
Il parle tout le temps, ses *interlocuteurs* ne peuvent rien dire.
• **maîtrise** (n.f.)
Il a une bonne *maîtrise* du français.
• **manuscrit** (adj.)
J'ai du mal à lire des notes *manuscrites.*
• **modalité** (n.f.)
Nous proposons deux *modalités* de paiement : par chèque ou par carte bancaire.
• **outil** (n.m.)
L'ordinateur est mon *outil* de travail.
• **poursuivre** (v.)
Elle *a poursuivi* de longues études.
• **profil** (n.m.)
Il est communicatif, il a un *profil* de vendeur.
• **recruter** (v.)
Cette entreprise *recrute* des informaticiens.
• **renforcer** (v.)
Ces arguments *renforcent* mon opinion.
• **tri** (n.m.)
À la poste, le *tri* des lettres est automatique.

2. Expliquer ses motivations

• **au sein de** (loc.)
Il y a des désaccords *au sein de* l'équipe.
• **autonomie** (n.f.)
Je travaille seul car je tiens à mon *autonomie.*

• **comportement** (n.m.)
Il a un *comportement* bizarre, tu ne trouves pas ?
• **dévouement** (n.m.)
Il a passé sa vie à aider les pauvres, quel *dévouement* !
• **en priorité** (loc.)
Nous discuterons de ce problème *en priorité.*
• **faire un stage** (loc.)
Après mes études, j'ai fait un *stage* de trois mois dans une banque.
• **grandir** (v.)
Il a *grandi* dans une famille bourgeoise.
• **imprévu** (n.m.)
La vie est pleine d'*imprévus.*
• **marcher** (v.)
L'imprimante ne *marche* plus.
• **ouvrier** (n.m.)
Il travaille comme *ouvrier* à l'usine.
• **paraître** (v.)
Ce journal *paraît* le jeudi.
• **quartier** (n.m.)
Le *quartier* des affaires se trouve au centre-ville.
• **rendre service à** qqn (loc.)
Elle *rend service à* tout le monde.
• **requérir** (v.)
Ce travail *requiert* de la patience.
• **résister à** qqn, qqch.
Notre entreprise a bien *résisté à* la crise.
• **statut** (n.m.)
Il attache de l'importance au *statut* social.
• **suite** (n.f.)
Connaissez-vous la *suite* de cette histoire ?

3. Rédiger un curriculum vitae

• **animer** (v.)
Il sait *animer* une conversation.
• **banalité** (n.f.)
Elle dit beaucoup de *banalités.*
• **bricolage** (n.m.)
Il peut réparer n'importe quoi, c'est le roi du *bricolage.*
• **convoquer** (v.)
Les candidats sont *convoqués* à 9 heures.
• **couramment** (adv.)
Elle parle *couramment* français.
• **enrichissant** (adj.)
C'est un livre *enrichissant,* tu devrais le lire.
• **être chargé de** qqch. ou + inf.
Elle *est chargée de* la comptabilité.
• **nécessiter** (v.)
Ce travail ne *nécessite* aucun effort.
• **recrutement** (n.m.)
Il dirige un cabinet de *recrutement.*

• **regarder** (v.)
Occupez-vous de ce qui vous *regarde.*
• **se faire du souci** (loc.)
Elle *se fait du souci* pour son travail.
• **soutien** (n.m.)
Elle a apporté son *soutien* au candidat socialiste.
• **suffire** (v.)
Le diplôme ne *suffit* pas, ils demandent aussi une expérience professionnelle.
• **suivre** (v.)
Vous devriez *suivre* l'exemple de votre collègue.
• **tenir** (v.)
Tous les livres *tiennent* dans cette armoire.

4. Passer un entretien d'embauche

• **aborder** (v.)
Il n'*a abordé* aucun problème sérieux, il n'a dit que des banalités.
• **désapprouver** (v.)
Je *désapprouve* cette décision.
• **détendre** (v.)
Il *a détendu* l'ambiance avec sa bonne humeur.
• **embauche** (n.f.)
Les offres d'*embauche* sont rares en ce moment.
• **embaucher** (v.)
Il a été *embauché* en mars et licencié en avril.
• **interviewer** (v.)
Un journaliste a *interviewé* le président.
• **loisir** (n.m.)
Il fait du sport pendant ses *loisirs.*
• **modeste** (adj.)
Malgré sa réussite, il est resté *modeste.*
• **motivé** (adj.)
Elle n'est pas très *motivée* par son travail.
• **moyenne** (n.f.)
Dans cette entreprise, la *moyenne* d'âge est de 30 ans.
• **obstiné** (adj.)
Il ne changera pas d'avis, il est *obstiné.*
• **perspective** (n.f.)
Bien que les *perspectives* soient bonnes, restons prudents.
• **se préparer à** qqch. ou + à inf.
Il *s'est préparé à* l'examen de son mieux.
• **promotion** (n.f.)
Elle a obtenu une belle *promotion.*
• **se rapprocher** de qqn, de qqch.
Vous êtes un peu loin, pouvez-vous *vous rapprocher* ?
• **stresser** (v.)
Tout ce travail le *stresse* énormément.

9 Prise de parole

1. Pratiquer l'écoute active

• **avoir l'air** (loc.)
Il *a eu l'air* très surpris de me voir.
• **craindre** (v.)
Je *crains* qu'elle ne réussisse pas.
• **déstabiliser** (v.)
La crise *a déstabilisé* l'entreprise.
• **être en forme** (loc.)
Tu *es en forme* ce matin ? – Pas terrible.
• **franchement** (adv.)
Donne-moi *franchement* ton avis.
• **grave** (adj.)
Il a été licencié pour faute *grave*.
• **paraître** (v.)
Il paraît que Félix a démissionné.
• **se retrouver** (v.)
Il *s'est retrouvé* sans argent du jour au lendemain.
• **s'en sortir** (loc.)
La situation s'améliore, on va *s'en sortir*.
• **un/des tas de** (loc.)
Il connaît des *tas* de gens.

2. Présenter des objections

• **à moitié** (adv.)
Je me suis *à moitié* endormi pendant la réunion.
• **agression** (n.f.)
Ce quartier est dangereux, il y a souvent des *agressions*.
• **arriver à** (+ inf.)
Je n'y *arrive* pas, c'est trop compliqué.
• **changer d'avis** (loc.)
Sa décision n'est pas définitive, elle peut encore *changer d'avis*.
• **concéder** (v.)
Ils *n'ont* rien *concédé* pendant la négociation.
• **décidément** (adv.)
Il a encore perdu son travail. *Décidément*, il n'a pas chance !
• **désordre** (n.m.)
Son bureau est en *désordre*.
• **en avoir marre** (loc.)
J'en ai marre de ces histoires, c'est toujours la même chose.
• **énerver** (v.)
Tu m'*énerves* avec tes remarques idiotes !
• **impliquer** (v.)
Elle est *impliquée* dans une affaire de corruption.
• **incompétent** (adj.)
À ce poste, il est parfaitement *incompétent*.
• **interrompre** (v.)
Arrêtez de m'*interrompre* tout le temps !
• **se justifier** (v.)
J'ai essayé de *me justifier*, mais il ne m'a pas écouté.

• **ranger** (v.)
J'ai passé la matinée à *ranger* l'armoire.
• **réprimande** (n.f.)
Antoine reçoit toujours des *réprimandes* de son chef et rarement des félicitations.
• **répliquer** (v.)
Son argument était très solide, je n'ai rien pu *répliquer*.
• **reproche** (n.m.)
Le patron me fait sans arrêt des *reproches*.
• **ressentir** (v.)
Je *ressens* de la sympathie pour lui.
• **tactique** (n.f.)
Ils ont gagné parce qu'ils avaient trouvé la bonne *tactique*.
• **ton** (n.m.)
Il parle d'un *ton* hésitant.

3. Faire une présentation

• **articuler** (v.)
Il est difficile à comprendre, il *articule* mal.
• **concerner** (v.)
Ces histoires ne te *concernent* pas.
• **conférence** (n.f.)
Il a fait une *conférence* sur la Chine.
• **contenu** (n.m.)
Quelle est le *contenu* de cette lettre ?
• **critère** (n.m.)
Quels sont les *critères* d'admission dans cette école ?
• **discours** (n.m.)
À la fin de l'année, le président fait un *discours*.
• **décontracté** (adj.)
Il a l'air *décontracté*, mais au fond, il est toujours inquiet.
• **exposé** (n.m.)
Il a fait un *exposé* long et ennuyeux.
• **fond** (n.m.)
La forme est intéressante, mais le *fond* est un peu léger.
• **grille** (n.f.)
La direction a établi une nouvelle *grille* des salaires.
• **geste** (n.m.)
Elle fait beaucoup de *gestes* en parlant.
• **illustrer** (v.)
Nous avons demandé à un dessinateur d'*illustrer* ce livre.
• **orateur** (n.m.)
Elle a des talents d'*orateur*.
• **pause** (n.f.)
Il fait une *pause* après le déjeuner.
• **performant** (adj.)
Ce pays a une industrie *performante*.
• **présenter** (v.)
Elle nous a *présenté* ses idées en détail.
• **remettre** (v.)
Il m'*a remis* sa carte de visite.

• **retenir** (v.)
Il *retient* facilement les numéros de téléphone.
• **réussite** (n.f.)
À quoi est due sa *réussite* ?
• **schéma** (n.m.)
Il a fait un *schéma* pour nous expliquer.
• **structurer** (v.)
Son texte est mal *structuré*.
• **traiter** (v.)
Il n'*a* pas *traité* le sujet.

4. Poser les bonnes questions

• **amener** (v.)
Il nous a habilement *amenés* à accepter sa proposition.
• **chercher à** + inf.
Il dit n'importe quoi, il ne faut pas *chercher à* comprendre.
• **collecter** (v.)
Cet État a du mal à *collecter* les impôts.
• **comité d'entreprise** (loc.)
Le *comité d'entreprise* représente le personnel.
• **se contenter de** (v.)
Il n'a rien dit, il *s'est contenté de* sourire.
• **émission** (n.f.)
Il y a une bonne *émission* à la télévision.
• **être à l'aise** (loc.)
Je *suis* mal *à l'aise* en public.
• **être habitué à** (loc.)
Il *est habitué à* travailler seul.
• **figé** (adj.)
Il n'a pas bougé, il est resté *figé* pendant tout l'entretien.
• **identifier** (v.)
La police a *identifié* le coupable.
• **instaurer** (v.)
La direction *a instauré* de nouvelles règles.
• **interrogatoire** (n.m.)
Cet entretien ressemblait à un *interrogatoire* de police.
• **jugement** (n.m.)
Il porte des *jugements* sur tout, sans savoir.
• **provision** (n.f.)
Il a apporté une *provision* de dossiers pour travailler pendant le week-end.
• **rassembler** (v.)
Nous avons *rassemblé* des preuves de sa culpabilité.
• **réagir** (v.)
Comment *réagissez*-vous à cette décision ?
• **répercussion** (n.f.)
La crise a eu des *répercussions* dans tous les secteurs.
• **thème** (n.m.)
Quel est le *thème* de la conférence ?

10 Points de vue

1. Lutter contre le chômage

• **à temps partiel** (loc.)
Avant elle travaillait à plein temps, maintenant elle travaille *à temps partiel*.
• **allonger** (v.)
« La vie est courte, mais l'ennui l'*allonge*. »
J. RENARD
• **abaisser** (n.f.)
La banque centrale a *abaissé* les taux d'intérêt.
• **ailleurs** (adv.)
Je ne veux pas rester ici, allons *ailleurs* !
• **boulot** (n.m.)
Il a trouvé un *boulot* à Paris.
• **croissance** (n.f.)
Ce pays connaît une *croissance* très forte.
• **délocaliser** (v.)
Une partie de la production a été *délocalisée* en Chine.
• **échapper à** qqn, qqch.
Il a *échappé* à un accident.
• **fonctionnaire** (n.m.)
Il travaille pour l'État, il est *fonctionnaire*.
• **frapper** (v.)
J'ai été *frappé* par son intelligence.
• **lointain** (adj.)
Ces deux affaires n'ont qu'un rapport *lointain*.
• **modeste** (adj.)
Il n'est pas riche, ses revenus sont *modestes*.
• **optimisme** (n.m.)
Je ne partage pas votre *optimisme*.
• **relancer** (v.)
Le gouvernement essaye de *relancer* l'activité économique.
• **renvoyer** (v.)
Les deux ouvriers qui s'étaient battus ont été *renvoyés*.
• **subventionner** (v.)
L'État ne doit pas fausser la concurrence en *subventionnant* les entreprises.
• **textile** (adj.)
Il y a eu des licenciements dans l'industrie *textile*.

2. Faire face à la mondialisation

• **au bout du compte** (loc.)
Au bout du compte, tout s'est passé comme prévu.
• **citoyen** (n.m.)
Je suis un simple *citoyen* français.
• **comment se fait-il que… ?** (loc.)
Comment se fait-il qu'il rate tous ses examens ?

• **consacrer** (v.)
Il *consacre* sa vie à son travail.
• **domaine** (n.m.)
Vous travaillez dans quel *domaine* ?
• **élire** (v.)
Les Français *élisent* leur président pour cinq ans.
• **exagérer** (v.)
Fais attention ! Elle *exagère* toujours !
• **libéralisation** (n.f.)
On assiste partout à une *libéralisation* de l'économie.
• **libre circulation** (loc.)
À l'intérieur de cette zone, la *libre circulation* des marchandises est totale.
• **libre-échange** (loc.)
Je suis en faveur du *libre-échange*, contre toute forme de protectionnisme.
• **échange** (n.m.)
La suppression des droits de douane facilite les *échanges*.
• **flexible** (adj.)
Elle a des horaires *flexibles*.
• **nuire à** qqn, qqch.
Fumer *nuit* gravement à la santé.
• **profiter de** qqn, qqch.
Il *profite des* vacances pour se reposer.
• **transférer** (v.)
Le siège social a été *transféré* à Paris.

3. Comparer des modèles éducatifs

• **accessible** (adj.)
Notre directeur est très *accessible*.
• **être mal vu** (loc.)
Félix est bien vu du patron, mais Sarah *est mal vue*.
• **concours** (n.m.)
Son fils prépare un *concours* d'entrée dans une école de commerce.
• **se fondre** (v.)
Il a disparu, il *s'est fondu* dans la foule.
• **neutre**
Je ne suis ni pour ni contre, je suis *neutre*.
• **ouvertement** (adv.)
N'ayez pas peur, vous pouvez vous exprimer *ouvertement*.
• **par cœur** (loc.)
Il connaît son discours *par cœur*.
• **relation** (n.f.)
Il a beaucoup de *relations* dans les milieux politiques.
• **réseau** (n.m.)
Ils vendent leurs produits à travers un large *réseau* de distribution.
• **sélectif** (adj.)
Dans cette entreprise, le recrutement est particulièrement *sélectif*.

• **y compris** (loc.)
Ils ont tous été licenciés, *y compris* les cadres.

4. Faire un tour de la presse

• **accuser** (v.)
Il est *accusé* de corruption.
• **adolescent(e)** (n.m.) (n.f.)
Sa fille est une *adolescente* de 16 ans.
• **assurer** (v.)
Je t'*assure* que c'est la vérité.
• **chauffard** (n.m.)
Il conduit très mal, c'est un *chauffard*.
• **défi** (n.m.)
Le chômage est un *défi* majeur pour plusieurs pays européens.
• **être au volant** (loc.)
Elle *était au volant* au moment de l'accident.
• **intituler** (v.)
Nous avons *intitulé* ce livre « français.com ».
• **investir** (v.)
Les chefs d'entreprise sont optimistes et *investissent* davantage.
• **juridiction** (n.f.)
La cour d'assises est une *juridiction* pénale.
• **macabre** (adj.)
Il nous fait peur avec ses histoires *macabres*.
• **magistrat** (n.m.)
Ce tribunal est composé de trois *magistrats*.
• **maltraiter** (v.)
Cette mère *maltraite* son fils
• **manipulation** (n.f.)
Les chercheurs font toutes sortes de *manipulations* dans leurs laboratoires.
• **meurtrier** (adj.)
Les guerres sont *meurtrières*.
• **recensement** (n.m.)
Il y aura bientôt un nouveau *recensement* de la population.
• **rendre un jugement** (loc.)
Le tribunal *a rendu* un *jugement* contestable.
• **sur mesure** (loc.)
Je me suis fait faire un costume *sur mesure*.
• **permis** (n.m.)
Félix a obtenu son *permis* de conduire à 18 ans.
• **requérir** (v.)
Le procureur *requiert* l'application de la loi.
• **suppression** (n.f)
Il y a eu de nombreuses *suppressions* d'emplois dans la région.
• **trilingue** (adj.)
Ils recherchent une hôtesse d'accueil *trilingue*.

Consignes pour les jeux de rôles

autre

Section 1 *(page 61)*

Vous êtes trois clients du restaurant *La Casserole*.

Consultez la carte et choisissez vos plats. Puis passez commande au serveur. L'un d'entre vous peut commander pour les autres.

L'un de vous boit du vin. Les autres boivent de l'eau minérale.

Section 2 *(page 26)*

Personne A

Vous êtes Sarah

Ce matin, vous avez téléphoné à Félix. Comme il était absent, vous avez laissé le message suivant à l'une de ses collègues.

> Message pour Félix
> Peux-tu organiser une réunion un jour de la semaine prochaine (impérativement dans la matinée) avec Mme Delaunay pour discuter de la formation du personnel ? Merci.

Félix va vous téléphoner pour vérifier l'information.

Vous décrochez et vous dites : « *Allô, bonjour.* »

Section 3 *(page 73)*

Personne A

1. La société Pompix vend des pompes à vélo dans toute l'Europe. Le tableau suivant indique l'évolution de son bénéfice au cours des trois premiers trimestres. Communiquez à la personne B les informations contenues dans ce tableau.

Trimestre	1	2	3
Bénéfice	220	258	79

2. La personne B va vous communiquer un certain nombre d'informations. Prenez note, puis dessinez un graphique permettant de mettre en valeur ces informations.

Section 4 *(page 25)*

Personne A

Vous êtes Jeanne Dumond et vous travaillez pour la société KM3.

Vous venez d'apprendre que vous devrez impérativement assister mercredi 23 mars à une réunion, qui durera toute l'après-midi dans les locaux de votre société.

Consultez votre agenda, puis téléphonez à Danielle Vidoc pour déplacer ce rendez-vous à un autre moment de la semaine.

Section 5 *(page 71)*

Personne A

Le graphique suivant décrit l'évolution du cours de l'action Vivax au cours des six derniers mois de l'année. Décrivez cette évolution à la personne B.

Commencez ainsi : « *Le 1er juillet, le cours de l'action Vivax était de 25 euros…* »

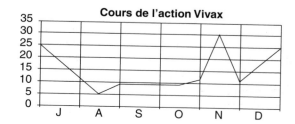

Section 6 (page 50)
Personne A
Vous êtes le (la) réceptionniste de l'hôtel Bovary.
Il est 21 heures. Vous accueillez une cliente, Mme Beauvais. Cette cliente a réservé pour une nuit. Il vous reste plusieurs chambres au 3ᵉ et au 4ᵉ (et dernier) étage.
Vous devez savoir que :
– l'hôtel est peu occupé en ce moment,
– le restaurant de l'hôtel est ouvert jusqu'à 23 heures.

Section 7 (page 13)
Personne B
Vous êtes l'assistant(e) de Claire Dulac.
Celle-ci est dans son bureau, mais elle ne veut pas être dérangée. Vous connaissez bien le correspondant, mais vous ne pouvez pas – vous ne devez pas – lui dire que Mme Dulac est dans son bureau. Trouvez une excuse. Demandez-lui de quoi il s'agit et si vous pouvez prendre un message.

Section 8 (page 101)
Vous êtes le (ou les) recruteur(s)
Choisissez la stratégie A ou la stratégie B. Puis préparez l'entretien.
Une ou plusieurs personnes peuvent interviewer le candidat. À vous de décider.
Stratégie A
Vous cherchez toujours à mettre le candidat à l'aise dès le départ. Vous vous levez pour l'accueillir avec le sourire. Vous l'invitez à s'asseoir. Vous l'encouragez à s'exprimer. Vous vous montrez disponible, détendu, chaleureux. Pour vous, il est important de mettre le candidat en confiance, tout au long de l'entretien. Vous pensez qu'il ne sert à rien de créer un climat d'insécurité.
Stratégie B
Vous cherchez à mettre le candidat mal à l'aise car vous pensez qu'un bon candidat doit pouvoir maîtriser une situation difficile. Pour cela, vous ne faites rien pour lui faciliter la tâche. Par exemple, vous commencez l'entretien par un accueil plutôt froid : vous ne vous levez pas ; vous l'observez attentivement de la tête aux pieds. Puis vous lui posez une question, sèchement : « Qui êtes-vous ? » Et vous continuez ainsi en lui posant des questions personnelles, surprenantes.

Section 9 (page 107)
Personne B
La personne A va lire les répliques de l'homme. Répondez-lui à l'aide des phrases suivantes. Vous n'avez pas besoin d'utiliser toutes ces phrases.
Tu as l'air inquiet.
Tu n'as pas l'air bien.
Qu'est-ce qui se passe ?
C'est ton travail qui te préoccupe ?
Qu'est-ce que tu veux dire ?
Si j'ai bien compris, tu as peur de perdre ton boulot.
Qu'est-ce qui te fait dire ça ?
Dans quel sens ?
Tu veux dire qu'elle ne t'aime pas.
Tu peux me donner des exemples ?
Quoi, par exemple ?

Section 10 (page 26)
Personne B
Vous êtes Félix
Une collègue, Tamara, a laissé ce message sur votre bureau.

Message pour Félix

Sarah a appelé ce matin. Elle te demande d'organiser une réunion la semaine prochaine (l'après-midi, si possible) avec Mme Daunay.

Objet de la réunion : l'information du personnel.

Tamara

Pour vous, ce message n'est pas clair. Vous ne connaissez pas Mme Daunay et vous ne comprenez pas l'objet de la réunion. Tamara a certainement commis des erreurs en transcrivant le message.
Téléphonez à Sarah pour vérifier le contenu du message. Vous devez découvrir et corriger les erreurs.
Vérifiez d'abord que c'est bien Sarah qui répond : « *Bonjour, c'est Sarah ?* »
Puis continuez ainsi : « *C'est Félix à l'appareil. Je t'appelle au sujet du message que tu m'as laissé ce matin. Certains points ne sont pas clairs. D'abord, tu me demandes d'organiser une réunion avec une certaine Mme Daunay. Mais qui est cette Mme Daunay ?* »

Section 11 *(page 50)*
Personne B
Vous êtes Mme Beauvais.

Vous arrivez à l'hôtel Bovary. Il est 21 heures. Vous avez réservé pour une nuit, mais vous souhaitez rester deux nuits. Vous préférez une chambre à un étage peu élevé parce que vous avez facilement le vertige. Vous aimeriez dîner tout de suite.

Section 12 *(page 25)*
Personne B
Vous êtes Danielle Vidoc, et vous travaillez pour la société Balmette.

Vous allez recevoir un coup de téléphone concernant un rendez-vous.

Consultez votre agenda et mettez-vous d'accord avec votre correspondante.

Mars

Lundi 21
7 h 10 Départ pour Milan (AF543)
20 h 45 Retour (AF276)

Mardi 22
9 h 00 } Salon du tourisme
18 h 00 }

Mercredi 23
9 h 00 } Réunion service
12 h 00 }
14 h 00 J. Dumond (KM3)

Jeudi 24
7 h 50 Départ pour Londres (AF402)
19 h 25 Retour (BA176)

Vendredi 25
12 h 00 Déjeuner Paul Daudet,
La Casserole
17 h 30 Fabienne Legrand

Samedi 26
Dimanche 27
19 h 30 Opéra

Section 13 *(page 61)*
Vous êtes le serveur du restaurant *La Casserole*.
Prenez la commande de trois clients.

Il n'y a plus ni potages, ni coq au vin, ni cuisses de canard et le thon est le seul poisson qui reste. Vous conseillez aux clients le pavé au poivre, qui est le plat du jour. Vous servez le vin soit en bouteille, soit en demi-bouteille, soit au verre. Vous servez l'eau dans une carafe (eau du robinet) ou en bouteille (eau minérale, Évian, Vittel, Perrier).

Section 14 *(page 71)*
Personne B

La personne A va vous décrire l'évolution du cours de l'action Vivax au cours des six derniers mois. À partir de ses explications, dessinez le graphique.

Cours de l'action Vivax

Section 15 *(page 73)*
Personne B

1. La personne A va vous communiquer un certain nombre d'informations. Prenez note, puis dessinez un graphique permettant de mettre en valeur ces informations.
2. Pompadur, Pompix et XLJ vendent des pompes à vélo sur le marché européen. Communiquez à la personne *A* les informations contenues dans le tableau suivant.

	Pompadur	Pompix	XLJ	Autres
Part de marché	50	24	13	13

Transcription des enregistrements

1. Prise de contact *(Page 9)*

1.1 MICHAËL : Bonjour. Je m'appelle Michael Rose et je suis allemand. J'habite à Nidda, une petite ville à côté de Francfort. Je suis propriétaire d'une petite entreprise. Euh… Nous travaillons beaucoup avec l'Afrique.

MICHIKO : Je m'appelle Michiko Maida et je suis japonaise. Je suis célibataire. Je travaille à Tokyo, avec mes parents. Nous avons une librairie dans un quartier étudiant. Je travaille comme vendeuse, je conseille les clients.

GABRIELA : Je m'appelle Gabriela Bravo et j'ai 24 ans. Je suis mexicaine, mais je travaille en Espagne. Je suis réceptionniste dans un grand hôtel à Barcelone.

EMMA : Je m'appelle Emma, ça s'écrit avec deux M. E – deux MA. J'étudie le commerce international dans une école à Amsterdam. Pour gagner ma vie, je travaille comme serveuse dans un restaurant.

TOM : Je suis Thomas Glaser, mais on m'appelle Tom. Je suis originaire de New York, mais maintenant je vis à Montréal, au Québec. Je travaille dans la haute couture. Je suis styliste.

OMAR : Je m'appelle Omar. Je suis turc. Je suis directeur du personnel chez Lafarge, une entreprise française. Je travaille dans la filiale turque de Lafarge, à Istanbul. Euh… Quoi encore ? Je suis marié et j'ai deux enfants.

1.2 L'ANIMATEUR : Michael, pourquoi avez-vous besoin de connaître le français ?

MICHAEL : Pourquoi ? Parce que je vais souvent en Algérie pour les affaires, mais aussi au Maroc et au Sénégal. Ce sont tous des pays francophones.

L'ANIMATEUR : Et vous, Michiko ?

MICHIKO : Moi, j'aime beaucoup la littérature française. D'ailleurs, dans la librairie, nous avons quelques livres français. Lire Balzac en français, pour moi, c'est difficile, mais c'est un plaisir. D'une façon générale, je me passionne pour la culture française et, dès que possible, je vais en vacances à Paris.

L'ANIMATEUR : Gabriela…

GABRIELA : J'apprends le français parce que Barcelone n'est pas loin de la France et que, dans l'hôtel, nous avons beaucoup de clients français. C'est important de connaître la langue du client.

L'ANIMATEUR : Emma…

EMMA : Dans l'école, nous devons obligatoirement étudier deux langues étrangères. Moi, j'étudie l'anglais et le français et à la fin de l'année nous avons un examen. Et puis, vous savez, nous sommes un petit pays commerçant et peu de gens dans le monde parlent le néerlandais. Pour faire du commerce international, c'est important de parler plusieurs langues.

L'ANIMATEUR : Tom…

TOM : Dans la haute couture, il y a beaucoup de magazines professionnels écrits en français. Je dois donc lire en français pour bien m'informer. N'oubliez pas aussi que je vis dans un pays francophone et je dois parler français tous les jours. Les Québécois apprécient les Américains qui parlent français.

L'ANIMATEUR : Omar…

OMAR : Chez Lafarge, il est important de connaître le français pour bien communiquer avec les collègues français, pour progresser à l'intérieur de l'entreprise et d'une façon générale, pour comprendre la culture de l'entreprise. Connaître la langue, ça aide à comprendre la culture, vous ne croyez pas ?

1.3 Entretien 1

A : Allô, j'écoute.

B : Allô ! Bonjour, madame, euh… c'est le boulanger à l'appareil. Je voudrais parler à Nicolas, s'il vous plaît. Il est là ?

A : Excusez-moi, vous voulez parler à qui ?

B : A Nicolas. C'est le boulanger.

A : Pardon ?

B : Le boulanger. C'est pour Nicolas.

A : Je crois que vous faites erreur.

B : Ah bon ? Je ne suis pas chez Nicolas ?

A : Non, il n'y a personne de ce nom ici.

B : Je ne suis pas au 01 47 70 10 48 ?

A : Non, ici, c'est le 10 88.

B : Ah bon ? C'est pas 10 48, vous êtes sûre ?

A : Absolument certaine.

B : Ah, excusez-moi, j'ai fait un mauvais numéro.

A : Je vous en prie.

Entretien 2

A : Société Cerise, bonjour.

B : Bonjour, madame, pourrais-je parler à Mme Cheval, s'il vous plaît ?

A : C'est de la part de qui ?

B : Danielle Jyquez.

A : Pardon ?

B : Jyquez, Danielle Jyquez.

A : Excusez-moi, madame. Pouvez-vous épeler votre nom, s'il vous plaît ?

B : Jyquez. J-Y-Q-U-E-Z.

A : C'est à quel sujet ?

B : Au sujet de son voyage à Paris le mois prochain.

A : Ah d'accord ! Je vous passe Mme Cheval.

B : Merci.

1.4 Entretien 1

A : Société KM3, Bonjour.

B : Bonjour, madame. Pourrais-je parler à Mme Dulac, s'il vous plaît ?

A : Qui dois-je annoncer ?

B : Pierre Morel, de l'agence Bontour.

A : Un instant, monsieur, je vous mets en ligne.

(Veuillez patienter, nous recherchons votre correspondant. Nos bureaux sont ouverts tous les jours, sans interruption de 9 heures à 18 heures…)

A : Je regrette, Mme Dulac est en réunion. Voulez-vous lui laisser un message ou préférez-vous rappeler plus tard ?

B : Pouvez-vous lui demander de me rappeler, s'il vous plaît ?

A : Certainement, monsieur Morel, vous pouvez compter sur moi.

Entretien 2

A : Société KM3, bonjour.

B : Bonjour, madame. Pourrais-je parler à Mme Dulac, s'il vous plaît ?

A : Elle est absente pour la journée. C'est à quel sujet ?

B : C'est assez personnel. Pouvez-vous me dire quand je peux la joindre ?

A : Elle sera de retour en fin de matinée.

B : Dans ce cas, je rappellerai un peu plus tard.

Entretien 3

A : Société KM3, Bonjour.

B : Bonjour, madame. Pourrais-je parler à Mme Dulac, s'il vous plaît ?

A : Qui dois-je annoncer ?

B : Pierre Morel, de l'agence Bontour.

A : Un instant, monsieur, je vous mets en ligne.

(Veuillez patienter, nous recherchons votre correspondant. Nos bureaux…)

A : La ligne est occupée. Voulez vous patienter ?

B : C'est entendu, j'attends.

(Veuillez patienter, nous recherchons votre correspondant…)

A : Ne quittez pas, je vous passe Mme Dulac.

1.5 A : Monsieur Lamy ?

B : Oui, c'est bien moi.

A : Je suis Lorena Gomez, enchantée.

B : Enchanté.

A : Merci d'être venu.

B : C'est bien normal. Vous avez fait bon voyage ?

A : Excellent, merci, et pour une fois, l'avion est arrivé à l'heure.

B : Vous n'avez pas d'autres bagages ?

A : Non, seulement cette petite valise et ma serviette.

B : Si vous voulez me suivre, la voiture est à deux pas.

A : Allons-y !

B : C'est la première fois que vous êtes à Paris ?

A : Non, je suis venue de nombreuses fois. En fait, je viens très régulièrement. Oh là là ! Il ne fait pas très beau chez vous.

B : Oui, c'est vrai je crois bien qu'il va pleuvoir. Il fait quel temps à Mexico ?

A : Chaud et sec depuis un mois.

B : Ici, pour le moment, il pleut tous les jours. Dites-moi, vous parlez très bien français. Vous l'avez appris où ?

1.6 A : Bonjour, monsieur.

B : Bonjour.

A : Que puis-je faire pour vous ?

B : Je suis monsieur Morel, de l'agence Bontour. J'ai un rendez-vous avec Mme Dulac à 11 heures.

A : Mme Dulac vient de sortir d'une réunion, monsieur Morel. Elle vous recevra dans quelques minutes. Voulez-vous vous asseoir un instant ?

B : Merci.

A : Puis-je vous offrir quelque chose à boire ?

B : Volontiers, merci. Vous avez du café ?

A : Oui, bien sûr, un café noir ?

B : Oui, s'il vous plaît, sans sucre.

A : Avez-vous trouvé notre adresse facilement ?

B : Oui, oui, sans problème.

1.7 **Entretien 1**

A : Bonjour, je voudrais aller à Bordeaux.

B : Aller retour ou aller simple ?

A : Un aller simple, s'il vous plaît.

B : Pour quelle date ?

A : Pour demain.

B : Vous voulez partir à quelle heure ?

A : Le matin, si possible.

B : 9 h 08, ça vous va ?

A : C'est parfait.

Entretien 2

A : Bonjour, monsieur.

B : Bonjour, je voudrais déposer ce chèque.

A : Pouvez-vous me donner votre numéro de compte ?

Entretien 3

A : Vous désirez ?

B : Moi, je vais prendre un café. Et toi ?

C : Un jus d'orange.

A : Rien d'autre ?

B : Vous pouvez nous apporter une carafe d'eau ?

Entretien 4

A : Bonjour, madame, que puis-je faire pour vous ?

B : Je voudrais un appareil photo.

A : Quelle sorte d'appareil cherchez-vous, madame ?

B : Quelque chose de simple et de bon marché.

A : Je crois que j'ai ce qu'il vous faut.

1.8 A : Société KM3, bonjour.

B : Bonjour, madame. Pourrais-je parler à Mme Dulac, s'il vous plaît ?

A : Mme Dulac est absente pour la journée. Voulez-vous lui laisser un message ?

B : Oui, pouvez-vous lui dire de me rappeler ? Je suis M. Malleau.

A : Pouvez-vous épeler votre nom, s'il vous plaît ?

B : M-A-deux L-E-A-U.

A : Très bien, monsieur Malleau, je transmettrai.

1.9 A : Société KM3, bonjour.

B : Oui, bonjour. Je voudrais parler à M. Bernardin ?

A : Je crois que vous faites erreur. Il n'y a personne de ce nom dans notre société.

B : Je ne suis pas au 01 45 45 36 38 ?

A : Ah non ! Vous êtes au 36 37.

B : Ah bon ? Au combien, vous dites ?

A : Au 01 45 45 36 37.

B : Oh ! Excusez-moi, je me suis trompé.

A : Je vous en prie.

---

2. Agenda *(Page 21)*

2.1 A : Société KM3, bonjour.

B : Allô ! Bonjour, je voudrais prendre rendez-vous avec Mme Legrand. De la part de Pascal Dupin. J'appelle au sujet du projet Cerise.

A : Le projet Cerise ?… euh… Ah oui ! Quel jour vous conviendrait ?

B : Jeudi prochain, ça m'arrangerait.

A : Attendez… je vérifie son agenda… Le jeudi 14, n'est-ce pas ?

B : Oui, c'est ça. Plutôt le matin, si possible, en fin de matinée.

A : Je regrette, mais Mme Legrand est occupée toute la matinée. Que diriez-vous du jeudi après-midi ? Je peux vous proposer 14 h 30.

B : Un peu plus tard, c'est possible ?

A : Est-ce que 15 heures vous irait ?

B : C'est parfait.

A : Pouvez-vous me rappeler votre nom ?

B : Dupin, Pascal Dupin.

A : P-A-I-N ?

B : Non, non, D-U-P-I-N.

A : Très bien, c'est noté, monsieur Dupin.

2.2 A : Allô, oui ?

B : Allô ! Fabienne ?

A : C'est moi, oui, j'écoute.

B : C'est Benoît à l'appareil.

A : Ah ! Benoît ! Quelle surprise ! Comment ça va ?

B : Bien, bien, je ne te dérange pas, au moins ?

A : Non, non, pas du tout. Qu'est-ce qui t'amène ?

B : Je t'appelle au sujet de Marguerite. On pourrait se voir ?

A : Oui, bien sûr. Quand ça ?

B : On pourrait se retrouver au *Café du Commerce* mercredi soir. T'es libre mercredi soir ?

A : Euh… mercredi soir, mercredi soir, ça ne m'arrange pas vraiment, je dîne chez une collègue. Jeudi soir, tu pourrais ?

B : C'est parfait. À quelle heure ?

A : À 19 heures, ça te va ?

B : J'aime autant un peu plus tôt.

A : 18 h 30, si tu veux.

B : Ça marche. Jeudi, 18 h 30.

A : À jeudi alors.

B : Salut.

2.3 A : Société KM3, bonjour.

B : Bonjour. Ici monsieur Guilloux. Je suis un client. Pourrais-je parler à Mme Legrand, s'il vous plaît ?

A : Mme Legrand est absente pour la journée. C'est à quel sujet ?

B : Voilà. J'ai un problème de rendez-vous pour la semaine prochaine.

A : De quel jour s'agit-il ?

B : Mercredi prochain, j'ai un rendez-vous avec Mme Legrand.

A : Le mercredi 13 octobre.

B : C'est ça. J'ai un empêchement. En fait, je serai en déplacement toute la semaine.

A : Excusez-moi, vous êtes M. Guillon ou M. Guilloux ?

B : Monsieur Guilloux. G comme Georges -U-I-deux L-O-U-X.

A : Vous avez rendez-vous à 14 heures, n'est-ce pas ?

B : C'est exact.

A : Si je comprends bien, M. Guilloux, vous souhaitez annuler votre rendez-vous. Voulez-vous prendre un autre rendez-vous tout de suite ?

B : Malheureusement, je n'ai pas mon agenda sur moi. Je rappellerai la semaine prochaine.

A : C'est entendu.

B : Merci. Au revoir.

A : Au revoir, monsieur.

2.4 A : Société KM3, bonjour.

B : Bonjour. Ici Fanny Maçon. Je vous appelle au sujet de mon rendez-vous du mercredi 13 octobre avec Mme Legrand.

A : Je vous écoute, madame Maçon.

B : Serait-il possible d'avancer l'heure ?

A : Attendez… Je consulte son agenda… Vous devez vous voir à 11 heures, n'est-ce pas ?

B : C'est exact. Je souhaiterais avancer le rendez-vous d'une heure.

A : À 10 heures, alors.

B : C'est ça, 10 heures, est-ce que c'est possible ? Ça m'arrangerait beaucoup.

A : Pas de problème, madame Maçon, c'est noté.

B : Formidable, je vous remercie.

A : Je vous en prie. Au revoir, madame.

B : Au revoir.

2.5 A : Bonjour, c'est Fabienne Legrand à l'appareil. Je voudrais parler à Benoît Mainvielle, s'il vous plaît.

B : Je regrette, mais M. Mainvielle est absent pour le moment. Voulez-vous laisser un message ?

A : Oui, s'il vous plaît. Pouvez-vous lui dire que je ne peux pas venir à notre rendez-vous de ce soir ?

B : De ce soir ?

A : Oui, il comprendra.

B : Entendu, vous êtes…

A : Dites-lui que c'est de la part de Fabienne.

B : Fabienne. Pas de problème, je transmettrai.

2.6 Bonjour, vous êtes en communication avec le répondeur téléphonique du centre des impôts. Nos bureaux sont ouverts au public de 9 h 00 à 12 h 00 et de 14 h 00 à 16 h 00. Ils sont fermés le vendredi après-midi et le samedi.

2.7 Bonjour. Je vous appelle au sujet de la réunion de cet après-midi… euh… pour dire que Mme Marcelin ne pourra pas assister à la réunion… euh… elle est souffrante depuis une semaine. Elle va se faire représenter par son assistante.

3. Voyages *(Page 33)*

3.1 **Message 1 :** Votre attention, s'il vous plaît. En raison d'un incident technique, le service sur la ligne 4 n'est assuré que pour un train sur deux. Je répète : En raison d'un incident technique, le service sur la ligne 4 n'est assuré que pour un train sur deux. Merci de votre compréhension.

Message 2 : Avis aux voyageurs. Nous informons les voyageurs que des pick-pockets opèrent actuellement dans la station. Veuillez faire attention à vos effets personnels. Je répète : Nous informons les voyageurs que des pick-pockets opèrent actuellement dans la station. Veuillez faire attention à vos effets personnels.

Message 3 : Votre attention, s'il vous plaît. En raison d'un mouvement social, le service sur la ligne 6 est fortement perturbé. Nous vous conseillons d'emprunter les correspondances. Je répète : En raison d'un mouvement social, le service sur la ligne 6 est fortement perturbé. Nous vous conseillons d'emprunter les correspondances.

Message 4 : Votre attention, s'il vous plaît. À la suite de l'agression d'un conducteur, le service sur la ligne 5 est totalement interrompu dans les deux sens. Veuillez emprunter les correspondances. Je répète : À la suite de l'agression d'un conducteur, le service sur la ligne 5 est totalement interrompu dans les deux sens. Veuillez emprunter les correspondances.

Message 5 : Mesdames, messieurs, pour votre sécurité, veuillez ne plus monter dans les rames dès que le signal sonore retentit.

Message 6 : En raison d'un incident à la station Réaumur-Sébastopol, je vous invite à patienter quelques instants. Nous devrions repartir dans environ cinq minutes.

3.2 Nous passons maintenant sous le pont Alexandre-III, et nous nous dirigeons vers l'île de la Cité. Devant, sur votre gauche, vous pouvez admirer la place de la Concorde qui a été construite au XVIIIe siècle. À droite, vous voyez le siège de l'Assemblée nationale.
À présent, sur votre droite, nous longeons l'ancienne gare d'Orsay qui a été aménagée en musée. Sur votre gauche, vous avez le palais du Louvre. Sa construction a commencé en 1200 et s'est terminée à la fin du XIXe siècle. Le Louvre possède une immense collection d'œuvres de peintures, de sculptures et d'objets d'arts divers. Au centre de la cour principale se trouve la pyramide de verre…

3.3 La gare ? C'est très simple. Vous êtes dans la bonne direction. Vous allez jusqu'au bout de la rue et vous arrivez directement à la gare. C'est à environ 300 mètres. Vous verrez, c'est un bâtiment tout rouge, très laid. Je ne sais pas pourquoi ils ont voulu la peindre en rouge, cette gare. À mon avis, c'est absurde. Enfin, bon, vous verrez.

3.4 La Concorde ? À pied, à mon avis, c'est un peu loin. Vous pouvez prendre le métro. Il y a une station tout près, au bout de la rue. Mais… euh… ce n'est pas direct, je crois. Ou alors… attendez… ce qui est le mieux, oui, oui, ce qui est le mieux, c'est de prendre le bus 27. Il y a un arrêt juste en face, vous voyez ?

3.5 Socorex… Socorex… euh… attendez… ça me dit quelque chose… je crois que c'est au 5e étage… Socorex, vous dites ? …. oui, oui… 5e étage… ou attendez… ah, mais c'est peut-être le 4e… enfin, je suis pas sûr, 4e ou 5e… ou… euh… ah non, non, pas du tout… je vous dis des bêtises… maintenant je me souviens… Socorex… c'est au 1er étage… oui, oui, 1er étage droite, c'est sûr.

3.6 Mesdames et messieurs, la compagnie des Bateaux-Mouches est heureuse de vous accueillir à bord. Notre croisière sur la Seine va durer à peu près une heure et quart et nous allons tout faire pour rendre votre voyage agréable. Vous allez voir un grand nombre de monuments célèbres…

3.7 Sur votre gauche, vous pouvez reconnaître le monument le plus célèbre de Paris, je veux parler bien sûr de la tour Eiffel. Elle a été construite pour l'exposition universelle de 1889. Elle mesure 318 mètres de haut. Il y a 1665 marches jusqu'au troisième étage. Elle pèse…

4. Hôtels (Page 45)

4.1 A : Hôtel Tronchet, bonjour.
B : Bonjour, monsieur. Je voudrais réserver une chambre.
A : Pour quelle date, madame ?
B : Du 3 au 4 mars au matin. C'est pour une nuit.
A : Vous arrivez donc le 3 mars.
B : C'est ça, le 3 mars.
A : Pour combien de personnes ?
B : Une seule personne.
A : Quel type de chambre souhaitez-vous ?
B : Une chambre standard, avec un lit double.
A : La chambre double est à 150 euros. Il y a un supplément de 10 euros pour le petit déjeuner.
B : Je prends le petit déjeuner.
A : À quel nom dois-je réserver ?
B : Cheval. Mireille Cheval.
A : Euh… Cheval ?
B : C'est ça, Cheval, comme le cheval. Mme Cheval travaille pour la société Cerise.
A : Cerise comme une cerise ?
B : C'est exact.
A : Pour toute réservation, nous demandons un acompte correspondant au prix d'une nuitée, mais vous avez la possibilité d'annuler deux jours à l'avance.
B : Pas de problème.
A : Comment souhaitez-vous régler ?
B : Par carte bancaire. J'ai une carte Visa.
A : Pouvez-vous me communiquer le numéro de votre carte ?
B : Oui, bien sûr… Alors, le numéro… euh… attendez…

4.2 A : Hôtel Bovary, bonjour.
B : Bonjour, je voudrais réserver une chambre pour demain, c'est possible ?
A : Absolument, monsieur. Ce sera pour combien de nuits ?
B : Seulement demain.
A : La nuit du 2 au 3 mars, alors.
B : Oui, s'il vous plaît.

4.3 A : Bonjour, monsieur.
B : J'ai réservé une chambre hier par téléphone.
A : Vous êtes monsieur… ?
B : Pochat. Laurent Pochat.
A : Un instant. Ah oui, vous avez la chambre 401, au 4e étage.
B : La chambre ne donne pas sur la rue, n'est-ce pas ?
A : Non, non, ne vous inquiétez pas, elle donne sur le jardin.
B : C'est parfait.

4.4 A : Allô, ici la réception.
B : Oui, je suis Laurent Pochat, de la chambre 401.

A : Que puis-je faire pour vous, monsieur Pochat ?
B : Je crois que vous avez oublié la salle de bains.
A : La salle de bains ?
B : Oui, la salle de bains. Il n'y a ni savon, ni serviette.
A : Oh, je suis vraiment désolé. Nous vous apportons ce qu'il faut immédiatement.

5. Restauration *(Page 57)*

5.1 Bon, je vais t'expliquer rapidement et après, je te laisse faire. Tu vas voir, c'est extrêmement simple. Alors, là, tu as tous les ingrédients : 500 grammes de farine, 1 litre de lait, 4 œufs, l'huile, le sel et puis une bouteille de rhum.
Bon, évidemment, il faut commencer par préparer la pâte. D'abord tu prends un grand saladier, celui-là par exemple, et tu mets la farine, le lait et le sel. Après tu ajoutes les œufs un à un. Si tu veux, tu peux parfumer avec une ou deux cuillerées de rhum. Reste plus qu'à mélanger le tout et à laisser reposer une heure. C'est pas bien compliqué, n'est-ce pas ?
Après, on peut passer à la cuisson. Tu verses un peu d'huile dans la poêle et tu fais chauffer. Ensuite, avec la louche, tu répands une mince couche de pâte dans la poêle. Dès que c'est bien doré, tu retournes pour cuire l'autre côté. Et voilà, tu saupoudres de sucre et tu sers brûlant. Alors, maintenant, à toi de jouer.

5.2 A : S'il vous plaît ?
B : Oui, monsieur.
A : Je crois avoir demandé un steak bien cuit.
B : Oui, monsieur.
A : Eh bien, vous m'avez servi un steak saignant. Regardez !
B : C'est vrai, monsieur, excusez-moi, je vais le changer immédiatement.
A : Autre chose.
B : Oui, monsieur.
A : Regardez ce verre, il y a du rouge à lèvres dessus.
B : Du rouge à lèvres ? Je suis vraiment désolé, monsieur, je vous en apporte un autre.
A : Une dernière chose. Il fait un froid de canard ici.
B : Pardon ?
A : Je dis qu'il fait un froid de canard, je sens un terrible courant d'air dans le dos.
B : Voulez-vous que je ferme la fenêtre ?
A : Je préfèrerais changer de place.
B : Je vais voir ce que je peux faire, monsieur. Autre chose, monsieur ?
A : Non, non, à part ça, tout va bien.
B : J'en suis heureux, monsieur.

5.3 A : Bonjour, madame, bonjour, monsieur, vous êtes deux ?
B : Oui, est-ce qu'il y a encore de la place ?
A : Il me reste une table du côté « non fumeurs », est-ce que ça vous convient ?
B : Pour moi, pas de problème.
C : Allons-y, pour une fois je ne fumerai pas.

5.4 A : Avez-vous fait votre choix ?
B : Je crois que oui. Nous allons prendre le menu à 90 euros.
A : Quelle entrée avez-vous choisi ?
B : Euh… j'hésite entre les crudités et le potage… euh… bon, je vais prendre le potage.
C : Moi aussi.
A : Deux potages, donc. Et ensuite ?
B : Qu'est-ce que tu prends ?

5.5 B : Monsieur, vous pouvez venir un instant, s'il vous plaît ?
A : Bien sûr, madame.
B : Dites-moi, nous sommes bien dans le plus grand restaurant de la ville, n'est-ce pas ?
A : Euh…
B : En tout cas, je crois que c'est le plus cher et, à ce prix-là, on peut s'attendre à avoir une salade propre, vous ne croyez pas ?
A : Mais… euh…
B : Tenez, regardez, là, on voit de la terre.
A : Je suis désolé, madame, je vais le signaler au chef de cuisine.

5.6 C : C'était très bon.
B : Excellent.
C : Je vais payer, si tu permets.
B : Je ne permets pas. C'est moi qui invite. Donc, c'est moi qui paye. Monsieur, s'il vous plaît ?
A : Oui ?
B : Pouvez-vous nous apporter l'addition ?
A : Tout de suite, madame.
C : Eh bien, merci.
B : Je t'en prie.
C : La prochaine fois, c'est moi qui invite.

6. Entreprises *(Page 69)*

6.1 Comme vous le savez, notre entreprise se développe rapidement. Nous sommes présents dans presque tous les pays européens et nous avons maintenant l'intention de nous attaquer à d'autres continents. Pour cela, nous avons besoin de capitaux importants. C'est pour cette raison que nous avons pris la décision de nous introduire en Bourse avant la fin de l'année.

6.2 En Allemagne, notre chiffre d'affaires a encore augmenté de 20 % cette année. Aux Pays-Bas et dans tous les pays scandinaves, il a stagné, et j'espère que nous ferons mieux l'an prochain. Par contre, la situation est préoccupante dans le sud de l'Europe, en Espagne, mais surtout en Italie, où nous perdons chaque année des parts de marché.

6.3 A : Est-ce que vous voulez un tapis, monsieur ? Regardez, celui-là est magnifique.
B : Il coûte combien ?
A : C'est un authentique tapis d'orient, monsieur, il coûte 10 000 euros.
B : 10 000 euros ? C'est beaucoup trop cher, voyons !
A : Vous voulez mettre combien ?
B : 100 euros, et pas un sou de plus.

A : Comment ça, 100 euros ? 100 euros pour un authentique tapis d'orient ?
B : Bon, tant pis !
A : Bon, bon, bon, allez, c'est d'accord pour 100 euros.

7. Travail *(Page 81)*

7.1 D'abord, il y a des choses que je ne fais pas parce que je trouve que ce serait humiliant d'accepter. Par exemple, je refuse de faire le ménage dans le bureau ou d'arroser les plantes. Je suis une assistante, pas une femme de ménage ou une domestique. Je veux bien préparer le café pour mon patron, mais c'est seulement parce que ça lui arrive, à lui aussi, de faire du café pour moi. Dans ce cas, d'accord. Ceci dit, j'accepte de faire tout ce qui est important pour l'entreprise, même si ce n'est pas vraiment prévu par mon contrat de travail. Je veux bien m'occuper des clients pendant la journée, aller au restaurant avec eux. Je veux bien me charger de leur acheter des cadeaux. Mais je refuse de faire les courses pour mon patron, si c'est une affaire privée. Et puis, je n'oublie pas que je suis une femme. Quand mon patron me demande quelque chose, je me dis : « Bon, est-ce qu'il me demanderait ça si j'étais un homme ? » Si la réponse est non, je refuse tout net.

7.2 Depuis un an, nous avons un nouveau directeur ou, plus exactement, une directrice. M. Bougon, le directeur précédent, est parti à la retraite. Je m'entendais très bien avec lui. Avec la nouvelle directrice, c'est différent. Elle est dynamique, pas du tout formelle, mais c'est une commerciale pure, elle n'aime pas ce qui est administratif. Je trouve ça plutôt gênant parce que le poste de directeur est aussi un poste administratif. Quand elle est arrivée, elle nous a expliqué qu'elle voulait prospecter les entreprises de la région. Eh bien, c'est ce qu'elle fait. Résultat : elle est absente les trois quarts du temps et le pire, c'est que je ne sais jamais où elle est, ni ce qu'elle fait, ni qui elle rencontre, ni ce qu'elle décide. C'est bien simple, elle ne me passe aucune information. Aucune. Ni à moi ni à personne.

7.3 Dans cette affaire, l'objectif de la direction est clair, c'est de surveiller le personnel, de contrôler notre travail. Ce projet menace sérieusement la liberté des travailleurs et j'espère qu'il ne se réalisera pas.

7.4 Écoutez, je vais vous dire franchement, ça m'est complètement égal. Espace ouvert ou pas, moi, je ferai comme d'habitude. De toute façon, mon avis n'a pas d'importance. À la direction, ils font toujours ce qu'ils veulent.

7.5 Paris est une ville magnifique, il y a toujours beaucoup de choses à faire et bien sûr je suis très heureux d'être ici. Mais, pour un Américain, ce n'est pas toujours facile de travailler avec des Français. À mon avis, on passe beaucoup trop de temps à bavarder et je n'aime pas discuter pour ne rien dire. Mais bon, je m'adapte. Comme je m'adapte aux déjeuners d'affaires interminables. Par contre, j'ai beaucoup plus de mal avec les horaires. Ici, par exemple, les réunions ne commencent jamais à l'heure dite et je trouve ça insupportable.

7.6 Les cadres qui vont à l'étranger pour travailler doivent quelquefois surmonter un formidable choc culturel. Il y a la langue, le climat, les habitudes de travail sont différentes. Tout ça n'est pas facile. Mais le plus souvent, c'est le conjoint qui pose problème. Souvent le conjoint se sent isolé, il n'arrive pas à s'adapter. C'est principalement pour cette raison que certains cadres ne terminent pas leur mission. Et d'ailleurs, nombre de séjours à l'étranger se terminent tout simplement par un divorce.

8. Recherche d'emploi *(Page 93)*

8.1 **Candidat 1**
A : Qu'est-ce qui vous intéresse dans ce travail ?
B : Moi, je vous le dis franchement, je veux gagner beaucoup d'argent.
A : Donc si je comprends bien, le salaire vous convient.
B : Disons que c'est mieux que mon salaire actuel.
A : À part le salaire, qu'est-ce qui vous intéresse encore ?
B : Les vacances.
A : Les vacances ?
B : Moi, madame, je suis comme tout le monde, j'aime bien le travail, mais j'aime encore mieux les vacances.

Candidat 2
A : Vous travaillez toujours pour la société Guidon, n'est-ce pas ?
B : Oui, mais je veux partir, je ne m'entends pas avec mon chef.
A : Pourquoi ?
B : C'est un fou, ce type-là, un vrai malade. Il est toujours en train de crier. Et puis, chez Guidon, ils sont complètement désorganisés. C'est le foutoir, vous comprenez.
A : Ah oui, vraiment ?
B : Les clients ne sont jamais contents, il y a des réclamations tous les jours. Et puis, chez Guidon, ils font des choses illégales, ça, c'est encore pire.
A : Des choses illégales ?
B : Oui, imaginez-vous, par exemple, l'autre jour, M. Campion, c'est le comptable, eh bien…

Candidat 3
A : Je vois que vous avez travaillé en Colombie.
B : C'est vrai, quelque temps.
A : Pendant deux ans, n'est-ce pas ?
B : Oui, oui, deux ans.
A : Vous aimez la Colombie ?
B : Oui, oui, c'est pas mal.
A : Qu'est-ce que vous aimez, en Colombie ?
B : Euh… des choses.
A : Par exemple ?
B : Euh… les choses, les gens.
A : Les Colombiens, vous aimez les Colombiens ?
B : Oui, oui, ça va.

A : Est-ce que vous avez une question à me poser ?
B : Euh… en fait… non… pas vraiment.
A : Une question sur notre entreprise ?
B : Euh… non… pas pour l'instant.

Candidat 4

A : C'est difficile de travailler en équipe, n'est-ce pas ?
B : Si les fonctions de chacun sont bien définies, je pense que ce n'est pas si difficile.
A : À ce sujet, justement, quelles sont vos relations avec vos collègues ?
B : Excellentes. J'ai toujours aimé les contacts avec les gens.
A : Mais pourquoi voulez-vous quitter votre emploi, alors ?
B : En fait, je viens de déménager et je voudrais travailler plus près de chez moi. D'autre part, je cherche une entreprise dynamique. Je crois que, dans une entreprise comme la vôtre, je pourrais valoriser au maximum mes compétences.
A : Quand pouvez-vous commencer à travailler ?
B : Je serai disponible dans deux mois.

Candidat 5

A : Je vois que vous avez changé trois fois de travail en six mois.
B : Vous savez, madame, moi, j'ai jamais de chance. Chez Patin, la première entreprise, il y avait beaucoup de fumeurs. Je supporte pas la fumée, moi, ça me rend malade, très malade.
A : Donc, vous avez trouvé un autre travail.
B : Oui, mais là, c'était la hauteur.
A : La hauteur ?
B : Oui, les bureaux étaient dans une tour, au 30e étage. Moi, depuis que je suis enfant, j'ai le vertige. Au 30e étage, je peux pas travailler tellement j'ai peur de tomber. Donc, j'ai trouvé un autre travail, mais là, pour aller au travail, je devais prendre ma voiture.
A : Et alors ?
B : Et alors, je déteste conduire, ça me stresse, la conduite, ça me stresse vraiment. J'arrivais au travail en tremblant.

8.2 A : M. Pastel, je vois que vous avez déjà pas mal travaillé.
B : C'est exact. J'ai quitté l'école à 18 ans, c'était en… euh… 2001, j'ai tout de suite trouvé un travail…
A : … comme vendeur.
B : Exact. Je vendais des lunettes.
A : Des lunettes ?
B : Exact. Ma passion, c'est la vente.
A : Quelle sorte de vente ?
B : Je peux vendre n'importe quoi.
A : C'est-à-dire ?
B : Des livres, des ordinateurs, des chaussures, des voitures…
A : Des voitures aussi ?
B : Oui, bien sûr, et aussi des meubles, des yaourts, des téléphones, n'importe quoi…

8.3 A : Dans votre CV, je vois que vous êtes resté deux ans chez KM3.

B : Oui, c'est ça, après deux ans chez KM3, j'ai démissionné.
A : Le travail ne vous plaisait plus ?
B : Non, non, c'est pas ça. C'était un bon travail. J'avais beaucoup de responsabilité, c'était très bien. Ce qui s'est passé, c'est que j'ai trouvé une autre entreprise qui m'offrait un meilleur salaire.
A : Toujours comme vendeur…
B : Exact. La différence, c'est que j'étais payé le double pour faire la même chose.
A : Donc, vous quittez KM3 et vous commencez à travailler à Bruxelles pour… euh… l'entreprise Cerise… Et maintenant, si je comprends bien, vous voulez quitter Cerise… Qu'est-ce qui vous intéresse dans l'emploi que nous proposons ? Le salaire ?
B : Exact, essentiellement le salaire… mais pas seulement…
A : Pas seulement ?
B : Non, il y a autre chose.
A : Par exemple ?
B : Par exemple… euh… votre entreprise a bonne réputation et… je suis sûr que le travail est intéressant.

8.4 A : Si je comprends bien, monsieur Pastel, vous voulez changer de travail parce que vous voulez gagner plus…
B : Pas seulement pour ça.
A : En tout cas c'est votre raison principale.
B : Disons que c'est important. Chez Cerise, j'ai demandé une augmentation et ils ont refusé.
A : Une augmentation de combien ?
B : 30 %.
A : Combien gagnez-vous, monsieur Pastel ?
B : 44 000 euros.
A : Nous pourrions peut-être vous proposer le même salaire…
B : Le même salaire ? Mais…
A : Mais ?
B : Chez Cerise, j'ai demandé une augmentation de 30 %… À vous, je voulais demander 10 % de plus.
A : Pourquoi 10 % ? Pourquoi pas 20, par exemple ?

9. Prise de parole *(Page 105)*

9.1 A : Tu sais, j'ai pas mal de problèmes en ce moment.
B : Je vois ça, tu n'as pas l'air très en forme.
A : C'est à cause de mon travail, ça ne va pas fort.
B : Qu'est-ce qui ne va pas ?
A : Je suis inquiet, très inquiet.
B : C'est ton travail qui t'inquiète ?
A : Oui, j'ai peur pour l'avenir.
B : Pour l'avenir ? Qu'est-ce que tu veux dire ?
A : Je crois que je vais bientôt me retrouver au chômage.
B : Tu veux dire que tu as peur de perdre ton travail.
A : Exactement.
B : Qu'est-ce qui te fait penser ça ?
A : Oh… j'ai un nouveau patron, c'est une femme, elle me critique tout le temps.

B : Si je comprends bien, elle ne t'apprécie pas beaucoup.

A : C'est ça. En fait, elle fait tout pour me déstabiliser.

B : Qu'est-ce qu'elle fait, par exemple ?

9.2 Maintenant nous sommes devant un célèbre tableau de Corot. La scène se passe dans un parc qui se trouve près de Paris, le parc de Mortefontaine. Corot adorait ce parc. Certains peintres font des portraits, d'autres peignent des natures mortes, eh bien, lui, Corot s'intéresse à la nature.

9.3 **A** : Lucie Malot, vous avez participé à de très nombreux films, et à tous genres de films. Savez-vous précisément dans combien de films vous avez tourné ?

B : Ah… C'est une question difficile, je n'ai jamais fait le compte moi-même. Un ami m'a dit qu'il avait comptabilisé 186 films. Il avait compté absolument tous les films, même ceux dans lesquels je joue un rôle mineur.

A : Vous avez joué toutes sortes de rôles, des rôles comiques et dramatiques. Dans les deux genres, vous réussissez très bien. Mais au fond, que préférez-vous ? Faire rire ou faire pleurer ?

B : En fait, les deux genres m'intéressent. Ce que je recherche, c'est la variété…

9.4 Je vous ai demandé de traduire ce texte pour le 3 mars et vous m'avez dit qu'il n'y avait pas de problème, n'est-ce pas ? Aujourd'hui, nous sommes le 3 mars et rien n'est prêt. Vous n'avez pas écrit un seul mot, pas un seul. J'aurais préféré que vous refusiez le travail dès le début. C'est toujours comme ça avec vous, vous vous engagez à faire ceci et cela et finalement vous ne faites rien.

9.5 Aujourd'hui les hommes sont vingt fois plus nombreux. Leur répartition sur les divers continents a été bouleversée et le sera plus encore au cours de ce XXIe siècle. Les principales difficultés que rencontreront les générations futures découleront de cette évolution. Mesdames, Messieurs, je vous remercie de votre attention. C'est avec plaisir que je répondrai à vos questions.

10. Points de vue (Page 117)

10.1 En France, si vous voulez faire des études supérieures, vous avez le choix entre l'université et les grandes écoles. La très grande majorité des étudiants vont à l'université. Les grandes écoles, elles, n'accueillent que très peu d'élèves. Ce sont principalement des grandes écoles de commerce et d'ingénieur et pour y entrer, il faut passer un concours la plupart du temps très sélectif. Si vous sortez d'une grande école, vous pouvez utiliser le réseau des anciens élèves pour trouver un travail, et c'est généralement un bon travail, alors qu'à l'université, il n'y a pas d'associations d'anciens élèves. À mon avis, c'est l'intérêt principal de ces écoles, quand vous y entrez, vous entrez dans un réseau, vous vous faites des relations.

10.2 François Renault a reçu hier soir le grand prix du Festival de Montréal pour son film *Leçons de tennis*. Le prix du meilleur scénario a été décerné à la québécoise Catherine Martin pour son film *La grande école*.

10.3 Une équipe de chercheurs américain a mis en évidence que le chocolat a une influence positive sur le fonctionnement du cœur et sur la circulation sanguine. C'est ce qu'a expliqué Carl Keen, un professeur de l'université de Californie, quand il a présenté les travaux de son équipe au congrès de nutritionnistes de Stockholm. Une bonne nouvelle pour les amateurs de chocolat.

10.4 **A** : Jacques Fagot, êtes-vous favorable à une augmentation du salaire des enseignants ?

B : Écoutez, les enseignants sont mécontents de leurs conditions de travail. Ils voudraient plus de locaux, moins d'élèves par classe, plus de matériel pédagogique. À ma connaissance, leurs revendications ne portent pas sur les salaires. Ils veulent que le gouvernement fasse des efforts pour l'école, et je les comprends.

10.5 **A** : Jacques Fagot, êtes-vous favorable à ce que l'école reste obligatoire jusqu'à 16 ans ?

B : Écoutez, je crois que de nombreux jeunes, je n'ose pas dire la majorité, s'ennuient furieusement à l'école. Ce qu'on leur enseigne est très éloigné de leurs préoccupations. Résultat : tout le monde perd son temps, les élèves comme les enseignants. Je suis convaincu que ces jeunes trouveraient plus d'intérêt et plus de plaisir à travailler. Il n'est pas sérieux de les obliger à rester collés sur les bancs de l'école jusqu'à 16 ans.

N° d'éditeur : 10138162 - CGI - Novenbre 2006
Imprimé en Espagne par Mateu Cromo